제국의 탈바꿈

1918년 헝가리 혁명과
오스트리아–헝가리 제국의 붕괴

제국의 탈바꿈

1918년 헝가리 혁명과
오스트리아–헝가리 제국의 붕괴

시클로시 언드라시 저

김지영 역

보고사
BOGOSA

간행사

숭실대학교 한국기독교문화연구원은 1967년 설립된 한국기독교 문화연구소를 모태로 하고 1986년 설립된 〈기독교사회연구소〉와 통합하여 확대 개편함으로써 명실공히 숭실대학교를 대표하는 인문학 연구원으로 발전하여 오늘에 이르렀다. 반세기가 넘는 역사 동안 다양한 학술행사 개최, 학술지 『기독문화연구』와 '불휘총서' 발간, 한국기독교박물관 소장 자료의 연구에 주력하면서, 인문학 연구원으로서의 내실을 다져왔다. 2018년 한국연구재단의 인문한국플러스(HK+) 사업 수행기관으로 선정되며 또 다른 도약의 발판을 마련하였다.

본 HK+사업단은 "근대전환공간의 인문학 – 문화의 메타모포시스"라는 아젠다로 문·사·철을 아우르는 다양한 연구자들이 학제간 연구를 진행하고 있다. 개항 이래 식민화와 분단이라는 역사적 격변 속에서 한국의 근대(성)가 형성되어온 과정을 문화의 층위에서 살펴보는 것이 본 사업단의 목표다. '문화의 메타모포시스'란 한국의 근대(성)가 외래문화의 일방적 수용으로도, 순수한 고유문화의 내재적 발현으로도 환원되지 않는, 이문화들의 접촉과 충돌, 융합과 절합, 굴절과 변용의 역동적 상호작용을 통해 형성되었음을 강조하려는 연구 시각이다.

본 HK+사업단은 아젠다 연구 성과를 집적하고 대외적 확산과 소통을 도모하기 위해 총 네 분야의 기획 총서를 발간하고 있다. 〈메타모포시스 인문학총서〉는 아젠다와 관련된 연구 성과를 종합한 저서나 단독 저서로 이뤄진다. 〈메타모포시스 번역총서〉는 아젠다와 관련하여 자료적 가치를 지닌 외국어 문헌이나 이론서들을 번역하여 소개한다. 〈메타모포시스 자료총서〉는 숭실대 한국기독교박물관에 소장된 한국 근대 관련 귀중 자료들을 영인하고, 해제나 현대어 번역을 덧붙여 출간한다. 〈메타모포시스 대중총서〉는 아젠다 연구 성과의 대중적 확산을 위해 기획한 것으로 대중 독자들을 위한 인문학 교양서이다.

동양과 서양, 전통과 근대, 아카데미즘 안팎의 장벽을 횡단하는 다채로운 자료와 연구 성과들을 집약한 메타모포시스 총서가 인문학의 지평을 넓히고 사유의 폭을 확장하는 데 기여할 수 있기를 바란다.

2022년 4월

숭실대학교 한국기독교문화연구원 HK+사업단장

장경남

역자 서문

이 책을 번역하게 된 이유는 1918년 헝가리에서 일어났던 부르주아 혁명을 국내 연구자에게 소개하기 위해서이다. 1918년의 헝가리 부르주아 혁명에 대한 국내의 연구는 전무하다. 사실 우리 서양사 학계에서는 제1차 세계대전과 전간기, 특히 오스트리아-헝가리 제국과 제국의 붕괴로 성립된 동유럽 국가들에 대한 연구가 극히 소략한 편이다. 1990년대 이후 동유럽에 대한 연구가 시작되면서 단편적으로나마 이 지역 국가들에 대한 역사서들이 발간되었다. 그러나 동유럽 국가를 형성하게 하는 모태가 되었던 합스부르크 제국, 즉 오스트리아-헝가리 제국의 역사에 대한 연구서는 몇 권이 되지 않는다. 한국에서 서양사 연구가 시작된 지 한 세기가 넘어가지만 제대로 된 오스트리아-헝가리 제국의 역사서가 하나도 없다는 것은 고민해야 할 지점이다.

오스트리아-헝가리 제국의 해체로 생겨난 후속 국가들, 즉 헝가리, 폴란드, 체코슬로바키아, 유고슬라비아, 루마니아는 최소한 20세기 초반 이전까지는 상당 부분에서 역사를 공유한다. 따라서 오스트리아-헝가리 제국의 몰락과 해체, 그 이후에 동유럽 국가들이 생겨나는 과정에 대한 연구는 동유럽 지역의 역사를 연구하는 데 필수 불가결한 요소이다. 이 책은 헝가리 현대사학자인 시클로시 언드라시(Siklós András)가 저술한 '합스부르크 제국의 몰락'(A Habsburg-birodalom felbomlása)의 제2장인 헝가리 혁명과 다민족 국가의 붕괴 1918(A Magyarországi Forradalom és a soknemzetiségű Magyarország felbomlása 1918)을 번역한 것이다. 원래 이 책은 시클로시 언드라시의 박사학위 논문으로 1987년 헝가리어로 출간되었고, 이 책의 2장이 다음 해에 영어로 출간되었다. 따라서 역자는 영어 번역본을 참고해가며 헝가리어 원전을 번역하였다. 아마도 국내 독자들에게는 복잡하고 어려운 인명이나 지명이 생략된 영어 번역본의 가독성이 높을 것이다. 역자도 이점을 고려하여 지나치게 세밀한 부분은 영어 번역본의 예를 따라 과감히 축약하였다.

저자 시클로시는 이 책에서 오스트리아-헝가리 제국의 해체와 동유럽 국가들의 성립 원인을 제1차 세계대전에서의 패배와 1918년 헝가리에서 발생했던 부르주아 시민 혁명, 그리고 주변 국가들과의 적대적 관계에서 찾는다. 특히 저자는 프랑스와 체코슬로바키아, 루마니아, 세르비아가 헝가리에 대해 적대적인 외교 정책을 폈으며, 이들의 외교 정책이 오스트리아-헝가리 제국의 해체를 가져온 원인이라고 본다. 이러한 그의 관점은 동유럽의 국가들이 성립하게 되는 요소를 국제사적인 관점에서 바라보게 한다는 점에서 우리의 인식의 지평을 확장해준다. 물론 전통적인 마르크스주의적 해석에 따라 사회사적 관점이 깊이 천착되어 있음을 부정할 수는 없다. 그럼에도 불구하고 이 책은 양자의 균형적인 배치를 통해 중심을 놓치지 않고 있다.

오스트리아-헝가리 제국의 역사는 현대의 이기적인 국제 관계와 국가 간의 갈등, 강대국과 소국, 민족 문제, 다민족 국가가 갖는 온갖 문제점을 속속들이 보여준다. 좀 과하게 표현하면 정치적으로 국내의 위기적 상황을 해결하기 위하여 외부에 있는 공동의 적에게 눈을 돌리고자 하는 의도에서 제1차 세계대전이 발발하였는데, 이러한 양상은 현대의 힘의 정치에서도 고스란히 재현된다. 세계 최강을 자랑하는 어떤 나라가 내적 열세를 극복하기 위하여 머나먼 땅에 있는 가상의 적에게 애꿎은 화풀이를 하는 방식 말이다. 이런 의미에서 역사는 언제나 현실의 거울이다. 반복의 숙명적인 수레바퀴는 멈출 수 없는 것이다. 예상한 대로 오스트리아-헝가리 제국은 전쟁에서 참패하고 그 결과로서 오스트리아-헝가리 제국은 지도상에서 사라지고 말았다. 이 번역서에는 오스트리아-헝가리 제국의 붕괴 과정이 국내적, 국제적 요인들과 맞물려 어떻게 진행되었는지 세밀하고 꼼꼼하게 묘사되어 있다.

이번 역서도 혼자 힘으로 된 것은 아니다. 동생 창석은 영어로 된 원전을 읽으며 역자의 오역을 바로잡아 주었다. 숭실대 인문한국사업단의 연구책임자인 장경남 교수는 지지부진한 번역작업을 끝낼 수 있도록 최적의 환경을 만들어 주었다. 늘 격려를 아끼지 않는 사업단 동료 오지석 교수와 학문적 동지로서 날카로운 비판을 아끼지 않는 방원일 교수에게도 감사의 정을 표한다.

숭실대 연구실에서

차례

서론

이 책은 1918년의 헝가리 혁명을 중심으로, 혁명에 이르도록 했던 사건들과 혁명의 목표 및 결과를 아우르는 포괄적 연구를 소개하기 위하여 서술되었다.

제1차 세계대전에 뒤이은 헝가리 혁명의 역사는 다민족 국가였던 헝가리의 붕괴와 밀접하게 연관되어 있다. 그러므로 이 책에서는 이런 문제에 관한 서술뿐만 아니라, 새로운 국경이 대부분 확정되고 붕괴 과정이 거의 끝나서 최종 결정만 남겨 놓았던 1919년 1월 말까지의 사건들을 자세하게 다룰 것이다.

헝가리는 1867년의 '타협'에 의해 1918년 11월까지 오스트리아-헝가리 이중 제국의 한 축을 이루었다. 헝가리가 독립국이 되기 전까지 헝가리에서 발생한 사건들이 라이타강 너머, 즉 합스부르크 제국의 오스트리아 쪽 절반에서 일어난 사건들과 밀접하게 연관되어 있었던 점은 분명하다. 전쟁의 마지막 국면에 이 사건들은 두 나라의 공동 정무였던 국방과 외교의 전개 과정에도 크게 좌우되었다.

헝가리의 발전에 치명적인 영향을 미친 이 사건들에 관한 심층적인 기술은 이 책의 범위를 넘어선다. 이러한 결점을 보충하기 위해

서론에서 오스트리아의 사건을 연대기적으로 간략하게 소개할 것이다. 이렇게 하는 것은 독자들이 지리적으로 훨씬 더 멀고 언어 장벽도 높은 헝가리의 역사보다는 오스트리아의 역사에 더 익숙하리라 생각하기 때문이다.

오스트리아-헝가리 제국은 내부의 정치적 상황이 불안정해지자 전쟁을 선포했다. 신속하고 성공적인 군사 작전을 통해 격심한 투쟁으로 분열된 내부 상황을 치유하고자 했던 것이다. 전쟁이 장기화하고 최종 승리의 가능성이 사라져 가면서 이러한 기대는 완전한 망상이었음이 드러났다. 오스트리아-헝가리 제국의 심각한 사회적·민족적 마찰이 줄어들기는커녕, 수백만 명의 목숨을 앗아가고 엄청난 고통을 가져온 전쟁으로 원래 폭발 직전이었던 상황은 더욱 악화하기만 하였다.

시간이 지날수록 파국 직전의 오스트리아-헝가리 제국이 살아날 길은 즉각적인 평화뿐이라는 점이 더욱 명확해졌다. 그러나 1917년부터 1918년에 걸친 겨울 동안 사태는 다른 방향으로 흘렀다. 북이탈리아 카포레토(Caporetto)에서의 승리와 러시아의 전쟁 철수(휴전과 강화 조약이 브레스트-리토프스크(Brest-Litovsk)에서 1917년 12월 14일과 1918년 3월 3일 체결되었음)로 무게 중심이 전쟁 지속과 승리를 주장하는 사람들에게 옮겨 갔던 것이다. '평화 옹호자들'은 어찌할 도리가 없었다. 1918년 봄, 황제가 시작하고 뒤를 받쳐 주던 비밀 협상이 교착 상태에 빠졌다. 외무장관 체르닌(Ottokar Czernin, 1872~1932)이 유발한 식스투스 사건(오스트리아 황제 카를 1세가 독일을 배신하고 연합국과 단독 강화(講和)를 시도했으나, 체르닌이 프랑스가 평화에 가장 큰 걸림돌이라고 비난하자 프랑스 수상 클레망소(Georges Clemenceau, 1841~1929)가 황제의 서신을 폭로한 사건-옮긴이)은 오히려 독일과의 동맹을 더욱 강화(强化)하도록 했고, 3월 서부 전선에서 시작된 독일의 파상 공세를 지원하지 않을 수 없도록 했다. 독일의 명령 아래 오스트리아-헝가리는 북이탈리아에서 대공세를 펼쳤다(피아베 전투, 1918년 6월 14일~23일). 엄청난 노력에도 공격은 실패했고, 오스트리아-헝가리 제국은 심각한 손실로 고통받게 되었다. 오스트리아-헝가리 제국의 신임 외무장관 부리안 이슈트반(Burián István, 1851~1922)은 6월 22일 자 일기에 다음과 같이 적고 있다. "지독한 경솔과 무모함… 정치로 해결할 수 있는 영역이 아직 남아 있기는 한 걸까?"[1]

대공세를 준비하고 실행하는 동안 오스트리아-헝가리 제국의 내부 상황과 배후 사정은 경고음을 발하고 있었다.

원자재 부족, 전쟁 물자를 포함한 산업 생산의 급격한 하락, 운송 체계의 완전한 붕괴, 대도시의 기아와 불충분한 공급 등 경제적 어려움은 극복하기 어려운 수준으로 악화하였다.

경제적 어려움과 함께 러시아 혁명 소식은 새로운 조직적 파업 물결의 발단이 되었고, 이는 또한 도시 지역의 빵 폭동 및 징발에 대한 농민의 저항 운동과 연결되었다. 오스트리아 내무부 장관의 극비 문서에는 1918년 3월 1일부터 6월 30일까지 라이타강 너머 오스트리아 지역에서 436건의 파업과 193건의 대중 운동이 벌어졌다고 기록되어 있다.[2]

---

1 '칼뱅파 만민 수녀원' 문서고. 부리안 유산. 일기, 1918년 6월 22일.

오스트리아-헝가리 제국의 절망적인 상황과 이제 공개적으로 여러 민족의 분리를 지지하는 연합국의 정책 변화는 제국 내의 민족 충돌을 더욱 심화시켰고, 중간 계급이 주도하는 민족 운동에 새로운 자극이 되었다.

이러한 붕괴 현상은 군대 내에도 퍼져 갔는데, 이점은 매우 중요한 의미를 띠고 있었다. 공동 군대는 전쟁 시기이든 평화 시기이든 항상 분쟁에 시달리던 합스부르크 제국을 지탱하는 가장 큰 힘이었기 때문이다. 붕괴의 징후는 단순한 규칙 위반에서 명백한 탈영까지, 혁명 러시아에서 돌아온 자들의 심상치 않은 행동에서 공개적인 반란까지 다양하게 나타났다.

역사가들은 1918년 봄까지 약 23만 명이 탈영했을 것으로 추산하지만, 실제 숫자는 아마 훨씬 높았을 것으로 보고 있다.[3] 국방부가 불완전하지만 공식적으로 발표한 통계를 보면 1918년 4월 11일부터 7월 16일까지 30건의 반란이 발생했다. 보고서에는 보통 수백 명, 몇몇 경우 — 유덴부르크(Judenburg), 룸부르크(Rumburg), 라드케르스부르크(Radkersburg), 페치(Pécs), 크라구예바츠(Kraguevac) — 에는 천 명 이상이 반란에 참여했다고 기록되어 있다.[4]

처음에는 후방 지역만이 붕괴 현상의 영향을 받았다. 그러나 이탈리아 공격 실패 이후, 이러한 징후는 최전방 부대로도 퍼져 갔다.

---

2 *HHSt. Kab. Arch*. Geheim, Tagesberichte des M. d. I., K. 37.
3 *Plaschka*, Bd. II. p.101.
4 *KA KM Abt*. 5-1918-64-50/91. Statistik der Heimkehrermeutereien.

국방부 공식 통계로는 유효 전투 병력이 1918년 7월 1일 현재 40만 6천 명이었으나, 10월 1일에는 23만 8천9백 명으로 줄어들었다.[5]

9월 중순 협상국(Entente. 제1차 세계대전에서 독일, 오스트리아-헝가리 제국에 맞섰던 연합국으로 영국, 프랑스, 러시아의 삼국협상이 주축이었음. 1915년 이탈리아가 협상국 측으로 전쟁에 참여했고, 일본, 벨기에, 세르비아, 몬테네그로, 그리스, 루마니아, 체코슬로바키아 등이 포함됨－옮긴이) 세력의 마케도니아 공격(도브로폴예, 1918년 9월 14일)은 발칸 전선의 붕괴를 가져왔다. 전선의 붕괴와 함께 불가리아의 이탈과 불가리아 혁명 — 1918년 9월의 군인 봉기 — 이 이어졌다. 제국주의 전쟁은 역사상 두 번째로 내전을 유발했고, 이는 전쟁 지속을 주장하던 사람들에게 하나의 경고로 작용했다.

더욱더 절망적이 되어 가는 상황 속에서 오스트리아-헝가리 제국의 지도부는 무모한 수단으로 임박한 붕괴를 막아 보려 노력했다.

극도로 모호한 내용의 평화 각서가 9월 14일 독일의 반대에도 공개되었으나, 결국 거부되고 말았다. 스위스 주재 오스트리아-헝가리 제국 대사관에 전해진 프랑스의 답변에는 클레망소가 9월 17일 상원에서 행한 연설이 언급되어 있었다. "범죄와 법률 사이에 타협의 가능성은 전혀 없습니다… 완전한 승리를 위해 전진합시다."[6]

10월 4일 오스트리아-헝가리 제국은 이제 독일의 반대 없이, 즉각적인 휴전과 윌슨 대통령의 14개 조항에 근거한 평화 협상을 제안

---

5 *Ö-U. Letzter Krieg* Bd. Ⅶ. p.361.
6 *Journal officiel* du 18 Septembre 1918. Session ordinaire du Senat.

했다. 그러나 꽤 오랫동안 답변은 없었다.

황제는 10월 16일 제국 성명을 발표했다. 오스트리아가 연방 국가임을 선포한 이 성명은 난국을 타개하기 위한 마지막 필사적 몸부림이었다. 그러나 각 민족은 만장일치로 이를 거부하면서, 이 성명이 시기를 놓친 부적절한 제안이라고 못 박았다.

10월 4일의 평화 제안에 대한 워싱턴의 최종 답변은 미국 정부가 더는 14개 조항을 고수하지 않는다는 점을 명확히 했다. 14개 조항이 오스트리아-헝가리 제국의 지배 아래 소수 민족의 자치를 옹호했던 반면, 10월 21일 미국의 답변은 체코슬로바키아 국민 위원회를 교전 정부로 인정했고 남슬라브 민족의 독립 열망을 완전히 승인했던 것이다.

10월 24일 협상국 세력은 이탈리아 전선에서 꼼꼼하게 준비한 공격을 시작했다. 공격 시작 며칠 후 오스트리아-헝가리 군대는 완전한 붕괴의 조짐을 보였다.

11월 3일 파도바에서 정전(停戰) 협정이 조인되었다. 이것은 군대다수가 전쟁 포로가 됨을 의미했지만, 오스트리아-헝가리 제국에는 외교적 승리로 비쳤다. 제국이 어떤 형태로든 계속 존속할 수 있음을 의미했기 때문이었다. 그러나 종말은 멀리 있지 않았다. 정전 협정이 조인되던 순간, 사실 오스트리아-헝가리는 더는 존재하는 실체가 아니었고, 제국의 영토에는 중앙 권력과 완전히 관계를 끊은 독립 후속 국가들의 윤곽이 새롭게 드러나고 있었다.

폴란드의 바르샤바 섭정 회의는 10월 7일 윌슨의 14개 조항을 받아들인다는 내용의 성명을 발표하고, 과거의 폴란드 영토 전체를 아우르는 통일 폴란드 독립 국가의 창설을 선언했다.

10월 28일 오스트리아의 폴란드계 정당 대표들이 갈리치아(Galicia)에 대한 주권을 요구하면서 '연합 청산 위원회'를 구성했다. 크라쿠프(Kraków) 군 사령부 사령관인 육군 원수 베니니(Benigni)는 10월 31일 저항 없이 군 사령부를 넘겨주었다.

10월 말과 11월 초 폴란드의 해방 지역은 열광과 혼란으로 가득 차 있었다. 그 와중에 11월 7일 루블린(Lublin)에서 인민 정부가 수립되었고, 11월 9일에는 포즈난(Poznań)에서 노동자·군인 위원회가 구성되었다. 이에 따라 오스트리아-헝가리 제국과의 관계 지속보다는 신생 통일 폴란드의 다양한 정치 세력 간의 투쟁이 초미의 관심사로 떠올랐다. 노동자와 농민의 강력한 혁명 열망에 직면해서 과연 폴란드 지도층이 자신들의 특권을 그대로 지탱할 수 있을 것인가, 폴란드 지주와 자본가들이 자신들의 정치·경제적 권력을 완전히 아니면 최소한 부분적으로라도 계속 유지할 수 있을까 하는 것들이 이런 문제들이었다.

우크라이나인은 갈리치아 동부 지역에 우크라이나 자치국 창설을 시도하고 있었다. 11월 1일 우크라이나 군대가 렘베르크(Lemberg)를 점령하고 군사령관을 '명예 포로'로 잡은 뒤, 권력을 넘겨주기 위해 갈리치아 총독 후인(Karl Georg Huyn) 백작을 방문했다. 우크라이나인은 또한 자신들의 종족이 거주하는 카르파티아 산맥 너머와 부코비나 북부 지역을 요구했다. 우크라이나인의 요구는 갈리치아 동부 지역에서는 폴란드인의 저항에, 부코비나 남부 지역에서는 그곳에 거주하는 루마니아인의 저항에 부딪혔다.

보헤미아에서는 10월 28일 프라하에서 분출한 시위와 10월 30일 프라하 군 사령부의 점령으로 권력이 체코 국민 위원회의 손으로 넘어갔다. 10월 28일 국민 위원회에서 첫 번째 법률이 통과되면서 새로운 독립 국가의 창설이 선포되었다. 이 법률에 서명한 사람 중 한 사람이 당시 비공식적으로 프라하를 방문하고 있던 슬로바키아 국민당 대표 바브로 슈로바르(Vavro Šrobár, 1867~1950)였다. 슈로바르를 끌어들임으로써 국민 위원회는 10월 28일의 법률이 단지 체코만의 단독 국가를 의미하는 것이 아니라, 체코슬로바키아 국가가 창설되었음을 강조하고자 했다.

체코슬로바키아 독립국의 선포와 분리로 합스부르크 제국의 운명이 결정되었다. 갈리치아를 잃는다고 해서 제국의 생존에 위협이 되는 것은 아니었지만, 빈-부다페스트-프라하로 이어지는 삼각형 구도는 합스부르크 제국의 근간이 되던 토대였던 것이다.

10월 29일 자그레브에서 소집된 크로아티아 의회(Sabor)는 크로아티아, 슬로베니아, 달마티아 독립 국가를 창설하고, 그들이 함께 슬로베니아, 크로아티아, 세르비아 공동 국가를 건설한다고 엄숙하게 선언했다. 조심스럽게 왕조 문제에 관한 견해를 회피한 이 결의의 결과로 남슬라브 민족 위원회가 크로아티아의 권력을 손에 넣게 되었다. 군 사령부는 이러한 권력 인계를 인정하고 저항하지 않았다. 관료들로 마찬가지였다. 슬로베니아 국민 위원회는 10월 31일 류블랴나(Ljubljana)에서, 보스니아 국민 위원회는 11월 1일 사라예보에서 권력을 이양 받았다. 자그레브에서처럼 아무런 저항도 없었다.

빈(Wien)에서는 10월 21일 라이히스라트(Reichsrat. 오스트리아-헝가리 이중 제국 시기의 오스트리아 의회—옮긴이)의 독일 대표들이 협의를 위해 하(下)오스트리아 주(州)의회 자리에 모였다. 이 회의에서 독일 사회민주당, 기독사회당, '독일 민족주의' 정당들은 자신들을 임시 국회로 선언하고, 독일-오스트리아 독립 국가를 창설하기로 결의했다. 10월 30일 임시 국회는 오스트리아-헝가리 제국에 어떠한 권한이나 행정적 힘을 부여하지 않은 임시 헌법을 채택했다. 독일-오스트리아에서 10월 30일부터 정부 행정권이 임시 국회의 실행 위원회인 독일-오스트리아 20인 국가 위원회에 부여되었다.

헝가리에서 혁명과 붕괴의 과정은 오스트리아의 사태 전개와 평행하게 진행되었다. 9월 말 발칸 전선의 붕괴 소식은 이러한 진행 과정에 강력한 자극을 주었다. 그 내용이 이 책의 요지이다.

1

정치적 위기 : 혁명적 상황

불가리아-마케도니아 전선에서 온 첫 소식

발칸의 전황 변화가 부다페스트의 일간지에 소개된 것은 협상국 세력이 공격을 개시한 지 거의 2주가 지난 1918년 9월 27일의 일이었다. 헝가리 통신사가 공개한 간략한 발표문을 보면 불가리아 전선은 9월 14일 붕괴하였고, 그 결과 협상국 측은 자신들의 돌파 작전을 '확대'할 수 있었다. 발표문은 다음과 같았다. "불리한 지형과 열악한 도로 사정 때문에 불가리아 군대는 퇴각 과정에서 상당한 장비와 전쟁 포로의 손실을 보았다. 불가리아의 퇴각은 아직 진행 중이다. 지원군을 보내려는 오스트리아-헝가리의 시도도 나쁜 도로 상황 때문에 방해받고 있다. 마케도니아 전선의 전황이 알바니아에 주둔하는 오스트리아-헝가리 군대의 군사 작전에도 영향을 주고 있다. 군사령부는 우리의 위치가 위험에 노출되지 않도록 이런 정황에서 교훈을 얻어야 할 것이다."

당시 불가리아 정전 회담이 이미 진행 중이었고 불가리아의 전쟁 중단이 거의 임박해 보였기 때문에 빈에서 공개된 보고서는 이러한 사태에 대처하는 여론을 조성하고 있었다. "발칸의 전황 변화에 따른 어떤 정치적 결과의 가능성을 피할 수는 없을 것이다."[7]

9월 28일 신문은 머리기사로 다음과 같이 보도했다. "불가리아가 중부열강(제1차 세계대전에서 연합국에 맞섰던 독일, 오스트리아-헝가리, 터키, 불가리아를 지칭함-옮긴이)을 떠났다. 불가리아 정부는 황제와 국민의 열망에 따라 협상국 세력에게 휴전을 요청하고 평화를 제안했다."[8]

이러한 경고성 기사는 이미 긴장과 극한의 상황에 직면하고 있던 후방 지역을 두려움에 떨게 했다. 부다페스트 시민은 전차 안에서도, 길모퉁이에서도, 심지어 길을 걸으면서도 신문에 열중했다. "하얀 신문지가 폭풍 앞의 갈매기처럼 대기 중에 나부꼈다."[9]

27일의 황실 회의에 참석한 후 다음 날 부다페스트로 돌아온 수상 베케를레 샨도르(Wekerle Sándor, 1848~1921)는 그날 저녁 모든 이목이 쏠렸던 기자회견에서 절망적인 상황을 감추려 하지 않았다. 그 자리에 참석한 사람들은 그의 발표 내용과 기자의 질문에 대한 냉소적인 답변을 통해 이제 전쟁이 불명예스러운 결말로 치닫고 있으며, 패배를 책임져야 할 정권의 운명이 불투명해졌음을 확실히 깨닫게 되었다.

9월 말 증권 거래소는 활화산처럼 불타올랐다. 가격 폭락을 막기

---

7 *Pesti Napló*, 1918년 9월 27일. "불가리아-마케도니아 전선의 심각한 상황."
8 *Pesti Napló*, 1918년 9월 28일.
9 *Ibid.*

위해 거래량 제한 조치가 취해졌고, 한때 증권 거래소가 폐쇄되기도 하였다. 그러나 모든 것이 헛일이었다. 베케를레는 이전의 발표 내용을 명확히 하기 위해 성명을 발표했다. 그러나 29일부터 신문에 실리기 시작한 성명은 "우리의 전선을 지키는 데 필요한 조처를 했다.", "우리의 방어선은 모든 방향에서 완전히 보호받고 있다고 생각한다."라는 발표 내용이 고조되던 긴장을 완화하는 데 실패하고 말았다는 요지를 담고 있었다.[10]

내각의 위기

9월 말, 독일군의 신속한 퇴각과 발칸 전선의 붕괴 그리고 독일 정부의 교체에 관한 뉴스가 보도되자 정치권은 심하게 동요하기 시작했다. 헝가리 정치권의 두 주도 세력인 국가노동당과 온건 야당 사이의 줄다리기에 새로운 상황이 나타났다.

1918년 여름, 집권한 지 일 년 이상이 지났지만 끊임없이 내각을 개편하던 소수당 정부의 우경화는 더욱 심해지고 있었다. 이미 어포니 얼베르트(Apponyi Albert, 1846~1933)와 언드라시 줄러 2세(ifj. Andrássy Gyula, 1860~1929) 그리고 바조니 빌모시(Vázsonyi Vilmos, 1868~1926)가 떠나버리고 세력이 많이 줄어든 베케를레의 '48년 헌법당'은 6월 파업과 피아베 재앙 이후의 짧은 소강상태 동안, 독일의 공격이

---

10 *Pesti Napló*, 1918년 9월 29일. "베케를레 성명." 1918년 10월 1일. "증권 거래." 베케를레의 성명은 호르바트 엘레메르(Horváth Elemér)가 대신 읽었다.

멈추었음에도 국가노동당 출신 장관 임명 및 합병 문제를 놓고 국가
노동당과 협상을 계속했다. 티서 이슈트반(Tisza István, 1861~1918)이
수상으로 복귀할 것이라는 소문마저 돌고 있었다. 붕괴는 임박해 보
였고, 곧 이러한 계획들이 불가능하다는 사실이 명백해졌다. 10월
초 티서는 우익과 온건 야당— 약간의 양보와 신중한 개혁 의지를
보이긴 했지만, 역시 보수적이었던 — 에게 협력을 요청하면서 다시
한번 '국민적 단결' 계획을 들고 나왔다. 티서는 합의에 도달하기
위해, 그의 눈에 아직은 상대적으로 깨끗해 보이는 특정 정치인들을
지원할 의향이 있었다.

10월 10일 황제는 베케를레에게 남슬라브 문제에 대한 이중 행동
을 이유로 사임을 요구했다.[11]

그 결과로 내각은 위기에 처하게 되었고, 일련의 알현과 협상이
잇따랐다. 그러나 한없이 계속될 듯한 이러한 회담은 아무런 성과를
거두지 못했다.

---

11 10월 12일 베케를레가 내각 회의에 제출한 정치 각서에 따르면, 크로아티아 총독
미하일로비치의 해고가 사태를 막다른 골목으로 몰아넣은 문제였다. 황제는 크로아티
아의 괘씸한 상황을 언급하면서 총독의 해고를 명령했고, 베케를레가 그의 뜻을 실행
했다는 것이다. 당시 총독은 지지자를 모으기 위해 빈을 방문하고 있었다. 총독의
지지자들은 총독이 제시한 정보에 근거하여, 총독의 해고는 베케를레 자신의 의지였
다는 취지의 성명서를 작성했다. 베케를레는 이러한 비난을 부정하면서 다음과 같이
말했다. "황제 폐하께서 이 건을 문제 삼으셨고, 즉각적인 정권 교체를 명령하셨다."
(HHSt. *Kabinetsarchiv*, K. Z. Akten 2519/1918. Ung. Min. Präsident Wekerle
12/10 berichtet betreffend den Banuswechsel in Kroatien-Slavonien.) 스테레니
에 따르면, 황제는 10월 10일 그가 보는 앞에서 다음과 같이 말했다. "나는 더는 내
이름으로 행해지는 끊임없는 은폐를 참을 수 없소. 모든 사람이 선량해지길 바라면서
모든 책임을 나에게 넘기고 있으니… 나는 베케를레와 단 24시간도 같이 하고 싶지
않소." (Szterényi, pp.126~127.)

의회 다수당으로서 아직도 정권을 쥐고 있다고 생각하던 티서는 참정권과 민주개혁에 관해서는 비타협적인 자세를 유지했다. 그의 유일한 양보는, 이전에는 반대하던 언드라시의 공동 외무장관 임명을 받아들인 것뿐이었다. 이러한 상황에서 온건 야당은 국가노동당과 협력하기를 거부했고, 황제는 이러한 의사에 반하는 새 정부의 구성을 망설이고 있었다.

10월 중순까지 질질 끈 협상과 계획 덕분에 베케를레는 그의 자리에 머무를 수 있었다. 그러나 이것은 지연에 불과했고, 위기는 해결되지 않았다. 현 정부를 그대로 유지하는 것은 한편으론 개혁에 대한 맹목적 반대와 완벽한 비타협적 자세를 보여주는 것이었고, 다른 한편으론 지배층이 서로 상대방의 열망을 방해한 결과 교착 상태에 빠져 버렸음을 의미하는 것이었다. 동시에 자기 부정적인 국가노동당의 완고한 저항뿐만 아니라 관계자들이 인정하려 하지 않던 사실, 즉 당시 언드라시와 그의 자유당 지지자인 소위 '중도 좌파'가 더는 불가리아나 독일 또는 다른 선례에서처럼 정치적 주도권을 잡지 못하고 있다는 점이 위기의 뿌리를 이루고 있었다.

10월 초 내각 위기는 1년 반 동안의 정치적 대립의 또 다른 측면일 뿐이었다. 이러한 정치적 대립으로 대중은 티서와 반개혁파 국가노동당뿐만 아니라 티서에게 권력을 이양 받은 소수당 정부와 온건 야당에 대한 믿음을 잃게 되었다. 베케를레의 언사, 언드라시와 어포니의 무능, 바조니의 '통제' 약속, 스테레니의 '제압' 장담 등은 고조되던 긴장을 완화하기는커녕 조바심, 증오, 불신을 더욱 가중시켰을 뿐이었다.

임박한 재난의 징후는 이 정치적 위기 동안 자신의 위상에 흠집을 내지 않은 정치인들에게 길을 열어주었다. 야당의 좌익 세력에 주의가 집중되기 시작했던 것이다.

카로이 미하이와 '독립과 48년당'

의회 야당의 좌익 세력을 이끌었던 독보적인 인물이 카로이 미하이(Károlyi Mihály, 1875~1955)이다.

지주 귀족의 아들이었던 카로이 미하이는 자유당에서 자신의 정치 경력을 시작했다. 그는 1905년 선거 이후 독립당에 합류했고, 1909년부터 1912년까지 '헝가리 전국 영농 조합(OMGE)'의 대표로 활동했다. 유슈트(Justh)당 성향이던 카로이는 제1차 세계대전 이전까지 티서 이슈트반으로 대변되는 헝가리 지도층의 보수 정치에 대립각을 날카롭게 세웠다. 1913년 6월 독립당 세력들 사이의 합병(독립당 계열의 두 세력인 유슈트당과 코슈트당의 합병을 의미함—옮긴이) 이후, 카로이는 '통합 독립과 1848년당'의 당수가 되었다. 1914년 여름 미국으로 순회강연을 떠났던 카로이는 귀국 길에 전쟁이 발발하면서 프랑스에서 발이 묶였고, 그곳에서 얼마간 억류되었다. 헝가리에 돌아온 후 카로이는 전쟁 지지 의사를 표명하면서 전시 근무를 지원하기도 했다. 전쟁이 장기화하면서 평화주의 신념과 반독일 감정이 커진 카로이는 개혁 및 참정권 관계 법령의 확대를 주장했고, 어포니의 영향하에 놓여 있던 독립당의 기회주의를 비난했다. 1916년 여름 카로이는 어포니와 관계를 청산하고, '독립과 48년당'이라는 새로운 정당을 설립했다. 이 정당은 그의 이름을 따서 카로이당으로 알려지기도 하였다. 독립운동의 좌파적 전통에 따라 신당은 더욱 깊이 있는 독립(오스트리아와 헝가리의 공동 군주, 국군, 독립 관세 지역, 독자적 은행), 민주적 개혁(보통 선거권, 비밀 투표, 언론·결사·집회의 자유), 사회 복지 수단(사회 복지 시설 지원, 대규모 토지 제도의 정비)을 요구했다. 전쟁 종결 및 '영토 보전을 위한 신속한 평화 협정' 역시 신당의 중요 요구 사항이었다.

서류상으로 카로이는 겨우 20명의 의원 — 대부분 반오스트리아 지역구 출신이었던 — 이 지지하는, 별로 중요해 보이지 않는 소규모 정당의 지도자일 뿐이었다. 이 의원들(지주, 변호사, 언론인, 공무원)은 의회에서 소수에 불과했다. 그러나 정치계에서 카로이가 지닌 무게감과 그의 프로그램의 영향력은, 8년 전 구성된 의회 내의 세력 균형에 좌우되지 않았다.

카로이는 그의 정당뿐만 아니라 급진적 지식인층 및 사회민주당 지도자들과 밀접한 관계를 맺고 있었다. 1917년 봄 투표권 구역을 설정하면서 이런 관계의 조직화가 이루어졌고, 1918년 초 바조니와의 불화로 당 연합이 깨어졌을 때에도 이러한 우호 관계는 단절되지 않았다.

6월에 파업이 발생하자 카로이는 파업 노동자들을 지지했다. 동시에 그는 독일과의 동맹 '강화'에 반대함으로써 우파의 책략과 공격을 무시했다. 9월 8일 그는 체글레드(Cegléd) 선거구민에게 공개 서한을 발송했다. 이 서한에서 카로이는 티서의 주전론과 타협을 허용하지 않는 태도를 날카롭고 확실하게 공격했다. 9월 16일 자신을 맞이하러 온 체글레드 대표단 앞에서 카로이는 부리안의 평화 각서를 비판하는 연설을 했다. 그는 효과도 없고 무의미한 각서 대신 월슨의 14개 조항을 수용하자고 제안하면서, 구체적인 평화안을 작성할 것을 주장했다.

카로이는 트란실바니아에 있는 그의 장인 언드라시 줄러의 두브린(Dubrin) 저택에서 불가리아 전선의 붕괴 소식을 들었다. 그는 놀라운 소식에 즉시 휴가를 중단하고 첫 기차로 부다페스트에 돌아왔다. 기차역에 마중 나온 대표단 앞에서 카로이는 자신의 프로그램을 '평화, 민주주의, 독립'으로 요약했다. 카로이가 의미하는 평화는 타협에 의한 평화로, 친협상국 기조를 통해 독일과의 동맹 파기를 목표로 하고 있었다. 그리고 민주주의는 민주적 개혁을, 독립은 오스트리아와 헝가리의 공동 군주 체제인 '군합국(君合國)'(둘 이상의 국가가 외교권은 따로 가지면서 한 군주의 사적 연계에 의해 하나로 결합한 형태의 국가-옮긴이)을 의미했다.

내각에 위기가 닥치자 카로이는 깨끗한 이력의 야당 구성원들로 구성된 정부를 요구했다. 이 정부에는 의회에 의원을 배출하지 못한 정당, 즉 급진당과 사회민주당도 참여하게 될 터였다.

베케를레가 사임한 후 황제는 위에 언급한 계획을 추진하던 카로이를 받아들이면서 다음과 같이 말했다. "만약 반(反)협상국 정책에 책임 있는 사람들이 계속 정권을 잡고 있다면 협상국 세력이 제시하는 조건은 더욱 가혹해질 것이다."[12]

---

12 *Károlyi, 1923.* p.408.

카로이는 새로 구성된 정부에 소수 민족의 정당 대표들도 포함하고자 했다. 10월 초 그는 슬로바키아, 루마니아, 세르비아 정치인들과 여러 차례 회동하면서 협상을 벌였다. 카로이는 좀 더 자유주의적인 민족 정책으로 소수 민족 지도자들을 설득하여 그들의 지지를 얻을 수 있을 것으로 생각했다.

10월 15일 빈에서 열린 헝가리 대표부 외무 분과 위원회의 마지막 회의에서 카로이는 오스트리아-헝가리 제국이 전쟁 발발에 책임이 있다고 주장했다. 열정적인 연설을 토해내면서 그는, 헝가리가 전쟁에서 빠져나올 수 있었던 여러 기회를 잡지 않았다는 이유로 친독일 지도자들을 공격했다. "우리는 당신들 때문에 전쟁에 패배했소. 그런데도 당신들이 여전히 그 상태를 유지한다면 우리는 평화마저도 잃고 말 것이오… 손을 떼시오. 그래서 사람들이 스스로 자신의 운명과 미래와 독립과 자유를 결정할 수 있게 하시오."[13]

그의 과감하고 단호한 태도 덕에 카로이의 인기는 하루가 다르게 급상승했다. 전쟁의 빠른 종결, 평화 지속, 자신들의 행동과 독립·자유·일반법에 대한 정치 지도부의 답변을 요구하는 카로이의 주장은 전쟁에 염증을 느끼던 대중의 바람을 대변하고 있었다.

정치 체제의 변화를 통해 헝가리가 심각한 손실 없이 전쟁에서 철수할 수 있으리라는 의견이 점점 힘을 얻었다. 윌슨의 14개 조항이 헝가리의 영토 보전과 모순되지 않는다는 거듭된 단언을 포함한 카로이의 몇몇 주장은, 독립이 성취된다면 다민족 헝가리가 현재

---

13 *Vilag*, 1918년 10월 16일. *Karolyi 1968*, p.217.

모습 그대로 살아남을 수 있을 것이라는 근거 없는 희망을 더욱 강화시켰다.

민족주의를 끌어들인 카로이당의 평화주의 프로그램은 위기 속의 정치 체제를 급격하게 바꾸고자 했지만, 동시에 그 체제를 유지하려고도 했다. 지도층은 이를 거부했다. 티서와 국가노동당만이 아니라, 독립당 좌파의 급진주의를 위험하게 생각하던 언드라시의 온건 보수-자유 반대파도 카로이의 계획을 강력하게 반대했던 것이다.

부르주아 급진당

1918년 가을 부르주아 급진당은 당 지도부도 깜짝 놀랄 정도로 빠르게 내달렸다.

20세기 초반 시작된 급진주의 움직임은 1914년 제1차 세계대전을 불과 몇 달 앞두고 부르주아 급진당의 창설로 이어졌다. 당 정규 회의에서 당수였던 야시 오스카르(Jászi Oszkár, 1875~1957)는 토지 개혁, 민족 문제 해결, 공교육의 세 가지 항목을 당의 기본 목표로 제시했다. 당은 보편적 자유의 확대부터 경제 발전, 민족 문제 해결, 국가의 독립 보장, 평화 유지까지 모든 것을 강령으로 내세웠다. 이 강령은 전쟁 기간에도 그대로 유지되었다. 전쟁이 끝나갈 무렵 12개의 조항으로 출판된 강령에서 유일한 변화는 원래의 보호주의적 경향이 '평화주의·자유무역주의 외교 정책'으로 바뀐 것뿐이었다. 부르주아 급진당은 "사람들을 갈라놓는 정치·경제적 장벽을 제거하고, 유럽 문화에 속한 모든 나라가 일반적인 무장 해제와 합병·배상 없

는 평화를 기반으로 동맹 체제를 구축함으로써" 이 모든 것을 이룰 수 있다고 생각했다.[14]

부르주아 급진당 내에는 처음부터 세 가지 다른 경향, 즉 세 개의 세력 집단이 존재했다. 자유주의 세력과 마르크스 추종 세력 그리고 두 세력의 중간에 있는 자칭 '자유주의적 사회주의' 세력이 그것이다. 자유주의 세력은 '봉건 제도(대토지 제도, 교회)'에는 반대했지만, 자본 계급에 대한 투쟁에는 전혀 귀 기울이려 하지 않았다. 스스로 마르크스주의자라 칭하던 세력 — '헝가리 전국 상인 연합' 사무국장인 센데 팔(Szende Pál) 변호사가 이끌던 — 은 부르주아 혁명을 자신들의 과업으로 간주하고, 이를 구실로 사회민주당에 참여하기를 거부했다. 야시 오스카르가 이끌던 '자유주의적 사회주의' 세력은 민주 개혁을 요구하면서 사회민주주의자들이 제안한 몇몇 사회 복지 요구를 채택했다. 그러나 그들은 계급투쟁 이론을 포함한 마르크스의 근본 지침을 공개적으로 거부했다.

프티 부르주아와 지식인 계급이라는 비교적 한정적인 집단으로 구성된 급진당은 실질적인 조직력이 부족했다. 이러한 허약함은 창당 직후 발발한 전쟁이 당 조직의 확립을 방해했다는 사실뿐만 아니라, 자신들의 사상 전파를 근본적인 과업으로 생각하며 글쓰기와 가르침에 능숙했던 당 지도부의 내부 분열에도 그 원인이 있었다.

당을 이끌던 야시 오스카르는 민족 문제 전문가였다. 전쟁 마지막

---

14 *PI Archives*, Leaflet Collection Ⅱ. 13/13. "급진당은 무엇을 원하는가?", *O. Jászi*, "급진주의란 무엇인가?", 표제지.

해에 야시와 급진당이 민족 문제에 대해 어떻게 생각했는지 알기 위해서는 1918년 여름 〈20세기(Huszadik Század)〉 지면에서 전개된 논쟁과 10월 초에 발간된 야시의 《제국의 미래(A Monarchia jövője)》를 언급해야만 한다.

급진주의 잡지인 〈20세기〉에서 벌어진 논쟁은 국가노동당의 이론가였던 레즈 미하이(Réz Mihály, 1878~1921)가 분석한 연구 주제와 관련되어 있었다. 여러 기고가 이루어진 이 논쟁에서 야시는 (역사는 일련의 급진적 투쟁이며, 분쟁을 해결할 유일한 수단은 힘이라는) 민족 이기주의를 옹호한 레즈 미하이의 이론을 "대의로 무장한 독창적인 지식인이라면 절대로 용납할 수 없는, 인류의 운명에 대한 비과학적이고 어리석은 생각"이라고 평가하며 거부했다. 그는 종족의 이기심과 경합하는 개인의 이기심이 결정적인 심리적·역사적 요소라고 주장했다. 그는 레즈 미하이의 견해와 다르게 역사를 "수준 향상과 민주화의 거대한 동화 과정"으로 묘사했는데, 그것은 "광범위한 문화적 협력 단위의 생성"을 의미했다.[15]

1918년 초에 탈고한 《제국의 미래》는 1918년 가을이 되어서야 출판되었다. 달갑지 않은 지체였다. 이 책에서 야시는 오스트리아-헝가리 제국 내의 소수 민족 문제에 관한 실질적 해결 방안을 제시했다. 야시의 구상은 5개의 연방 민족 국가가 오스트리아-헝가리 제국 내에 창설되어 공동 내각으로 서로 연결되는 형식을 취하자는 것이었다. 그러면 이후에 남게 될 민족 문제는 새로운 독자적 국가와

---

15 *Nemzetiségi Kérdés*, 3., p.28.

문화적·행정적 자치의 틀 안에 녹아들게 될 터였다. 그리고 소수 민족의 모든 '타당한' 요구는 야시가 전체 계획의 전제 조건으로 생각하던 내부 민주화 과정에 수용될 것이었다. 5개의 연방 국가는 오스트리아, 헝가리, 보헤미아, 폴란드, 일리리아(오스트리아-헝가리 제국의 남슬라브인 통일체)이다. 이 책은 5개의 연방 국가가 현재의 '귀족적 이중(二重) 체제'를 '민주적 오중(五重) 체제'로 바꿈으로써 발칸 국가들을 끌어들이고, 초민족적 국가 창설의 전범(典範)을 제시하며, 궁극적으로 전 세계를 아우르는 연방 국가를 세울 수 있을 것으로 전망했다.

《제국의 미래》를 저술하던 당시, 야시는 재구성된 오스트리아-헝가리 제국의 틀 안에서 헝가리의 미래를 바라보았다. 그는 크로아티아-슬라보니아의 분리에는 동의했다. 그러나 소수 민족이 거주하는 지역에서 루마니아인, 슬라브인, 독일인의 문화적·합리적 행정 자치권은 인정하지만, 여전히 헝가리가 이들에 대한 지배권을 유지해야 한다고 생각했다.

20세기로 전환한 이후 제기된 수많은 계획 중에서 야시가 제시한 개념은 충분한 논의로 검증된, 의심할 여지없이 가장 훌륭한 계획 중 하나였다.

이 계획의 가장 큰 약점 — 이 책이 쓰이던 시기, 더 중요하게는 이 책이 출판된 시기에 — 은 그것이 잘못된 가정에 근거했다는 점이었다. 급진파는 한편으론 자유주의 세력 및 미국과 협상국의 윌슨주의 세력의 무게감과 영향력을, 다른 한편으론 오스트리아-헝가리 제국의 힘과 생존 능력을 너무 높게 평가했다. (야시는 합스부르크가 지배하는 입헌주의적 제국의 틀 안에서 자신의 민주적 연방 체제를 구상했다.)
결과적으로 그들은 모든 계획의 핵심인 이해와 타협에 기초한 평화
의 가능성을 너무 과대평가했던 것이다.

　야시는 또한 러시아 혁명의 가능성과 그 영향력을 과소평가했고,
이후 벌어지게 될 사건들의 근본 원인인 강력한 계급투쟁의 문제점
을 파악하는 데 실패했다. 그는 저울의 한쪽에 놓인 '독일과 러시아
라는 맷돌'에 대해 '도나우 연맹'이라는 평형추를 다른 한쪽에 놓는
다면, 종족과 관계없이 독일의 패권을 거부하고 혁명을 두려워하던
부르주아 계급이 자신의 계획에 호감을 느낄 것으로 믿었다. 그러나
부르주아 계급의 이해와 지지에 의존했던 야시는 전쟁의 패배에 따
른 무질서, 혁명에 대한 공포, 세력 균형의 변화 등이 소수 민족의
부르주아 계급— 점점 모습을 드러내던 후속 국가들의 사회 지도층
이었던 — 을 이전의 지배 민족과 압제자에게서 멀어지게 했다는 사
실을 고려하지 못했다. 그들은 압제자와 타협하기보다는 자신들의
민족주의 열망과 열정을 자극하면서 좀 더 쉽고 단순하며 유리해
보이는 오스트리아-헝가리 제국과의 단절을 선택했던 것이다.

　야시가 소수 민족에 내부 연방 대신 단지 주(州) 차원의 문화적·
행정적 자치를 약속한 사실과 '역사적 국경'이라는 영토 원칙 — 그
의 책의 근본 개념이었던— 을 주장한 것은 헝가리 민족주의에 대한
양보를 의미했다. 이로써 카로이의 '독립과 48년당'과의 밀접한 협
력이 가능해졌다. 이런 점에서 영토 보전 주장이 현실적인 개념으로
생각될 수도 있었다. 그러나 야시가 그런 해법으로 소수 민족을 만족
하게 하리라고 생각하는 한, 그의 현실 판단은 잘못된 것이었다.

1918년 10월《제국의 미래》가 출간되자 급진당 기관지인 〈세계 (Világ)〉는 헝가리의 영토 보전이 "오직 이러한 방식으로만 보호되고 보존될 수 있다."고 강조하면서 야시의 개념을 지지했다.[16]

이 추론―확실히 야시의 책 일부를 강조하긴 했지만, 그의 개념의 알맹이는 포함하지 않았던―은 급진파가 영향력을 확대하고, 혁명 발생 전 몇 주 동안 대중적 호소를 강화하는 데 도움이 되었다. 후에 현실에 직면하게 된 이러한 성공과 이에 따른 환상은 필연적으로 역효과를 낼 수밖에 없었다. 그러나 1918년 10월에는 상황이 앞으로 그렇게 전개되리라고 생각한 사람이 거의 없었다. 당시 급진파 대표 정치인의 인기는 계속 치솟고 있었고, 급진파의 힘은 강력했으며, 그들의 영향력은 막대했다. 오랜 기간의 정치적 휴지기를 보낸 후 급진파 조직은 다시 활력을 찾았던 것이다. 당의 호소문과 전단이 거리에 등장하기 시작했고, 당원은 꾸준히 늘었으며, 새로운 조직의 확장이 이루어졌다.

10월 14일 인산인해를 이룬 구(舊) 하원 회의실에서 대망의 급진당 대회가 개최되었다. 이 대회에서 야시 오스카르, 센데 팔, 비로 러요시(Biró Lajos), 슈프커 게저(Supka Géza), 베네데크 머르첼(Benedek Marcell) 등 유명 인사가 연설했고, 세 개의 결의안이 채택되었다. 첫 번째는 새로운 정부 구성, 두 번째는 외교 정책 프로그램, 세 번째는 국내 정치 문제에 관한 것이었다.

당 대회에서는 "과감하고 단호한 행동력을 지닌" 새로운 정부에

---

16 *Világ*, 1918년 10월 13일. L. Biró, "도나우 연맹. 야시의 새 책."

대한 요구가 빗발쳤다. 이러한 정부만이 "헝가리의 영토를 보전하고, 혁명의 격동에서 사회를 지켜낼 수 있다."는 것이었다.

외교 정책 프로그램에 관한 결의안은 헝가리의 영토 보전이 "소수 민족의 정당한 요구와 신흥 국가들의 민족적 열망에 모순되지 않는다."는 태도를 보였다.[17]

국내의 가장 시급한 정치·경제 문제는 12개 조항으로 요약되었다. 이 조항 대부분은 앞서 말한 급진적 요구들, 즉 참정권, 언론 자유, 농지 개혁, 상업 및 소기업 지원, 공무원과 민간 고용인의 처우 개선 등을 포함하고 있었다. 그뿐만 아니라 참전 군인 지원, 전시 경제 탈피, 일시적 부유세, 독점 산업 시설의 국유화 등 새롭고 시사적인 논쟁점도 포함했다.

이 당 대회에서 시인이었던 어디 엔드레(Ady Endre, 1877~1919)가 당 집행부 위원으로 선출되었다. 병환으로 당 대회에 참가할 수 없었던 어디 엔드레는 전보를 보내 참가자들에게 안부를 전했다. "…우리는 봉건적·민족적 죄악에 대해 속죄하려 합니다. 헝가리 국민과 헝가리 안에 사는 모든 사람을 구합시다. 인민의 권리와 결사를 위한 시간이 도래했습니다…"[18]

---

17 *Világ*, 1918년 10월 15일. "급진당 대회."
18 *Világ*, 1918년 10월 16일. "급진당에 보내는 인사말."

헝가리 사회민주당과 좌익 반대파

헝가리 사회민주당은 1918년 가을 보수·반동 세력에 대항하여 힘을 결집한 일련의 야당 세력을 대표하며 중요한 역할을 했다. 노동조합 통계는 전쟁 말엽 사회민주당의 세력과 영향력이 크게 확대되었음을 분명하게 보여준다. 1916년 이후 노동조합원의 수는 지속해서 빠르게 증가했다. 노동조합 평의회의 발표를 따르면, 조합원 수는 1916년 55,338명에서 1917년 215,222명으로 증가했고, 1918년 가을의 비공식 통계는 그 수를 30만 명으로 추정하고 있다.[19]

전쟁 초기에 사회민주당은 이 전쟁을 '방어전'으로 간주해서 단지 전쟁 상황에 따른 경제적·사회적 복지 개혁만을 요구했다. 그러나 곧 빠른 평화 협상과 전쟁의 원래 목적 포기를 요구하는 쪽으로 태도를 바꾸었다. 단, 협상국 측이 평화 협상에 임하지 않는다면 중부 열강 각국의 사회민주당이 자신들 정부의 전쟁 노력을 지지해야 한다고 주장했다. 반면, 국내 문제에 관해서는 과거의 선거 정책으로 회귀했다. 당 지도부에서 주도적인 역할을 맡았던 거러미 에르뇌(Garami Ernő, 1876~1935)가 이 정책의 대표 주자였다.

1917년 6월 사회민주당의 주도 아래 선거구가 획정(劃定)되었다. 사회민주당은 선거 개혁 약속에 대한 대가로 에슈테르하지(Esterházy Móric, 1881~1960) 정부와 그 뒤를 이은 베케를레 연립 내각을 꽤 오

---

19 *A szakszervezeti mozgalom*, p.106. 노동조합 평의회의 통계는 항상 12월 31일 현재 상황을 발표했다. 1918년 가을의 통계 수치는 10월 13일 임시 전당 대회에서 런들레르 예뇌가 공개했다. *MMTVD/5*, p.480.

랫동안 지지했다.[20]

러시아 차르 체제를 무너뜨린 2월 혁명과 독일 독립당의 출현에 뒤이어 헝가리 사회민주당에 중도파가 자리 잡기 시작했다. 탁월한 웅변가였던 쿤피 지그몬드(Kunfi Zsigmond, 1879~1929)가 이 세력을 이끌었다.

선거 개혁을 위한 투쟁 과정에서 거러미 에르뇌는 자유주의적 온건 야당인 바조니와 친해지게 되었다. 한편, 쿤피는 카로이와 동맹 관계를 맺으려 노력했다. 1918년 2월 개최된 사회민주당 임시 전당 대회에서 부르주아 정당과 "공식적인 또는 조직적인 관계를 청산하기"로 결의했지만, 바조니의 온건 야당 및 카로이의 의회 야당 좌파와의 관계는 그대로 유지되었다.

사회민주당의 오랜 세력인 좌익 반대파는 러시아의 10월 혁명으로 힘을 얻고 있었다. 바고 벨러(Vágó Béla, 1881~1939), 산토 벨러(Szántó Béla, 1881~1951), 루더시 라슬로(Rudas László, 1885~1950) 등이 이끌던 이 세력은 새로운 좌파 운동을 형성하는 데 영감의 원천이 되었다. 1918년 초에 새로운 좌익의 모습이 형태를 갖추기 시작했다(험부르게르 예뇌(Hamburger Jenő, 1883~1936), 런들레르 예뇌(Landler Jenő, 1875~1928), 니스토르 죄르지(Nyisztor György), 버르거 예뇌(Varga Jenő, 1879~1964)). 사회민주당의 신구 좌익 세력은 계속해서 늘어가던 노동자

---

20 1917년 6월 15일 에슈테르하지 모리츠 백작은 티서 이슈트반 백작의 뒤를 이어 수상에 취임했다. 그러나 에슈테르하지 내각은 1917년 8월 20일 베케를레에게 정권을 내주며 단명했다. 이 내각은 여러 이유로 완전히 교체되었다. 베케를레는 1918년 10월 30일까지 이 정부의 수장을 맡았다.

조직의 혁명적 간부 집단에 주로 의존했다(츨레프코 에데(Chlepkó Ede, 1883~1938), 피에들레르 레죄(Fiedler Rezső), 모쇼이고 언털(Mosolygó Antal), 서톤 레죄(Szaton Rezső, 1888~1957)). 새로운 생산직·사무직 노동자들이 노동조합에 쇄도하면서 좌익 세력은 사회적 기반을 확대하고 새로운 조직이나 준(準)조직을 설립할 수 있게 되었다.

사회민주당의 틀 밖에서 불법적으로 조직되어 서보 에르빈(Szabó Ervin, 1877~1918)의 후원을 받던 혁명적 사회주의자들은 매서운 선전 캠페인으로 좌파 운동의 세력 균형에 영향을 미쳤다. 1918년 1월의 파업 이후 코르빈 오토(Korvin Ottó, 1894~1919)가 이끌던 이 세력은 갈릴레이단(團)의 학생과 지식인, 야당 노동자들로 구성되어 있었다. 그들은 불법 전단을 통해 러시아의 예를 따를 것을 주장했다.

1918년 여름과 가을, 러시아에 잡혀 있는 공산당원 전쟁 포로들의 출판물인 〈공산당 문고(Kommunista Könyvtár)〉 시리즈와 주간지 〈사회 혁명(Szociális Forradalom)〉이 헝가리에 소개되었다. 러시아에 헝가리 공산당 조직이 설립되어 있다는 소식과 그 출판물이 헝가리에 공개된 사실은, 비록 당 공식 기관지에 간략하게 언급되었음에도 매우 뜻깊은 사건이었다.

1918년 1월, 3월, 4월, 6월에 노동자들이 강력한 활동을 전개했지만, 선거 개혁 투쟁은 아무런 결실을 보지 못했다. 약속은 이행되지 않았다. 거의 일 년 반의 의견 충돌 끝에 모든 점에서 국가노동당의 견해와 일치하는 법안이 통과되었다.

6월의 엄청난 정치적 파업이 지나간 후인 1918년 여름, 후방에는 평온함이 찾아온 듯했다. 사회민주당 지도부와 노동조합 평의회는 이러한 평온함을 유지하려고 애썼다. 8월 말에 소집된 노동조합 대회에서는 경제 및 조직 문제가 논의되었다. 9월 23일의 노동조합 간부 공개회의에 상정된 유일한 주제는 "사회 복지 차원의 대중의 식량 문제"였다.

불가리아 전선의 붕괴와 독일 정치 체제의 변화 소식은 불안하던 평온함과 행동의 무기력증을 강제로 깨뜨렸다. 완전한 침잠의 시간이 지나고, 새로운 상황은 갑자기 '열정적 활동'으로 특징지어졌다.

10월 1일 사회민주당 기관지인 일간 〈민중의 소리(Népszava)〉는 날카로운 어투의 사설에서 "새로운 길로 접어든" 독일을 예로 들면서 베케를레, 티서, 부리안의 퇴출과 "기존 지배 계급 시스템"의 완전한 철폐를 주장했다.

10월 3일 이 신문은 오스트리아-독일 사회민주당이 요구한 평화 조건의 세부 사항을 공개했다. 계속해서 10월 5일에는 오스트리아-독일 사회민주당 소속 의원들이 발표한 민족 자결권에 관한 성명을 보도했다. 이 성명은 무엇보다도 다음과 같이 언급하고 있었다.

"오스트리아의 독일 노동자를 대표해서 우리는 오스트리아에 사는 슬라브인과 루마니아인의 자결권을 인정하며, 마찬가지로 오스트리아에 사는 독일인에 대해서도 같은 권리를 요구한다."

"우리는 이러한 기조 아래, 오스트리아가 어떻게 자유 민족 공동체 연방으로 변모할 수 있는지를 체코 및 남슬라브 민족 대표와 협상할 준비가 되어 있다. 슬라브 민족 대표가 이 협상을 거부한다면… 오스트리아의 독일인은 모든 수단을 동원해서 그들의 민족 자결권을 주장할 것이다."

〈민중의 소리〉는 위 성명 내용에 관한 논평을 내고, 헝가리에 거주하는 소수 민족의 평등을 요구하면서 다음과 같이 주장했다. "여러 민족이 이러한 혼란 속에 동거하는 이 지역보다 더 열악한 곳은 세상 어디에도 없다… 이런 상황을 탈출할 수 있는 유일한 길은 사회주의의 전통적 해법, 즉 오스트리아-헝가리 제국과 발칸 지역 인민들의 광범위한 연방뿐이다. 이외의 해결책은, 항상 분리만을 열망하는 민족 통일주의자와 억압받는 자 그리고 소수 민족을 새롭게 양산하게 될 것이다." 〈민중의 소리〉는 이와 관련하여 황제가 주도권을 장악하기를 기대하면서, 이후 진행해야 할 과제를 다음과 같이 요약했다. 황제는 민족 대표를 포함하는 새로운 정부를 구성해야 한다. 새 정부는 바로 비밀 투표에 의한 보통 선거를 도입한다. 즉시 선거를 하고 제헌 의회를 소집한다. 이러한 과정은 "헝가리인과 헝가리 영토 안에 사는 민족들 사이의 관계 및 헝가리 주변에 새롭게 나타나던 국가들 사이의 관계를, 최대한 넓은 지역을 포함하고 평등에 기초한 연방 국가의 틀 안에서" 조정하게 될 것이었다.[21]

10월 초, 당 기관지는 부르주아 정당과의 연합에 관한 태도를 명쾌하게 밝히지 않고 있었다. 이 신문은 카로이와 야시뿐만 아니라 언드라시와 바조니의 연설과 성명도 게재했다. 그러나 시간이 지나면서 언드라시나 바조니가 날로 커지는 카로이의 인기를 따라잡을 수 없다는 점이 명백해졌다. 초기에 좌파를 강력히 '압박'했던 바조니의 돌진력은 노동 계급에서 그의 인기를 떨어뜨리는 요인으로 작

---

21 *Népszava*, 1918년 10월 5일. "길은 어디로 향하는가?"

용했다. 또한, 당시 상황에서 그의 민족주의 관점은 소수 민족 문제에 관한 사회민주당의 견해와 조화될 수 없었다.

수많은 약속과 희망으로 가득 차 있던 1918년 가을, 20세기 초 사회주의 노동 운동의 뛰어난 이론가였던 서보 에르빈이 사망했다. 불과 몇 달 전 서보 에르빈을 "쓸데없이 주유(周遊)하는 무미건조한 학자"로 표현하던 일간지 〈민중의 소리〉가 그의 죽음을 맞아 그의 활동을 찬양하고 그의 성취를 높이 평가했다는 사실에서 시대의 변화 속도를 감지할 수 있었다. 그의 장례식은 중요한 사회·정치적 사건이 되었고, 정당하든 정당하지 않든 사회민주당과 좌익 야권 사이의 협조를 촉진했다. 그의 무덤 옆에서 쿤피 지그몬드와 야시 오스카르가 추도 연설을 했고, 애도하는 군중 사이로 카로이 미하이의 호리호리한 모습이 눈에 띄었다.

1918년 10월 8일 〈민중의 소리〉는 가장 긴급한 과제를 10개 조항으로 요약한 "헝가리 인민에게"라는 성명문을 발표했다. 첫 번째 조항은 "전국의 모든 민주 계급 및 각 민족"의 대표들로 새로운 정부를 구성하자는 주장이었다. 두 번째 조항은 여성 유권자를 포함하고 비밀 투표로 보장되는 보통 선거를 기반으로, 기존의 하원을 해산하고 새로운 국회를 소집하자는 제안이었다. 다른 조항들은 새로운 정부의 임무를 자세히 설명하고 있었다. 러시아 혁명과 윌슨주의 원칙에 따른 평화, 공공 행정의 완전한 민주화, 결사·집회·조직의 자유, 근본적이고 급진적인 토지 개혁, 단독 경영의 범위를 벗어나는 산업 시설의 국유화, 공평 과세, 고용 안정 및 사회 복지 체제 구축, 1일 8시간 근무제 도입, 참전 군인·장애인·미망인·고아 지원이 그것이었다. 소수 민족 문제에 관해서는, 한편으론 민족들을 억압하는 체제의 폐지와 모국어의 자유로운 사용을 주장했고, 다른 한편으론 "평등하고 자유로운 민주적 국가 연합에 기초한 헝가리"의 창설이라는 청사진을 제시했다.

성명문이 발표된 며칠 후인 10월 13일, 당은 "평화와 헝가리의 미래"라는 하나의 안건을 주제로 임시 전당 대회를 소집했다. 이 주제에는, 급격하게 변하는 상황 속에서 당이 직면한 과제를 점검하고 현 상황을 평가하는 작업도 포함되었다. 당 지도부는 이 전당 대회를 통해 10월 8일의 성명문에 대한 승인은 얻고자 했다. 전당 대회의 두 가지 주요 목표는 다음과 같았다. (1) 부르주아 정당과의 연합을 금지한 2월 결의를 무효로 하고 변경함. (2) 각 소수 민족 위원회를 친사회민주당 노선으로 끌어들임.

전당 대회의 연사로 나선 쿤피 지그몬드는 열정적인 연설에서, 외부 환경이 기존 시스템의 두 기둥인 이중 체제와 독일 동맹을 무너뜨렸다고 말했다. 그러나 내부의 두 기둥이라 할 수 있는 민족 억압과 계급 억압은 그대로 남아 있으므로, 이를 허무는 것이 역사적으로 중요한 과업이라고 설명했다. 쿤피는 공개적으로 공화국 선언을 옹호하지는 않았지만, 당이 오스트리아와 헝가리의 공동 군주 체제라는 개념을 지지하지 않는다 — 왕권은 이미 허약하다고 판명되었다 — 고 설명하면서, 정부의 형태는 "미래의 헝가리 제헌 의회에서 결정해야 한다."고 말했다.

소수 민족 문제와 관련하여 쿤피는 사회민주당이 모든 민족의 자결권과 그에 따른 모든 세부 사항을 인정한다고 강조했다. 사회민주당이 이곳에 남길 원하지 않는 사람들을 강제로 붙들지는 않겠지만, 헝가리가 "자유로운 협력에 기반을 둔 연방 인민 국가"가 될 것임으로 분리가 일어나지 않기를 바란다는 것이다.

부르주아 정당과의 연합 문제에 관해서 쿤피는 연합에 찬성하는 태도를 보였다. 노동 계급이 스스로 계획을 실현할 수 없으므로, 즉 노동 계급이 단독으로 정권을 잡을 만큼 강력하지 못하므로 이러한 연합이 필요하다는 것이었다. 그는 연합의 실질적 내용과 관련한 의혹을 없애려고 노력하면서, 사회민주당이 바조니의 온건 야당과 연합하려는 것이 아니라 사회민주당의 행동 강령을 받아들이는 모든 사람과 연합하려 한다고 밝혔다.

쿤피의 개회 연설에 이어 소수 민족 위원회 대표들의 발언이 이어졌다. 이들은 이전과 달리 간부석에 자리가 마련되어 있었다. 루마니아, 슬로바키아, 세르비아, 독일 대표는 사회민주당을 지지한다고 확실하게 말했지만, 부르주아 정당과의 연합 제안에는 명백하게 반대 의사를 표명했다. 소위 '역사적 정당'이라는 부르주아 정당을 믿을 수 없다는 것이 그 이유였다. 루마니아 대표는 부르주아 정당과의 연합 갱신 제안에 대해 다음과 같이 언급했다. "이 전당 대회에서 그 제안을 수용한다면 사회민주당은 루마니아 민족으로부터 다른 어떤 제안보다도 훨씬 적은 지지를 받게 될 것으로 생각됩니다." 소수 민족 대표들은 자신들이 헝가리에 속할 것인지 아닌지를 명확하게 밝히지는 않았다. 슬로바키아와 루마니아 위원회의 우파 지도자들이 당시 소수 민족의 부르주아 정당들과 밀접한 관계를 맺고 있었기 때문이었다. 이들은 형세의 변화를 지켜보면서, 만약 헝가리 노동자들이 헝가리 민족주의, 즉 헝가리 부르주아 정당과 연합한다면 자신들도 그와 똑같이 행동할 권리가 있다고 주장했다.

소수 민족 연사들에 이어 교역 단체, 지역 단체, 농촌 단체 대표들이 발언했다. 그들 또한 부르주아 정당과의 연합에 반대하는 노동 계급의 정서를 드러내면서, 이의 보류를 강하게 요구했다. 사회민주당 지도부는, 전당 대회의 열기에 양보한다는 차원에서, 당 성명문에 개괄된 프로그램을 연합의 전제 조건으로 수용하자는 런들레르 예뇌의 수정안을 받아들이긴 했지만, 자신들의 제안은 그대로 유지했다.

사회민주당은 이렇게 제안의 내용을 바꾸지 않은 표현을 사용함으로써 부르주아 정당과의 연합을 끝내기로 했던 이전의 결의 사항을 무효로 하는 데 성공했고, 그 결과 부르주아 정당과의 연합을 재개할 수 있게 되었다.

그러나 이를 이행할 방법과 수단은 논의의 대상으로 남아 있었다. 수정안은 카로이당 및 급진당과의 연합을 선호했다. 이 전당 대회에서 거러미 에르뇌와 우파는 온건 야당과의 협력을 규정했던 이전 정책을 방어하거나 정당화하려는 시도조차 하지 않았다. 그러나 거러미의 침묵이 그가 이전의 생각을 포기했음을 의미하는 것은 아니었다. 부르주아 정당과의 연합 문제에 관해 당 지도부와 당 위원회 — 전당 대회에서 결의안의 실행을 위임받은 — 의 의견이 엇갈렸고, 카로이와의 협력을 반대하는 사람들은 카로이당이 사회민주당의 10월 강령을 기탄없이 받아들일 것인지 아닌지 공개적으로 천명하지 않았다는 점을 지적했다.

사회민주당의 우파가 전당 대회에서 침묵을 지키고 뒤로 물러난 반면, 좌파는 제안을 주도하며 강력한 모습을 보였다. 러시아의 발전을 언급하면서 헝가리에 혁명적 상황이 도래했다는 점을 출발점으로 삼았던 좌익 반대파는 10월 성명문이 불만족스럽고 마음 내키지 않는다고 생각했다. 그들은 사회민주당이 제시한 목표가 유리한 상황에 따른 기회를 쫓아가지 못하고 있다고 확신했다.

포가니 요제프(Pogány József, 1886~1939)는 연설에서 "오스트리아와의 군합국 체제, 독립 관세 지역, 독자적 군대를 요구하는 급진적이고 쇼비니즘적인 헝가리 정치 정당의 프로그램"에 공화국 체제, 자유 무역, 노동자 민병대 창설 요구로 맞서야 한다고 주장했다. 그는 대표자 32명을 대신해서 독립적 프롤레타리아 정책 및 이의 완수를 위한 노동자 위원회의 구성을 요구하는 발의를 제출했다.

포가니는 자도르 팔(Zádor Pál)과 니스토르 죄르지 그리고 다른 대표자를 대신해서 '13개 제안 항목'을 결의안으로 수용해달라고 요구했다. 무엇보다도 이 제안 항목은 당의 공식 강령을 넘어서는 요구도 포함하고 있었다. 제안 항목은 다음과 같은 것들이다. 상원(上院) 폐지, 공공 행정 기관의 즉각적 쇄신 및 이를 감시할 민간 기구의 창설, 교회 사유지와 부속 재산 및 "소유주와 그의 가족이 스스로 경작할 수 없는" 모든 토지의 분배, 국가가 강력히 후원하는 영농 조합의 창설, 중공업·광업·식품업·의류업·건축 자재 제조 공장 등 산업 시설의 국유화 및 생산직·사무직의 효율적인 참여, 은행 국유화, 전쟁 비용과 국가 지출을 보전(補塡)하기 위한 부유세, 생산 증가와 공평한 분배를 위한 식량 및 의류의 배급 제도, 거주자의 수와 거주

공간의 넓이를 연계하는 방식의 주택 문제 해결 방안.

이런 제안은 임박한 민주 혁명 요구를 돋보이게 하였을 뿐만 아니라, 그 이상의 효과를 발휘했다. 사회주의 혁명의 가능성도 계산에 넣도록 한 것이다.

포가니는 부르주아 정당과의 연합 문제가 헝가리 노동자뿐만 아니라 소수 민족 노동자의 자의식을 자극할 것이라고 지적했다. 그는 다음과 같이 강조했다. "두 가지 전술을 동시에 추구할 수는 없습니다." 사회민주당은 소수 민족의 부르주아나 "영토 보전을 주장하는 역사적 정당"과 연합하기보다는 조직화하지 못한 수십만 명의 노동자, 수백만 명의 농부, 수천만 명의 외국 노동자 그리고 러시아 혁명과 연합을 추구해야 한다는 것이었다.

자도르 팔은 사회민주당의 목표가 "헝가리에 사는 모든 민족의 프롤레타리아 계급에 의한 국가 경영"이 되어야 한다고 주장했다.

러시아의 헝가리 공산주의 세력

쿤 벨러(Kun Béla, 1886~1938)가 이끌던 러시아의 헝가리 공산주의 세력도 사회민주당의 10월 강령과 전당 대회에서 채택된 결의 사항에 대해 견해를 밝혔다.

쿤 벨러는 1886년 2월 20일 트란실바니아의 렐레(Lele) 마을에서 태어났다. 그의 아버지는 마을 공증인이었다. 그는 질러(Zilah)에서 중고등학교를 마쳤고, 후에 콜로즈바르(Kolozsvár)에 소재한 칼뱅파 대학에서 수학했다. 사회민주당에는 16살 때에 가입했다. 대학 시절

저널리스트로 활동했고, 후에 지역 노동자 보험 은행에서 사원으로 근무했다. 제1차 세계대전이 발발하자 쿤은 군에 소집되어 러시아 전선으로 파병되었다. 1916년에 전쟁 포로가 된 쿤 벨러는 톰스크 (Tomsk)에 있던 수용소에서 전쟁 포로 혁명 운동을 시작했다. 10월 혁명의 승리 이전에 볼셰비키에 처음으로 참여한 사람 중 하나였던 그는 1917년 말에 상트페테르부르크에서 레닌을 만났다. 3월 24일 러시아 공산당의 헝가리 지부가 설립되어 쿤이 지도자가 되었고, 뒤이어 전쟁 포로 사회주의 연합에서 그를 의장으로 선출했다. 그는 1918년 2월에 독일군과 교전했고, 후에 페름(Perm) 전선에서 싸웠다. 7월에는 모스크바에서 사회주의 좌파 혁명론자를 막는 데 참여했다.

전쟁 포로 공산주의자들은 전반적으로 사회민주당의 목표를 거부했고, 조직과 관련해서도 나름의 적당한 결론을 이끌어 낼 준비가 되어 있었다. 헝가리 볼셰비키는 새로운 역사적 발전 현상에 주목했다. 제국주의, 세계대전, 러시아의 프롤레타리아 독재 수립으로 노동 운동이 근본적으로 새로운 환경에 직면하게 되자, 그들은 사회 혁명의 가능성, 즉 논의의 초점이던 권력 획득의 가능성을 엿볼 수 있게 되었다. 따라서 이런 상황에서 부르주아 민주주의를 당면한 목표로 선언하는 것이 더는 진보나 자유의 길을 의미하지 않고, "볼셰비즘과 프롤레타리아 혁명에 맞서, 몰락하고 있는 부르주아 국가 조직을 구하려는" 수단에 불과하게 되었던 것이다.[22]

---

22 *Szociális Forradalom*, 1918년 10월 23일. 쿤 벨러, "볼셰비키의 심판."

이러한 기조 위에 이 세력의 기관지인 주간 〈사회 혁명〉은 사회민주당의 10월 성명문을 반역 문서로 규정하면서, 사회민주당은 기회주의적이고 지배층과 음모를 꾸미고 있으며 계급투쟁을 포기했다고 비난했다. 〈사회 혁명〉이 사회민주당에 가한 주된 비난은 첫째, 이 당이 프롤레타리아 혁명에 대해 아무런 전망도 하지 못하고 있다는 점과 둘째, 이들이 극히 중요한 민주적 전환 프로그램 요구를 완전히 무시하고 있다는 점이었다.

이에 따르면, 사회민주당의 10월 성명은 혁명 투쟁 대신 법 앞에서의 계급 평등을 옹호하고, 러시아 혁명과 월슨의 평화 제안이라는 두 가지 충돌하는 원칙에 기초하여 평화를 정착하려고 한다. 무장 해제를 부르짖으면서 국민의 보편적 무장은 잊고 있다. 프롤레타리아의 국제 연대에 대해서는 언급이 없고, 부르주아 국가 간의 평화적 협력은 지지한다. 토지 무소유 농민과 노동자로 구성된 위원회가 축이 되는 공화국 대신 입헌 의회를 제안한다. 전쟁 동안 축적한 재산을 몰수하자고 요구하지 않고, 사유 재산 폐지에 대해서도 아무 말이 없다. 교회가 소유한 학교의 세속화와 국유화에 관한 의견도 없다. 성명은 단지 하루 8시간 근무제만을 논하고 있으며, 그나마도 진보적인 소득세 대신 공평 과세 정책을 추천하고 있다.

즉, 이 10개 조항의 성명은 계급투쟁의 길을 벗어나 혁명의 기회를 놓쳤을 뿐만 아니라, 동시에 국민의 보편적 무장과 교회 소유 토지의 몰수를 명확하게 적시(摘示)했던 사회민주당의 임시 강령도 포기한 것이다.

〈사회 혁명〉은 헝가리 독립 주장과 관련하여 자세한 논설을 게재하고, 부르주아 정당의 강령에 포함된 독립 주장이 "독일 제국주의와 동맹 관계의 헝가리"를 "반혁명·친협상국 정서의 헝가리"로 대체하는 것에 불과하다고 주장했다.[23]

오스트리아-헝가리 제국의 해체와 관련하여 이 신문은, 현 상황에서 민족 분할은 "명백하게 각 민족 부르주아의 열망이자 이익"이지만, 민족과 관계없이 억압받고 착취당하는 대중에게는 아무런 이해관계가 없다는 이유로 민족 분할에 반대하는 태도를 보였다.

대중이 "아직은 프티 부르주아와의 연합을 공격하는 사회적 애국자들의 영향력 아래" 있기 때문에 이러한 과정이 방해받지는 않았다. 부르주아 민족 국가가 출현하고 오스트리아-헝가리 제국에서 민족적 부르주아 혁명이 종식되는 것과 때를 같이하여 오스트리아-헝가리 제국의 프롤레타리아 혁명도 진행되었다. "곧 혁명 과정은 새로운 국면에 접어들 것이고, 헝가리, 체코, 남슬라브, 루마니아, 독일의 무장 혁명 세력은 자신들의 의지를 밝힐 것이다… 그것은 민주적 독립이라기보다는 노동자와 농민에 의한 혁명적 독재가 될 것이고, 민족의 연합이라기보다는 동맹으로 하나가 된 위원회들의 공화국이될 것이다."[24]

사회민주당에 가해진 날카로운 비판에 이어 새로운 정당 창설의 필요성이 제기되었다. 이를 준비하기 위해 10월 24일 모스크바에서 "러시아 공산당의 외국어 분과 소속 헝가리 위원들"이 회의를 개최

---

23 *Szociális Forradalom*, 1918년 10월 16일. "헝가리 독립."
24 *Ibid.* "제국 해체."

했다. (이 유명한 회의는 당시 러시아의 헝가리 공산주의 세력이 중심지로 사용하던 '드레스덴 호텔' 2층의 방에서 열렸다.)

이 회의에서 연사로 등장한 쿤 벨러는 다음과 같이 말했다. "사회민주당은 사회주의로 향하는 길에서 벗어났습니다… 그러므로… 공산당 창당 문제를 중심 의제로 제기합니다. 지금 이 경우는 제가 어떤 혁명적 열정에 이끌리기 때문만은 아닙니다. 내일 당장에라도 우리가 권력을 손에 넣을 수 있다고 생각하지는 않지만, 언젠가는 헝가리 프롤레타리아가 권력을 차지하리라고 굳게 확신합니다. 우리는 그때를 대비해야 합니다…"[25]

회의에 참가했던 헝가리, 독일, 루마니아, 남슬라브, 체코, 슬로바키아 공산주의자들은 하나의 목소리로 '헝가리 노동 인민'을 지지했다. 그들은 현재의 혁명 상황을 설명하고 사회민주당의 기회주의를 비난하면서 노동자, 군인, 영세 농민이 무장봉기하여 국가 권력을 쟁취해야 한다고 주장했다. "적(敵) 진영의 참호에서 고통받고 있는, 여러분의 동료 노동자와 평화 협상에 서명합시다. 참호와 점령 지역을 떠나 무기를 가지고 고향으로 돌아갑시다. 세계열강의 침략 전쟁으로도 깨뜨릴 수 없는 노동자의 형제 동맹을 완결합시다." 그들은 10개 조항 가운데 가장 긴급한 임무를 호소문에 요약했는데, 여기에 '헝가리 공산주의 협회'라는 명칭이 처음으로 등장했다.[26]

25 *Sarló és Kalapács*, 1932. No. 4. Gy. Szamuely, "헝가리 공산당 준비."

26 *Párttörténeti Közlemények*, 2/1964, pp.164~169. Gy. Milei, "헝가리 공산당 창설을 위한 러시아 공산주의 볼셰비키 당의 헝가리 지부."

10월 초의 사회 분위기

10월 초 헝가리의 사회 분위기를 묘사하기는 매우 어렵다. 돌이 켜보면, 얼마나 많은 사람이 황제의 접견 소식이나 엄격하게 검열된 의회 보고서에서 무언가를 이해했는지, 얼마나 많은 사람이 미래의 임무와 가능성에 관한 토론에 열정적으로 참여했는지, 얼마나 많은 사람이 러시아에서 들여온 불법 간행물을 손에 넣을 수 있었는지 말하기는 매우 어렵다.

10월 2일 서보 에르빈의 장례식이 진행되던 순간, 체펠(Csepel) 지역과 부다페스트의 여러 공장에서 10분간 일을 멈추었다.

10월 8일 70개 이상의 공장 소속 노동자 10만여 명이 사회민주당의 성명을 유세하는 집회에 참가했다.

언론 위원회가 보도 금지 명령을 내렸지만, 10월 10일 국가노동당 본부 앞의 시위는 건물 유리창의 파손으로 마무리된 것으로 알려졌다.

일부 지방 도시에서도 시위와 파업이 전개되었다.

수많은 요인이 선동과 흥분의 분위기가 만연했음을 보여주고 있다. 그러나 10월 전반기에 나라 전체와 노동자를 아우르는 대규모의 행동은 일어나지 않았다.

평화 제안이 발표되면서 부르주아들 사이에 퍼져 있던 공포감이 일시적 낙관론으로 바뀌었다. 10월 4일 이후로 증권 거래 시장도 안정되어 보였고 환율도 다시 오르기 시작했다.

의회의 마지막 회의

10월 16일 대내외 정책 문제를 논의하기 위해 의회가 소집되었다. 표면적으로는 평온해 보였지만, 상황은 이미 폭발적이었다.

불가리아 전선에 관한 소식이 전해지자 카로이당은 곧바로 비상의회를 소집했다. 그러나 카로이당을 지지하던 정부와 정당들 — 상황이 불리하다고 생각하고 있던 — 은 이 요구에 빠르게 대응하는 것이 별로 중요하지 않다고 생각했다.

많은 논쟁 끝에 베케를레 정부의 재임명 이후, 제국의 성명 발표 이전의 일정이 의회에서 토의에 들어가기에 적절한 시기로 생각되었다.

베케를레는 오래된 정치적 관행에 따라, 주어진 상황에서 민족적 요구를 강조하는 것이 가장 현명한 전술이라고 믿었다. 그는 이렇게 함으로써 반대파의 기선을 제압하고, 미해결 문제에 관한 관심을 분산시켜 황제와 현 체제에 대한 대중의 인기를 높일 수 있을 것으로 생각했다.

이와 유사한 책략이 1918년 1월 — 독자적 군대에 관한 약속이 발표된 이후인 — 에 기대했던 효과를 거두지 못한 사실이 베케를레를 멈추게 하지는 못했다. 제국 성명과 관련한 협상 과정에서 베케를레가 군합국 체제의 공표에 대한 황제의 승인을 받았기 때문이었다. 그래서 그는 독립당이 오랫동안 주장했던, 오스트리아와 헝가리의 공동 내각 폐지라는 비장의 카드를 제시할 수 있었던 것이다.

10월 16일 회의가 개최되자 베케를레는 즉각 발언을 시작했다.

그는 동시에 발표된 제국 성명을 언급하면서, 오스트리아가 연방제를 기초로 국내 문제를 해결하려 노력해 왔기 때문에 "군합국 체제를 받아들이는 것"이 필연적이라고 주장했다. 발언 중간의 휴식 시간에 그는 크로아티아에 대한 1868년 '타협'의 개정과 각 민족의 개별적 권리를 약속했다. 베케를레는 다음과 같이 결론지으며 발언을 끝마쳤다. "헝가리의 독립 선언만이 아니라, 독립 헝가리를 창조하기 위해 우리 모두 단결합시다."[27] 불만의 배출구를 제공하여 혁명의 물결을 막으려는 베케를레의 민족 감정 해방 정책은, 오스트리아-헝가리 제국의 폐허 위에 새로운 국가가 출현하는 과정에서 슬라브와 루마니아 부르주아 계층이 성공적으로 채택했던 정책과 매우 닮아 있었다. 그러나 주변 국가들에서는 이러한 정책이 대체로 야당 계열에서 제시되었던 반면, 헝가리에서는 상황이 정반대로 전개되었다. 막다른 골목에 몰려 새롭고 급진적인 독립 구호로 대중의 지지를 얻으려 했던 베케를레와 그의 동료 집단은 이미 공격적이고 착취적인 정책과 약속 불이행으로 노동 계급과 농민층의 신뢰를 잃고 있었다. 당연하게도 그들은 전쟁에 책임을 져야 할 사람들로 생각되었던 것이다.

　베케를레에 이어 발언대에 오른 카로이 미하이는 정부가 제시한 책략의 목적뿐만 아니라 그 약점도 꿰뚫고 있었다. 그는, 지난날 이중 체제의 충실한 옹호자였던 사람들이 지금에 와서 군합국 체제를 요구해서는 안 된다고 주장하며 수상의 발표를 거부했다. 카로이 미

27　*Képviselőházy napló*. ⅩⅬⅠ. pp.275~276.

하이는 청중들에게 베케를레가 이행하지 못할 약속을 종종 했던 사실을 상기시켰다. 그는 모든 지연 사태에 반대를 표명하며 다음과 같이 말했다. "우리는 전쟁에서 패배했습니다. 이제 평화를 잃지 않는 것이 무엇보다 중요합니다." 카로이는 평화를 정착하는 데 필요한 요소의 목록을 제시했다. 새로운 외교 정책 도입(독일과 절교, 평화주의 태도 채택), 급진적·민주적인 방향으로 국내 정책 선회(보통·평등 참정권, 민주적 토지 정책), "헝가리의 영토 보전을 위한" 민족 문제의 새로운 접근이 그것이었다.[28]

카로이가 연설하는 동안, 여전히 호전적이었던 우익 측은 카로이를 지지하는 야당을 위협하려 했다. 그가, 지금까지 발생한 사태에 책임이 있는 사람들을 국민이 책망할 것이라며 "심판의 날이 다가왔습니다."라고 말하자, 국가노동당 의원 중 누군가가 "그건 협상국 세력이나 할 말이오."라고 소리쳤다. 카로이는 이를 무시하며 "그럼 독일 측이 할 말을 해 보시오."라고 대구했다. 그러나 또 한 사람의 당 지도자인 로바시 마르톤(Lovászy Márton, 1864~1927)은 이에 만족하지 못하고, "우리가 협상국 세력의 지지자라는 사실을 인정하겠소!"라며 끼어들었다. 카로이당 의원인 버시 야노시(Vass János)가 그를 지지하고 나섰다. "찬성이오!"[29] 로바시가 지나치게 솔직하고 순진하게 외친 뒤에 엄청난 폭풍이 의회를 강타했다. "매국노, 불한당" 같은 경멸적인 언사와 "한 방 먹여라!" 같은 위협적인 언사가 난무했

---

28 *Ibid.*, p.280.
29 *Ibid.*, p.279.

던 것이다. 회의가 10분간 중지되었지만, 이때에도 아수라장은 계속 되었다.

이 소동 후에 우익이 분위기를 거의 장악한 듯했다. 카로이를 지지하는 페녜시 라슬로(Fényes László)가 대정부 질문 중 "군인들은 더는 독일의 이해관계를 위해 싸우려 하지 않습니다."라고 언급하자 다시 한번 감정이 격화되었다. 국방부 장관 수르머이 샨도르(Szurmay Sándor, 1860~1945)는 이러한 "중상모략"에 다음과 같이 대답하며 당당한 태도를 보였다. "우리 군은… 신성한 맹세에 따라 충실하게 자신의 임무를 수행할 것이오."[30]

의회의 논쟁으로 야기된 흥분 상태는, 회의장을 떠나 막 차에 오르던 티서 이슈트반에 대한 암살 기도로 더욱 증폭되었다. 암살 기도는 혁명 사회주의자들의 짓이었다. 그들은 전쟁 도발 정책의 화신인 티서를 물리적으로 제거함으로써 아직 행동하지 않고 있는 대중을 자극할 수 있을 것으로 굳게 믿고 있었다. "이 행동이 피할 수 없는 거대한 폭발의 불꽃이 될 것이다." 치밀한 계획이었지만, 이 암살 기도는 실패로 끝났다. 젊은 레커이 야노시(Lékai János)의 손에 있던 무기가 결정적인 순간에 불발했기 때문이었다. 그러나 암살 기도만으로도 흥분 상태를 가열하기에 충분했다. 신문은 암살 기도 직후 레커이가 티서에게 내뱉은 말과 이후 경찰 조사에서 발언한 내용을 인용하면서 이 사건을 자세하게 보도했다. ("나는 그자와, 세계를 대화재로 몰아간 주범인 그자의 생각을 제거하고 싶었다… 어쨌든 나는 불치의 환자이

---

30 *Ibid.*, p.289.

고, 내 삶이 그렇게 가치 있는 것도 아니니…")[31]

이 사건 다음 날인 10월 17일 티서 이슈트반은 의회에서 연설했다. 국가노동당은 티서의 연설에서 앞으로의 지침과 독려의 말을 기대했다. 그러나 그의 연설은 이러한 기대를 만족하게 하지 못했다. 티서의 목소리는 이전처럼 조용하고 단호하며 그의 문장은 간결하고 적절했지만, 연설 내용이 불확실했기 때문에 그의 지지자들에게 희망을 주지 못했다. 군합국 체제와 관련하여 티서는 베케를레의 견해를 받아들였을 뿐만 아니라, 수상보다 한발 더 나아가 더욱 단호하게 수상의 주장을 수정하고 명확히 했다. "군합국 체제가 말장난이나 미봉책이 되어서는 안 됩니다."

계속해서 티서는 독일과 동맹을 유지할 필요가 없다고 말했다. 그는 "이 동맹이 공격적인 러시아 독재 제국의 야망을 방어하기 위해 불가피했었지만, 전쟁의 와중에 차르 제국이 무너진 지금은 그 위험이 지나갔다."고 주장했다.

사안의 중압감 때문에 티서는 오스트리아-헝가리 이중 제국과 독일 동맹에 대한 태도를 바꾸었다. 그러나 소수 민족 문제에 관해서는, "우리가 소수 민족을 박해한 적이 없고" 헝가리 내에 오직 "하나의 작은 소수자 세력"만이 "민족 국가의 근본 개념"에 반대하기 때문에 광범위한 변화는 필요하지 않다고 언급했다. 티서는 또한 참정권 확대 및 민주화에 대한 요구에도 등을 돌렸다. "우리는 민주화 방침을 채택할 필요가 없습니다. 이미 오래전에 그것을 이루었기 때문입

---

31 *Pesti Napló*, 1918년 10월 17일. "티서 이슈트반에 대한 암살 기도."

니다." 전쟁에 대한 그의 언급이 큰 파문을 일으켰다. "나는 말장난
은 하고 싶지 않습니다. 나는 어제 카로이 미하이 백작이 말한 바대
로, 우리가 전쟁에 졌음을 인정합니다…"

이 선언은 대단한 혼란을 일으켰다. 확실히 티서의 선언은 카로이
가 말했던 내용을 반복한 것에 지나지 않았다. 그러나 그때까지 항상
승자의 평화를 언급하며 끝까지 인내하자고 주장하던, 그리고 9월
말까지도 남슬라브와의 협상을 힘으로 밀어붙이려던 정치 지도자의
입에서 나온 이러한 선언은, 어떤 경우에도 그 문제에 관해 자신의
견해를 숨기지 않던 야당 지도자의 연설과는 사뭇 다르게 들렸던
것이다.

티서는 그의 말이 불러일으킨 흥분과 동요를 목격하면서, 자신이
도가 지나쳤음을 깨달았다. 그는 이어지는 말에서 즉각 자신의 언사
를 설명하고 정당화하려 했다. "우리가 강력한 영웅적 저항을 계속
할 수 없다는 의미에서 패배했다는 것이 아닙니다… 우리가 승리할
가망이 없다는… 의미에서 패배했다는 것입니다. 이런 중대한 사실
을 숨기는 것은, 이런 사실에 근거 없이 극단적이거나 당황스러운
해석을 가하는 것만큼이나 잘못된 일이라는 것이 제 생각입니다."[32]

그러나 설명으로 그 사실을 바꿀 수는 없었다. 티서의 선언은 들
불처럼 번졌고, 그 충격은 헤아릴 수 없을 정도였다. 티서의 선언으
로 부르주아 및 프티 부르주아 계급은 뭔가 중대한 문제가 있다는
사실을 비로소 깨닫게 되었고, 정부를 의심하지 않던 사람들은 허를

---

32 *Képviselőházi napló*, XLⅠ. p.292.

찔리고 말았던 것이다.

그날 티서의 연설 이후에 다른 여러 사람도 자신의 견해를 밝혔지만, 사람들의 시선을 끌지는 못했다. 독립(비조니)당의 베네데크 야노시(Benedek János) 의원은 반쯤 비어 있는 의사당에서, 천 년간 이어져온 이 아름다운 나라의 영토 보전과 민족의 구원에 관한 고상한 의견을 피력했다. 기스바인 샨도르(Giesswein Sándor, 1856~1923)는 감정을 자제하는 목소리로 "67년과 48년은 둘 다 낡은 이념이고… 민족 개념은 인류애의 이상과 좀 더 밀접한 관계를 맺어야 하며… 민족이 자기 자신을 목적으로 삼는 한, 이런 종류의 비극은 필연적으로 반복될 것"이라고 말했다.[33] (기스바인은 기독사회주의 민주주의파에서 가장 저명한 인물이었다. 전쟁 말엽에 그는 서보 에르빈과 관계를 형성했다.)

의회 보고서에서도 민족 문제와 민족주의 정당들의 방침이 티서와 카로이의 다툼 때문에 빛을 잃고 있었다.

10월 초에 민족주의 정당의 활동과 조직 문제는 부차적 사안인 듯했다. 신문은 이에 관해 아무런 보도도 하지 않았고, 그나마 발표된 보고서도 부정확하거나 편향된 것뿐이었다. 의회에서는 40명의 세르비아-크로아티아 의원, 4명의 루마니아 의원, 2명의 슬로바키아 의원이 소수 민족 정당을 대표했다. 전체 400명의 헝가리 의회에서 루마니아와 슬로바키아 의원의 숫자가 극미했다는 사실 자체가, 티서의 견해와는 달리, 소수 민족 문제의 해결이 요원하다는 사실을 증명하기에 충분했다.

---

33 *Képviselőházi napló*, XL I . p.308.

회의에 참석하기도 되어 있던 세르비아-크로아티아 의원들은 회의에 불참함으로써 헝가리와 자신들의 연계 고리가 끊어졌음을 알렸다.

버이더 샨도르(Vajda Sándor)가 루마니아 국민당을 대표하여 의회에서 연설했다. 그는 10월 12일 너지바러드(Nagyvárad)에서 루마니아 국민당 실행 위원회가 회의를 개최하여 선언문을 채택했음을 발표했다. 그가 읽어 나간 선언문은 헝가리와 트란실바니아에 사는 루마니아인의 자결권을 요구하면서 헝가리 정부와 의회가 루마니아 민족을 대신하여 말할 권리가 있는지 의문을 제기하고 있었다.

그리고 트란실바니아의 루마니아 의회가 장래에 루마니아인을 대표할 유일한 권리를 지니고 있으며, 의회가 소집될 때까지는 루마니아 국민당의 실행 위원회가 그들을 대신할 권리를 가진다고 공표했다.

버이더는 최근의 불만 사항을 토로하며 베케를레와 티서가 내놓은 변명조의 성명을 반박했다. "감옥은 동포들로 꽉 차 있습니다. 지난 2년간 8개 법정이 형을 선고했습니다… 우리의 학교는 수백 개가 폐교되었습니다."[34]

이 선언과 그에 따른 의견이 상당한 수준까지 나아가긴 했지만, 분리 문제 및 루마니아 통합 문제는 조심스럽게 피하고 있었다. 버이더는 민주적 전환이나 사회적 발전 문제에 대해서도 아무런 언급을 하지 않았다. 이러한 문제에 관해 그는 "사회적 조정은 오직 민족을

---

34 *Ibid.*, p.317.

기반으로 한 민족의 틀 안에서만 정상적인 방향으로 발전할 수 있기 때문에"[35] 민족 문제가 먼저 해결되어야 한다는 태도를 밝혔다.

하루 뒤인 10월 19일, 슬로바키아 국민당을 대표하여 유리거 난 도르(Juriga Nándor)가 자신의 견해를 설명했다. 그는 "헝가리에 거주하는 슬로바키아인의 국민 위원회"의 이름으로, 루마니아인처럼, 슬로바키아인의 자결권을 요구하는 선언문을 낭독했다. 유리거는, 슬로바키아인은 자신들의 정착 지역에서 국가 공동체를 형성하기 원하고, 헝가리 정부나 의회에 슬로바키아 민족을 대표하는 권한을 인정할 수 없으며, 슬로바키아 국민 위원회 이외에는 누구도 슬로바키아 문제를 협상할 권리가 없다고 강조해서 말했다.

유리거는 긴 연설 도중 자신은 카로이당도 신뢰하지 않는다고 말하면서, 황제가 이미 오스트리아에 관해 선언한 연방제 원칙을 헝가리에 적용하는 문제에 대해 카로이당 역시 거부 의사를 밝혔기 때문이라고 설명했다. 그는 소수 민족 문제에 관한 카로이당의 태도가 국가노동당보다 별로 나을 것이 없다고 말했다. "그들은 다른 전략을 쓰고 있을 뿐, 오십보백보입니다."[36]

역사 속에서 슬로바키아인은 쿠루츠(Kuruc)와 러번츠(Labanc) 모두에게 고통받았다(쿠루츠는 17~8세기에 합스부르크 황실에 저항했던 헝가리 왕국의 귀족, 농노, 프로테스탄트 농부, 슬라브인 등을 지칭하는 단어이며, 이에 맞선 오스트리아 황실과 지지자를 러번츠라고 부름 – 옮긴이). 쿠루츠나

---

35 *Ibid.*, p.353.
36 *Ibid.*, p.353.

러번츠가 트렌첸(Trencsén) 주(州)(슬로바키아 서쪽 지역에 있던 헝가리 왕국의 행정 주. 제1차 세계대전 이후 체코슬로바키아에 편입되었고, 현재는 슬로바키아의 영토임-옮긴이)에 진입할 때면, 그들은 항상 주민에게 쿠루츠를 지지하는지 러번츠를 지지하는지 물었다. 주민은 결국 이렇게 답변할 수밖에 없었다. "우리에게 쿠루츠인지 러번츠인지 더는 묻지 말고, 그냥 우리를 휘젓고 지나가시오. 없는 사람은 항상 당하기만 하는 법이니…"[37]

유리거는 한편으론 부르주아 급진파 야시 오스카르와 비로 러요시를 격찬했다. "…헝가리인 중에도 탁월한 지성과 따뜻한 마음을 가진 사람들이 있습니다. 그렇지만 그들은 아직 눈에 잘 띄지 않으니…"[38]

그가 언급한 슬로바키아 국민 위원회의 구성과 본부에 관해 질문이 나오자 유리거는 회피하는 듯한 답변을 했다. 그러나 이런 상황에서, 국가노동당의 슬로바키아 출신 의원들이 아니라 유리거가 슬로바키아 부르주아 지도자들의 견해를 대변한다는 사실에 의심의 여지는 없었다.

회의 마지막 날인 10월 22일과 23일도 자극적이고 혼란스런 장면을 연출하는 수많은 연설로 도배되었다.

10월 22일 카로이 미하이는 다시 발언 기회를 요청해서 평화에 관해 언급하며, 필요하다면 즉각적인 단독 강화도 가능하다고 주장

---

37 *Ibid.*, p.354.

38 *Ibid.*

했다. 그는 열변을 토해냈다. "이 나라는 억압된 반란 분위기로 가득 차 있습니다… 우리는 행동해야 합니다." 계속해서 그는 정부가 행동에 실패한다면 "내가 할 것입니다."라고 덧붙였다.[39]

티서는 긴 답변에서 전쟁 발발과 관련한 자신의 역할을 명확히 밝히려 했다. 그는 그때까지 미발표된 문서를 인용하면서, 오스트리아-헝가리 제국은 전쟁을 원하지 않았고 자기 자신도 적어도 전쟁 초기에는 개인적으로 전쟁에 반대했음을 증명하고자 했다. 책임을 회피하려는 티서의 논법은 별로 설득력이 없었다. 그는 왜 나중에 태도를 바꾸었는지에 대해 대답하지 못했다. 그는 오스트리아-헝가리 제국의 다른 지도자들이 처음부터 전쟁을 지지했다는 사실을 은폐했다. 그는 세르비아에 대한 최후통첩과 전쟁 개시를 결정하는 데 독일의 군국주의가 어떠한 영향을 미쳤는지 설명하지 못했다.

10월 23일 카로이당의 벌러 얼러다르(Balla Aladár, 1867~1935)가 티서의 주장에 응답했다. 그가 연설하는 동안 흥분 상태는 최고조에 달했다. 벌러가 겨우 몇 마디 언급했을 때, 얼근히 술기운이 오른 독립당 의원 메슈코 졸탄(Meskó Zoltán, 1883~1959. 나중에 호르티가 정권을 잡은 시기에 화살십자가당을 창설한 인물)이 끼어들었다. "데브레첸(Debrecen)에서는 아직도 황제 찬가가 울려 퍼지고 있단 말이야!"[40]

이것은 그날 카로이 4세(헝가리의 황제. 오스트리아 황제로는 카를 1세-옮긴이)가 데브레첸을 방문했을 때 군악대가 오스트리아 국가(國歌)를

---

39 *Ibid.*, p.359., p.362.
40 *Ibid.*, p.442.

연주한 사실을 언급한 것이었다.

흥분 상태는 가라앉지 않았다. 회의가 중단되었다가 재개되자 의회 의장인 국가노동당의 사스 카로이(Szász Károly)마저 메슈코의 우발적인 행동을 비난했다. 그때 카로이 미하이가 의장에게 전보를 건넸다. "방금 이것을 받았소. 읽어 주시오!"[41] 이 전보는 피우메(Fiume)에서 일어난 군대의 반란 소식을 담고 있었다. 또 한차례의 폭풍이 휘몰아쳤고, 회의는 다시 중단되었다.

회의가 오랫동안 중단되자 야당 의원들은 돔형 회의실에서 즉석 회의를 열었고, 그 후에 각 당 지도부가 협의를 위해 수상의 방에 모였다. 전날 스위스 협상에서 돌아온 언드라시 줄러도 그 회의에 참가했다. 달아오른 분위기 속에서 언드라시는 정부가 사임해야 한다는 견해를 지지했다. 티서 역시 이 제안을 지지했다. 그는, 이렇게 혼란과 절망이 커지는 상황에서는 온건 야당이 주도권을 잡는 것이 더 낫겠다고 생각했다. 그는 정부가 사임한 뒤에 언드라시-어포니의 중도 좌파 2인조가 자신의 당으로부터 지지를 얻어 정권을 잡고 좌익의 위협을 끝내주기를 기대했다. 티서는 온건 야당과 협조하기 위해 즉시 참정권 확대 의견을 받아들일 생각이었다.

이 협상의 결과로 베케를레 정부는 사임했고, 이 발표로 회의는 끝을 맺었다. 그러나 의장이 휴회를 선언하기도 전에 야당 언론인들이 방청석에 모여 언론 자유를 외치며 검열을 반대하는 시위를 벌였다.

---

41 *Ibid.*, p.446.

2
승리한 혁명 : 헝가리 공화국

최후의 나날

10월 초에 분출하여 해결되지 않고 미루어졌던 정부 위기가 베케를레 정부의 사임으로 새로운 국면에 접어들었다.

10월 초에는 국가노동당과 온건 야당이 정치적 주도권을 잡기 위해 논쟁했지만, 이제 국가노동당과 48년 헌법당이 합병 — 이 합병의 결과로 국가노동당은 주도권을 잃게 되었다 — 을 하게 되자 권력 투쟁은 언드라시와 카로이에 집중되었다. 이렇게 새로이 전개된 치열한 권력 투쟁에서 언드라시가 유리한 위치를 차지했다. 황제가 빈디슈그라에츠 공작의 충고를 받아들여 언드라시를 공동 외무장관에 임명했기 때문이었다. 위기 해결 이후에 구성된 모든 정부 기구는, 10월 24일부터 효력을 발하게 된 이 임명으로 이제 '수상'의 역할을 맡게 된 언드라시에게 추인을 받아야 했다.

온건 야당이 기선을 제압하는 정부를 구성하기란 쉽지 않은 일이었다. 무엇보다도 언드라시의 절친한 친구이자 수상 후보자였던 허디크 야노시(Hadik János, 1863~1933)가 성공 가능성이 낮은 그 업무를 떠맡으려 하지 않았던 것이다. 어려움의 본질은, 긴장이 고조되는 상황에서 카로이의 주변에 모여드는 야당 세력을 반대하거나 배제한 채 정부를 구성하는 것이 가망 없는 일이란 사실에 있었다. 그리고 카로이 미하이가 전국적으로 급증하던 인기에 힘입어, 종속적인 역할을 맡지 않으리라는 점도 예상할 수 있었다. 아마도 약간의 사회민주당 지도자ㅡ거러미 에르뇌도 포함해서ㅡ는 시간과 기력 모두 여유가 없던 언드라시와 그의 지지자들에게 설득당해 정부에 참여할 수도 있었을 것이다. 그러나 그들은 카로이의 승인 없이 또는 카로이의 생각을 거슬러 '예'라고 대답하기를 꺼렸다. 자신들의 승낙을 노동자 계급이 받아들이지 않으리라는 사실을 잘 알고 있었기 때문이었다. 부르주아 급진파 역시 언드라시와 협력하는 데 반대했다. 그들은 전쟁 동안 타협에 성공한 민족주의 정치인의 존재로 말미암아, 새로운 정부에서 협상국 세력과 관련하여 불편한 상황이 발생하고 소수 민족 정당과의 협력 기회가 사라질 것으로 생각했다.

곧 언드라시의 계획은 실패로 드러났다. 10월 25일, 언드라시는 그가 그렇게도 강력하게 밀어붙이던 새 정부의 구성을 매듭짓지 못하고 빈으로 향했다. 그의 노력은 오히려 그가 권력에서 배제하고자 했던 사람들이 힘을 모으고, 연합을 형성하려는 야당의 시도를 빠르게 결말짓도록 돕는 결과를 가져왔다.

10월 22일 저녁 카로이당, 부르주아 급진당, 사회민주당의 대표들이 카로이의 저택에 모였다. 참가자들은 세 정당이 헝가리 국민위원회를 구성하는 것 이외에는 다른 대안이 없다는 데 동의했다.

당분간 카로이가 수상에 임명되지 않으리라는 점이 확실해 보였던 (적어도 그날 저녁에는 그렇게 보였다) 10월 25일, 국민 위원회가 공식으로 발족하였다.

세 정당은 국민 위원회의 발족을 성명서로 발표했다. 당시 검열 제도를 완전히 무시하던 부다페스트의 일간 신문들은 10월 26일 일제히 이 성명서의 전문을 게재했다. 야시가 작성하고 쿤피가 수정한 이 성명서는 12개 항목으로 세부 정치 강령을 요약하고 있었다.

이 성명서는 사회민주당이 10월 8일 선언문에서 주장했던 사항인 정부의 퇴출, 하원 해산, 비밀 투표에 의한 보통 선거, 급진적인 토지 개혁과 사회 복지 확대 개혁, 자결권 및 "평등한 인민의 형제 연방", 강압보다는 상식과 공동 경제와 지리적 유대에 기반을 둔 영토 보전 등을 (간간이 간접적인 방식으로) 반복해서 요구하고 있었다. 즉, 성명서는 사회민주당의 강령에 카로이당과 급진당의 몇몇 급진적인 요구 사항이 첨가된 형태를 띠고 있었다. 정국의 최근 전개 상황에 따라 급부상한 새로운 요구 사항도 다수 포함되었다. 헝가리의 완전한 독립, 헝가리에서 군대 철수, 독일과의 동맹 파기, 브레스트 및 부쿠레슈티(루마니아의 수도-옮긴이) 조약의 무효화, 적대 행위의 즉각적인 중지, 평화 회의에 민주적 정치인을 대표로 내세울 것, 주변국과 정치·경제적 유대 관계 형성, 정치범에 대한 일반 사면, 집회 및 결사의 자유, 검열 폐지 등이 이러한 요구 사항이었다.

국민 위원회가 발족한 며칠 뒤 카로이 미하이가 위원장을 맡은 20인 실행 위원회와 세부 전문 부서가 설치되었다. 실행 위원회의 명단은 10월 30일 일간 신문에 발표되었다. 실행 위원회에는 카로이

당에서 카로이 미하이, 아브러함 데죄(Ábrahám Dezső, 1875~1973), 버차니 티버더르(Batthyány Tivadar, 1859~1931), 호크 야노시(Hock János, 1859~1936), 야노시 졸탄(Jánosi Zoltán, 1868~1942), 로바시 마르톤, 사회민주당에서 뵘 빌모시(Böhm Vilmos, 1880~1949), 거러미 에르뇌, 거르버이 샨도르(Garbai Sándor, 1879~1947), 쿤피 지그몬드, 벨트네르 여커브(Weltner Jakab, 1873~1936), 다소 아웃사이더였던 디네르-데네시 요제프(Diner-Dénes József), 부르주아 급진당에서 비로 러요시, 야시 오스카르, 푸르예스 러요시(Purjesz Lajos, 1881~1925), 센데 팔이 참여했다. 그 외에 사회민주당 여성 위원회 소속의 뮐러 에르뇌(Müller Ernő), 여성주의자 대표 베디-슈빔머 로저(Bédy-Schwimmer Rózsa, 1877~1948), 언론계 대표 허트버니 러요시(Hatvany Lajos), 무소속 페녜시 라슬로가 위원으로 활동했다.

국민 위원회는 성명서 발표를 통해 경쟁 정부로서의 권위를 주장했다. 국민 위원회는 "외국의 모든 사람과 정부는… 헝가리와 관련한 모든 문제를 현재의 정부 대신 헝가리 국민 위원회와 직접 상의하라."고 요구했다.[42]

후에 국민 위원회 지도자들이 회고록에, 자신들은 "혁명이 아니라 진화"를 원했고 혁명을 위해서가 아니라 혁명을 피하고자 국민 위원회를 조직했다고 기록한 내용은 확실히 진실을 말하고 있었다. 그러나 지도자들의 의도와 달리 국민 위원회의 설립은 그 자체로

---

42 *Pesti Napló*, 1918년 10월 26일. "국민 위원회 출범." 실행 위원회 위원 명단은 *Pesti Napló*, 1918년 10월 30일 자를 참조할 것.

혁명적 행위였다.

라이타강 너머 오스트리아 지역에서는 라이히스라트 의원으로 구성된 국민 협의회가 합법적인 국민 위원회로 기능하고 있었다. 이 위원회는 10월 16일의 제국 성명에 의해 인정받았을 뿐만 아니라, 실질적으로 새로운 국가 공동체와 정부를 준비하고 이끌 기관으로 평가되었다. 헝가리는 상황이 달랐다. 헝가리는, 제국이 최근에 자유를 얻게 된 오스트리아 거주 민족에게 성명을 통해 약속했던 독립의 요건을 이미 수십 년간 충족하고 있었다. 헝가리는 진작 독자적인 의회와 정부를 갖추고 있었던 것이다. 이런 상황에서 헝가리 국민 위원회는 법적인 근거가 없었고, 언론은 10월 26일 성명서 전문을 게재하면서 이러한 사실을 공개적으로 논평했다. "…국민 위원회의 설립을 언급한 법률은 존재하지 않는다… 국민 위원회의 존재는 그 자체로 하나의 법이다… 우크라이나, 폴란드, 체코, 슬로베니아가 제국의 칙령에 근거해 국민 위원회를 구성한다면, 헝가리는 인민의 의지에 근거해 국민 위원회를 구성해야 한다."[43]

곧 국민 위원회는 현존 체제를 타파하고자 했던 사람들의 집결지가 되었다. 그러나 이 새로운 중심점에는 온건 야당 외에, 지도부의 희망과 관계없이, 어떠한 희생을 치러서라도 즉시 변화해야 하며 필요하다면 무력이라도 사용해야 한다고 주장하는 사람들도 포함되었다. 즉, 국민 위원회는 그 지도부가 생각조차 못한 목표를 추구하던 혁명 세력의 보호자 구실을 했던 것이다.

---

43 *Pesti Napló*, 1918년 10월 26일. "국민 위원회 출범."

국민 위원회 성명서가 발표된 10월 26일, 이미 진행 중이던 새 정부 구성에 관한 협상이 괴될뢰(Gödöllő)에서 속개되었다. 당시의 회고록을 보면, 그날 터무니없을 정도로 많은 정치인이 황제 앞에 나아갔다. 기독인민당의 당수 후사르 카로이(Huszár Károly, 1882~1941)와 의원들, 민주당 대표 바조니 빌모시, 소지주당(小地主黨)의 너저타디 서보 이슈트반(Nagyatádi Szabó István, 1863~1924)과 머이에르 야노시(Mayer János, 1871~1955), 독립당의 어포니가 정치계 구석구석을 대표했다. 급진당 대표 야시 오스카르도 모습을 보였고, 사회민주당의 거러미 에르뇌와 쿤피 지그몬드도 사상 처음 황제를 찾아뵈었다. 황제는 괴될뢰 지역 의원 헤데르바리 레헬(Héderváry Lehel)도 접견하면서 체념한 듯 모든 사람의 알현을 허락했다.

수상으로 지명된 허디크 야노시와 부다페스트 시장 보결 후보이자 임시 시장이었던 바르치 이슈트반(Bárczy István, 1866~1943)은 곁방에서 대기하고 있었다.

오후 늦은 시각에 뜻밖에 카로이 미하이가 나타났다. 내각의 주요 보직 다수를 온건파가 맡는다는 조건 아래 왕이 카로이 정부를 임명하려 한다는 내용의 긴급 소환에 따른 조치였다. 황제가 카로이를 접견하는 동안, 수많은 충고로 혼란스러워하던 황제가 결국 카로이를 수상에 임명하기로 함으로써 모든 위기가 해결되는 듯 보였다. "Ich hab mich entschlossen, Sie zu meinem ungarischen Ministerpresidenten zu ernennen(나는 그대를 헝가리 수상에 임명하기로 했소)."[44] 왕은 피곤한 목소리로 선언했다. 그러나 왕의 결정은 왕이 전화를 받는 순간까지만 유효했다. 빈의 언드라시 줄러에게서 걸려온

이 전화로 전체 상황은 다시 불투명해졌다. 그날 밤 황제와 카로이는 빈으로 갔지만, 아무런 보람이 없었다. 언드라시와 반대자들의 저항에 밀려 황제는 카로이를 수상에 임명할 수 없었다. 대신 황제는 10월 27일 요제프 대공을 부다페스트로 보내 황제 대신 위기 해결을 위해 계속 협상을 하도록 했다.

정부 위기의 분출과 이에 대한 정부의 미적지근한 대응이 막 날개가 돋친 대중 운동에 힘을 더해 주었다.

10월 24일, 수백 명의 대학생이 카로이의 저택으로 행진했는데, 그들 중 상당수는 그날 수업이 없던 예비 장교였다. 카로이는 그들에게 격려 연설을 한 뒤, 깃발을 건네주었다.

다음 날 학생들은 박물관 광장에서 회의를 열고, 황제와 내각 회의에 자신들의 요구를 주장하기 위해 왕의 성으로 열을 지어 행진했다. 시위대가 사슬 다리 근처에서 경찰의 방어선을 무너뜨리자 경비병은 그들이 성으로 접근하는 것을 허용했다. 그러나 성 안뜰에 대기하던 기마경찰이 그들을 저지하면서 칼 등으로 시위대를 때려 많은 사람이 부상했다.

부다 지역에서 시위가 벌어지는 동안 우익 학생 조직은 도나우 강기슭에 있는 언드라시의 저택으로 가서 온건 야당 대변인의 발표를 들었다. 이는 10월 23일 이후 친(親)언드라시 우파 세력이 행한 처음이자 마지막 노력이었다.

저녁때 의회 광장에서, 그 후에는 기젤러 광장의 카로이당 본부

---

44 *Károlyi 1923*, p.454.

앞에서 주도권은 다시 좌익의 손에 넘어갔다. 의회 광장에서 회합한 후 갈릴레이단 지도부는 엄청난 군중과 함께 언케르 뮤스로 가서 폐쇄된 자신들의 건물을 점거했다. (갈릴레이단 본부는 1918년 파업 때 폐쇄되었다.)

"일간 신문은 언론의 자유를, 학생들은 집회의 자유를 선언했다. 이제 갈릴레이단은 결사의 자유를 선언한다."[45] 난간에서 연설하던 젊은이가 열광적으로 환호하는 군중에게 이렇게 선포했다.

학생과 군인을 모집하고 조직하기 위한 학생 위원회와 군인 위원회가 그날 밤늦게 설립되었다. 공군 대위 체르냐크 임레(Csernyák Imre)가 위원장을 맡은 군인 위원회는 아침에 시위에 참가했던 예비 장교들이 주축이 되어 설립되었는데, 이들 예비 장교의 상당수는 러시아에 전쟁 포로로 있다가 최근에 돌아온 사람들이었다. 위원회로 모여든 장교들이 곧 부다페스트에 주둔하는 대부분의 군부대에 영향력을 행사했기 때문에 군인 위원회의 설립은 중대한 의미를 지니고 있었다.

또한, 군인 위원회가 당시 국방부에서 예비 소위로 근무하던 산토 벨러를 통해 사회민주당의 좌익 세력인 혁명 사회주의자 및 공장에서 근무하던 야당의 노조 대표와 접촉할 수 있었던 점도 중요한 요소로 작용했다. 후에 국민 위원회가 반대했음에도 의도적으로 혁명을 준비하고 무장봉기 계획을 세운 세력이 바로 막 날개를 단 이 조직이었다.

---

45 *Pesti Napló*, 1918년 10월 26일. "갈릴레이단 재가동."

군인 위원회는 아직 초기 단계였지만, 정부는 그날 밤 혁명이 폭발하리라는 취지의 잘못된 (또는 오인된) 정보에 대응하여 부다페스트에 무장 병력을 집결하고 경계 태세에 들어갔으며, 25일 저녁에 단호한 모습을 보여준 루커치치(Lukachich Géza) 장군을 부다페스트 군사령관에 임명했다.

10월 27일 일요일, 국민 위원회는 의회 광장에서 집회를 열었다. 거의 십만 명이 참가한 이 집회에서 연사들은 국민 위원회의 요구 사항을 설명한 뒤, 공화국을 연호하는 군중에게 흥분하지 말고 질서를 지켜달라고 요청했다.

카로이 미하이가 빈에서 저녁 기차로 도착한다는 발표에 따라 집회 후에 엄청난 인파가 서부역 근처로 몰려들었다. 카로이가 기립박수를 받는 동안, 경찰은 같은 기차로 도착한 요제프 대공을 샛문으로 내보내는 데 극도의 어려움을 겪었다.

기차에서 내린 카로이는 로바시 마르톤을 위시한 위원회의 환영을 받았다. 그 자리에서 로바시는 다음과 같이 말했다. "만약 귀하가 황제의 의지로 수상에 임명되지 못한다면, 우리는 인민의 의지로 귀하를 수상으로 만들 것입니다."[46] 열광하는 군중 속에서 걸음을 옮기기는 매우 어려웠다. 마침내 국민 위원회 위원장 카로이가 자신의 마차에 올라타자 군중은 말의 마구를 풀고 그를 테레즈(Teréz) 대로(大路)로 이끌었다.

10월 28일 오후, 국민 위원회 대표들이 중대한 발표를 할 계획이

---

46 *Magyarország*, 1918년 10월 29일. "카로이 미하이 백작 도착."

라는 소문에 엄청난 군중이 기젤러 광장의 카로이당 본부 앞에 모였
다. 처음에는 군중을 그 자리에 잡아 두는 것이 가능했지만, 곧 군중
의 조바심이 더욱 커지는 것을 느낀 연사들은 "부다로 갑시다."라고
소리쳤다. 이에 집회에 참석 중이던 카로이당의 지도자 프리드리히
이슈트반(Friedrich István, 1883~1951), 부저 버르너(Buza Barna, 1873~
1944), 버시 야노시, 페네시 라슬로 등은 시위 행렬을 이끌고 부다에
있는 요제프 대공에게 가서 카로이의 수상 임명을 요구하기로 했다.
사슬 다리로 이어지는 길목에 진을 치고 있던 일단의 군인들은 시위
대가 지나가도록 해주었지만, 사슬 다리 입구에 집결해 있던 무장
경찰은 시위대의 길을 막아섰다. 기마경찰이 군중 속으로 달려들었
고, 다리 첫 어귀에 포진한 경찰관은 시위대에 발포했다.

 3명이 사망하고 부상자가 다수 발생했다. (신문들은 부상자 중 52명의
이름과 직업을 게재했다. 노동자 25명, 학생 10명, 상인 5명, 사무직 4명, 기타
1명, 러시아 전쟁 포로 1명이었다.)[47]

 10월 28일의 유혈 사태, 소위 "사슬 다리 전투"는 긴장 상태를
막다른 골목으로 몰아넣었다. 10월 29일 노동자들은 30분간 항의
파업을 전개했고, 국민 위원회는 가입 신청자로 홍수를 이루었다.

 그날 발생한 두 사건으로 구질서의 시간이 얼마 남지 않았음이
분명해졌다. 첫 번째 사건은 쇼로크샤리(Soroksári) 거리에 있는 무기
공장에서 발생했다. 항의 파업이 진행되는 동안 노동자들이 무기

---

47 *Az Est*, 1918년 10월 30일. "사슬 다리의 전투 결과 3명이 사망하고 55명이 부상했
 다." *Az Est*는 구급차의 도움을 받은 첫 번째 사람에 관해 보도했다.

창고를 점령하고 소총, 권총, 탄약을 손에 넣었다. (당시 신문은 이 무기가 5,000정이라고 언급했다. 후에 티서 재판에서 경찰 국장 샨도르 라슬로 (Sándor László)는 "그들이 1,200정의 소총과 500정의 연발 권총을 가져갔다." 고 증언했다.)[48]

현장에 도착한 무장 경찰은 속수무책이었고, 사건을 조사하러 온 형사들조차 사라진 무기를 추적할 수 없었다.

두 번째 사건은 경찰의 혁명 참여였다. 박봉과 불충분한 보급에 시달리고 24시간 근무로 한계 상황에 다다른 하위직 경찰들이 27일 모쇼니(Mosonyi) 거리의 경찰 막사에서 반란을 일으켰다. 오르사그하즈(Országház) 광장 집회에서 돌아온 경찰들은 명령 이행을 거부하고 처우 개선을 요구했지만, 이들의 요구는 성공적으로 진압되었다. 그러나 "사슬 다리 전투" 이후로 공무원과 형사 집단도 불만 세력에 가담하기 시작했다. 경관 대다수는 해고될지도 모른다는 두려움에 국민 위원회에 참여하기로 하고, 경찰 국장에게 자신들의 제안을 받아들이라고 요구했다. 경찰 국장이 이 제안을 거절하자 그들은 그날 저녁 어슈토리어 호텔로 대표를 보내 국민 위원회 참여 의사를 발표하도록 했다.

한편, 요제프 대공은 하루 반 동안의 협상 끝에 허디크 야노시를 수상에 임명했다. 29일 저녁, 허디크는 인민당 당사에 모습을 드러냈다. 그곳에서는 어포니 세력 지도부, 비조니 세력 지도부, 인민당

---

48 티서 이슈트반 백작의 암살범에 대한 재판에서 헝가리 부다페스트 왕립 경찰의 전(前) 경찰 국장 샨도르 라슬로 박사가 행한 증언. *Cf. Batthyány.* p.165.

대표부, 민주당 대표부, 소지주당 대표부가 비밀리에 모임을 하고 있었다.

새 정부의 강령이 담겨 있던 공보 자료는 신속한 정전과 평화 협상, 헝가리 군대의 철수, 헝가리의 완전한 독립, 비밀 투표에 의한 보통 선거, 급진적 토지 개혁, 소수 민족 문제 해결 등 많은 것을 약속하고 있었다.

한편, 허디크는 빈의 황제에게 이러한 상황을 담은 보고서를 보내면서, 공동 정무 기관을 해체하고 현 국방부 장관의 책임 아래 독자적인 헝가리 국방부를 우선하여 세워야 한다고 청원했다. 군대 이외에도 헝가리 내의 모든 군사 시설과 군수 산업, 헝가리에 주둔하는 모든 공동 단위 부대 역시 독자적인 국방부의 권한에 속해야 할 터였다. 무엇보다도 요제프 대공이 헝가리군의 총사령관에 임명되는 것이 이 제안의 핵심이었다.[49]

언론은 정통한 소식통을 인용하여 요제프 대공이 독자적인 헝가리 군대의 총사령관에 임명될 것이라고 보도하면서, "의회가 왕권을 부여받은 부왕(副王)으로 요제프 대공을 선출할 것"이라고 덧붙였다.[50]

국민 위원회는 허디크의 임명을 받아들이면서 관망하는 태도를

---

49 *KA. MKSM. 1918. 69-27/9.* Bericht Graf Hadiks über "den moralischen Zusammenbruch des Hinterlandes." 1918년 10월 29일 16시. 이 장문의 청원 마지막 쪽에 다음과 같이 기록되어 있다. "Laut Meldung des Flügeladjutanten S. M. Oberstleutnant Brugier seitens Seiner Majestät an Graf Hadik telephonisch Ah. genehmigt."
50 *Pester Lloyd*, 조간, 1918년 10월 30일. "강령."

보였다. 10월 30일 좌익 부르주아 신문과 〈민중의 소리〉는 국민 위원회의 강령을 활용한 허디크를 지켜보겠다고 적었다. 우익 언론은 이런 상황에 만족해하면서, 국민 위원회가 "그럴 만한 자격이 있다."고 부연했다.[51]

10월 30일 사회민주당이 노동자에게 발표한 선언문은 다음과 같은 경고로 끝을 맺고 있었다. "모두가 준비해야 하지만, 누구도 선동되어서는 안 된다."[52]

관망 정책을 유지하려는 국민 위원회와 달리 군인 위원회와 혁명 좌파 지도자들은 이런 상황에서 더는 시간을 낭비할 수도 없고 낭비해서도 안 된다고 생각했다. 그들은 "사슬 다리 전투" 이후 사태가 가속하고 있음을 고려하여, 11월 4일에 봉기하기로 정해 놓았던 원래의 계획을 수정하기로 했다. 이 수정안은 원래 계획의 기조를 유지하면서 즉각적인 무장봉기를 요구하고 있었다.

이 계획의 골자는 다음과 같았다. 두 공격 부대가 라코치(Rákóczi) 거리와 윌뢰이(Üllői) 거리를 따라 도시 중심부로 진입하면서, 도중에 윌뢰이 거리에 있는 병영의 군인들을 봉기에 참여하도록 설득한다. 어슈토리어 호텔 앞과 오크토곤(Oktogon) 광장에 기관총 부대를 배치한다. 그들이 광장 본부와 군 사령부를 인수하고, 공공건물과 우체국과 전화 교환국을 점령한다. 두 경계 부대가 도나우 강을 따라 전진한다. 포병 1개 부대는 포를 도시에 조준하고, 해군 파견 부대는

---

51 *Alkotmány*, 1918년 10월 31일. "강령."
52 *Magyar Hírlap*, 1918년 10월 31일. "노동자에게 보내는 선언문."

의회를 점령한다. 루커치치를 체포하고, 필요하면 정부도 접수해 버린다.

30일 아침 일찍, 군인 위원회 위원장 체르냐크 임레는 혁명 좌파와 군인 위원회의 계획을 카로이에게 밝혔다. 카로이는 이 계획에 대해 단호한 태도를 보이며, 체르냐크에게 이 계획을 포기하라고 설득했다.

혁명의 승리

10월 30일, 대립하던 두 진영은 요제프 대공이 임명한 허디크 야노시 수상의 강력한 노력 덕분에 온건 야당이 장관과 차관 자리를 공유하는 새로운 정부를 구성하는 것으로 자리매김하였다. 후사르 카로이, 라코브스키 이슈트반(Rakovszky István, 1858~1931), 체틀레르 예뇌(Czettler Jenő, 1879~1954)가 인민당의 다양한 경향을 대표했고 베네데크 야노시, 버코니 셔무(Bakonyi Samu), 우르만치 난도르(Urmánczy Nándor, 1868~1940) 등이 허디크를 지지하는 독자적 세력을 대표했다. 헌법당의 나버이 러요시(Návay Lajos, 1870~1919), 소지주당의 너저타디 서보 이슈트반, 기업가 연합(GYOSZ) 대표 페니외 미크셔(Fenyő Miksa, 1877~1972), 티서의 측근이었던 퀴르티 러요시(Kürthy Lajos) 남작도 새 정부의 일원이 되었다.

허디크는 당시 의회 내에서 다수파 소속이었지만, 새로운 정부가 대중으로부터 공감을 얻어내지 못했기 때문에 이런 사실이 별 영향을 미치지는 못했다. 교회의 지지를 받고 있던 우익은 마지막 순간에

2. 승리한 혁명:헝가리 공화국 83

'국민 방위 연맹'이라는 새로운 대중 조직을 구성하여 국민 위원회에
대항하려 하였고, 좌익 언론은 이 조직을 '학살 위원회'라 부르며
비난했다. 그러나 이러한 움직임은 그 시기가 너무 늦어서 대다수
국민은 이 조직의 존재 자체도 인식하지 못했다.

'합법 정부'가 의지할 수 있는 공권력은 부다페스트에 집결한 군
대와 무장 경찰이었다. 어떤 자료는 당시 부다페스트의 군 병력을
1만 8천 명 정도로 추산하고 있고, 또 다른 자료는 그보다는 훨씬
많았다고 어림하고 있다.[53] 법과 질서를 유지하고 발생 가능한 폭동
을 막기 위해 특별히 훈련받은 무장 경찰 중대 81개와 기관총 부대
37개가 있었다. 무장 경찰 역시 믿을 만한 부대로 구성되었는데, 하
급 장교로 부임할 훈련생 연대와 무조건 명령에 복종하도록 훈련받
은 보스니아 부대를 포함하고 있었다.

평화 시기라면 이러한 공권력으로 어떤 혁명 활동이라도 쉽게 진
압했을 것이다. 그러나 4년간의 전쟁으로 오스트리아-헝가리 제국
이 결딴난 상황에서 사정은 매우 달랐다. 열악한 숙박 시설과 형편없
는 의복 등 전쟁의 끝없는 고통에 시달리던 일반 사병들은 오히려
혁명 이념을 받아들이고 대중, 그중에서도 가장 불만에 차있고 가장
행동적이었던 사람들과 반복해서 접촉했다. 무장 경찰 임무를 부여

---

53 *Lukachich*, p.64. Linder는 "*A diadalmas forradalom könyve*"라는 출판물에 게재한
논문 '나는 어떻게 혁명론자가 되었는가?'와 후에 출판한 "*Kell-e a katona?*"(p.95.)
라는 책에서 당시 부다페스트에 주둔하던 병력을 8만 명으로 추산했다. Magyar L.의
"*A magyar forradalom*"에도 비슷한 숫자인 '7~8만 명의 강력한 주둔군'이 인용되어
있다. Bús-Fekete L.에 의하면 "루커치치 중장의 휘하에 1만 8천 명 정도가 있었다."
(*Katona forradalmárok*, p.34.)

받은 많은 예비 장교도 국민 위원회에 공감하기 시작했다. 대다수 현역 장교와 고위 지도부는 대중 운동에 대해 조처를 하거나, 필요하면 명령을 내릴 준비가 되어 있었다. 그러나 사령관 대다수는 헝가리인이 아니었다. 다른 상황이었다면 헝가리어를 할 줄 모르는 장교들의 존재는 집권자에게 명백하게 도움이 되었을 것이다. 그러나 1918년 10월, 도시 사령부나 다른 군사 본부에 소속된 독일, 체코, 남슬라브 출신의 야전 장교들은 헝가리의 혁명을 막거나 진압하는 데 더는 관심이 없었다. 오히려, 가능한 한 빨리 자신의 본국으로 돌아가 다가올 미래를 준비하는 데에만 주의를 기울였다.

10월 26일 마지막 순간에 부다페스트 군사령관 보가트 이슈트반(Bogát István) 장군과 그의 참모 카르니츄니히(Karnitschnig) 대령이 경질되었지만, 상황은 개선되지 않았다. 탈영병을 사형에 처함으로써 그에 대한 공포와 증오로 악명을 날리고 있던 거칠고 젊은 루커치치 게저 장군이 보가트를 대체하리라는 소문은 이미 널리 퍼져 있었다. 그러나 급속한 형세의 변화 때문에 신임 사령관도 사태에 적절히 대처할 수 없었다.

새 정부의 장래는 앞에서 언급한 경찰의 행동, 즉 경찰관 대다수가 국민 위원회에 참여한 사실 때문에 더욱 악화하였다. 이러한 물결을 돌리기 위해 경찰 국장이 10월 30일에 한편으로는 위협으로, 다른 한편으로는 급여 인상과 추가 급여 지급을 약속하며 애를 썼지만, 그의 노력은 거의 성과가 없었다. 경찰 조직은 정부가 발생 가능한 소요를 진압할 수 있는 가장 중요한 수단이었기 때문에 경찰이 국민 위원회 쪽으로 전향했다는 사실은 매우 중대한 의미를 지니고 있었다. 경찰력이 마비되고 30일에는 시위 군중 속 이외의 거리에서 경찰을 찾아볼 수 없었던 점이, 전투에 적합하여 부다페스트에 파견된 군 부대원과 헌병의 행동에 지대한 영향을 미쳤다.

집권 세력의 지속적인 상황 악화와 새 정부의 고립은 상대적으로 국민 위원회의 증대하는 힘과 국민 위원회를 둘러싼 혁명 세력의 갑작스러운 부상을 의미했다. 10월 30일 압도적인 다수가 국민 위원회를 지지했다. 국민 위원회는 조직적인 노동 계급의 지지를 받았는데, 그들 중 일부는 무장한 채 대기하고 있었다. 당시의 자료는 부다페스트에 무장한 노동자가 3만 명 정도였던 것으로 추정하고 있다.[54] 탈영병들도 모여들었는데, 그들에게 정권 교체는 생사가 달린 문제였다. (티서 재판에서 경찰 국장 샨도르 라슬로는 탈영병이 4~5만 명 정도 되었다고 진술했다.)[55] 군인 위원회는 부분적으로 조직화하여 있던 탈영병들로 군에 대항하는 소위 대응 경찰을 조직했다.

해군은 혁명을 준비하는 세력 중 매우 흥미로운 집단이었다. 코토르(Kotor)와 페치에서 봉기에 참여했던 세르비아인 호르바트 샨도르(호르바트사노비치)는, 믿음을 못 주어서 부다페스트로 차출되거나 탈영, 휴가 중인 해군 병사들을 이끌었다. (많은 병사가 외국 국적을 가지고 있었기 때문에 국민 위원회가 호르바트에게 병사들을 신뢰할 수 있는지 묻자, 호르바트는 자신 있게 답변했다. "뱃사람에게 국적은 무의미합니다. 중요한 건 봉기가 일어나야 한다는 것입니다.")[56]

---

54 *A diadalmas forradalom könyve*, p.146.
55 *Batthyány*, p.162.

10월 30일, 국민 위원회의 요청을 받은 전화 교환원들도 혁명에
참여했다(로마니 머르기트(Rományi Margit)가 주축이 되어 전화 교환원과 좌
익 사이에 2년여 정도 접촉이 있었다). 전화 교환원이 참여한다는 것은
국민 위원회가 전화 도청을 할 수 있게 됨으로써, 한편으로는 정부
계획과 군의 명령에 관한 정보를 미리 얻을 수 있게 되고, 다른 한편
으로는 결정적인 순간에 이들 기관 사이의 전화를 마비시킬 수 있음
을 의미했다.

당시 자료에 의하면, 10월 30일에는 80~90개의 주둔 부대 및 파
견 부대가 군인 위원회의 수중에 넘어왔다.[57] 군인 위원회의 세력
평가가 과장되었을 수도 있지만, 인원수에 관한 논쟁은 순전히 학술
적 관점에서 의미가 있을 뿐이다. 왜냐하면, 위에 언급한 상황에서
노동 계급의 예상 가능한 행동과 아직 참여하지 않은 군의 호의적인
중립 그리고 경찰의 참여를 고려할 때, 아주 적은 수의 부대라도
무장 반란을 점화하고 실행하기에 충분했기 때문이다.

10월 30일 아침 부다페스트 거리는 전체적으로 평온해 보였다.
공장에서는 평소처럼 업무가 시작되었고, 즉석 모임도 점심시간에

---

56 *A diadalmas forradalom könyve*, p.192.; *Katona forradalmárok*, p.26.; *Mrs.
   Mihály Károlyi*, p.278.
57 *Katona forradalmárok*, p.78. Magyar L.에 따르면, 그들은 40개의 부대에 의지하려
   고 했다(*A magyar forradalom*, p.9.). T. Sztanykovszky는 10월 27일까지 1,800명의
   강력 무장 경찰 중 반 이상이 참여했다고 회고록에 적고 있다(*A katonatanácsról*,
   p.86.). Kató István은 부대 숫자 80~90개를 과장된 것으로 보고 있다. Cf. "Az 1918,
   évi magyar demokratikus forradalom előzményeinek és győzelmének néhány
   kérdése." (*Párttörténeti Közlemények*, 1/1956, p.12.)

만 열렸다. 이런 모임에서 사회민주당 웅변가들은 '베케를레-티서 마피아'를 성토하면서 노동자 위원회를 구성하자고 제안했다. 참석 자들은 노동자들이 "전면적인 투쟁을 준비"하고, "즉각적인 평화, 완전한 민주적 통치, 모든 억압받는 민족과 계급의 자결권과 자유를 쟁취"할 때까지 쉼 없이 나아가자는 제안을 채택했다.

노동자 위원회를 구성하는 것은 당 주도권을 좌익에게 양보한다는 것을 의미했다. 왜냐하면, 노조 간부로 구성된 당 기구는 근본적으로 노동자 위원회와 같은 것이기 때문에 그런 조직은 불필요하다는 것이 10월 13일 전당 대회에서도 사회민주당의 공식적인 태도였기 때문이다. 결의안 초안과 이에 대한 해설은, 새로운 조직인 노동자 위원회의 업무를 기존 조직의 보완과 조화에 공헌하며 "투쟁 중인 노동자들의 내적 연계 장치로서 국민 위원회와 함께 기능하는 것"으로 한정하고 있었다. 계획안 초안에 따르면, 공장의 노조 간부 기구에서 노동자 위원회의 위원을 선출하기로 되어 있었다.[58]

상대적으로 평온했던 오전과 달리, 오후가 되자 거리는 활기를 띠기 시작했다. 모습을 드러낸 시위 군중이 여러 전단을 돌렸다. 이러한 전단 중 이른 아침에 군 막사에 뿌려진 전단은 군인 위원회의 전언을 담고 있었다. "병사들이여!… 국민 위원회가 그대들을 오래된 충성 맹세의 구속에서 해방해 줄 것이다. 지금 이 순간부터 국민 위원회에 충성을 맹세하라… 국민 위원회에 참여하기를 명령한다!"[59]

---

58 *Népszava*, October 31. "노동자 위원회가 구성되었다."
59 *A katonatanácsról*, p.89. 전단은 Siklós A.의 *Az 1918~1919. évi magyarországi*

〈민중의 소리〉를 찍어내던 인쇄기로 제작한 또 다른 전단에는 바르너이 제니(Várnai Zseni, 1890~1981)의 고무적인 시 '나의 군인 아들에게'가 실려 있었다. 열성적인 장교들은 커피점과 음식점을 돌아다니면서 모든 사람에게 혁명에 동참하라고 역설했다. 어슈토리어 호텔에서 라코치 거리 쪽으로 행진을 시작한 소규모 행렬은 너지쾨루트(大路)와 언드라시 거리를 통해 기젤러 광장에 도달할 무렵에는 엄청난 인파로 불어나 있었다. 이곳 카로이당 본부 앞에 일반 병사, 장교, 해군 병사가 모였다. 군중 속에는 국민 위원회에 합류한 우편집배원들이 경찰들처럼 4열로 조밀한 대형을 이루고 있었다. (경찰들은 오후에 그레샴 카페에서 집회를 열고, 수백 명이 참가하는 '국가 피고용인(被雇用人) 경찰 자유 조직'을 구성한 뒤 이곳에 도착했다.) 9시가 조금 넘자 군중은 적색-백색-녹색 깃발과 적색 깃발을 들고 혁명 노래를 부르면서 기젤러 광장에서 다시 어슈토리어 호텔 쪽으로 행진했다. 자전거를 탄 무장 군인들이 선두에 섰고, 그 뒤를 80여 명의 장교가 칼을 뽑아들고 뒤따랐다. 장교들 뒤로는 파란색 옷을 입은 해군과 천 명이 넘는 군인 그리고 시위 군중이 이어졌다. 그 시각 공공 교통수단은 박물관 대로에서 멈추었고, 자동차와 전차는 수천 명의 군중 속에 갇혀버렸다.

기젤러 광장과 어슈토리어 호텔 앞에서 국민 위원회 지도부는 즉각적인 행동을 요구하는 흥분한 군중을 가라앉히려 애쓰고 있었다. 연사들은 시위대에게 폭력과 유혈 사태가 필요하지 않다는 점을 이

---

forradalmak 111쪽에 원본 그대로 실려 있다.

해시키려 노력했다. 어쨌든 권력은 하루 이틀 내로 국민 위원회의 손에 넘어갈 터였다. 군중이 감옥에 갇힌 병사들을 풀어주려 한다는 소식이 전해지자, 그들은 즉시 콘티 거리에 있는 법원 감옥에서 이미 병사들을 풀어주었다고 발표했다. 모자의 배지를 떼어 버린 장교들은 몇 번이고 맹세의 소리를 높였다. 군중은 환호와 갈채를 보냈다. 경고가 거듭되었지만, 아무도 흩어지지 않았다. 차 위나 가로등 기둥에서 행동을 촉구하거나 청산을 요구하는 웅변을 토해내던 일반 병사와 평범한 노동자들은 건물 난간에 나타난 전문 연설가보다 더 큰 호평을 받았다.

그날 밤 어슈토리어 호텔은 혁명의 중심지였다. 사람들로 가득 찬 국민 위원회 사무국과 실행 위원회 본부가 1층에 자리 잡고 있었을 뿐만 아니라, 저녁때 혁명 좌파와 군인 위원회 대표들도 본부를 이 호텔로 옮겼기 때문이었다.

국민 위원회와 군인 위원회는 이미, 신뢰할 수 없는 부대를 부다페스트에서 철수시키라는 명령이 군 사령부에 하달되었음을 보고받고 있었다. 관련된 사람들은 군인 위원회에 조언을 구했다. 군인 위원회는 군 이탈자들을 도울 것이고 그들을 숨겨주기는 하겠지만, 하루 이틀은 공개적인 저항을 하지 말라고 조언했다. 그날 밤, 제32보병여단 소속의 2개 중대가 동부 기차역에서 출발을 기다리고 있다는 소식이 전해지자, 산토 벨러는 불복종 명령을 내렸다. 그날 밤 '혁명 총사령관'으로서 봉기의 통제권을 넘겨받은 산토 벨러는 어슈토리어 호텔 난간에서 시위대에게 기차역으로 가서 중대의 이동을 막으라고 짤막하게 연설했다. 코르빈 오토와 군인 위원회의 몇몇 장교가

만여 명에 달하는 사람들을 이끌고 라코치 거리를 출발했다. 거기에
는 러시아에 포로로 있다가 혁명당원 자격으로 돌아온 코르비니 아
르파드(Korvinyi Árpád)도 참여하고 있었다. 엉성하게 기차역을 지키
던 경비병은 저항할 엄두조차 내지 않았고, 군인들은 자신의 무기를
시위대에 건네주고 시위에 참여하기까지 했다. 시위대는 잠긴 문을
뚫고 나아가, 무기와 탄약이 실려 있는 열차를 빼앗았다. 무장 시민
이 포함된 봉기에 참여한 군인들은 오던 길을 되돌아가기 시작했다.
행렬 일부는 국립 극장 근처에서 주(主) 시위대를 떠나 너지쾨루트
쪽으로 내려가서 윌뢰이 거리에 있는 병영으로 향했다. 그곳에 주둔
하고 있는 병사들에게 수감자를 풀어주고 혁명에 참여하라고 요청
하기 위해서였다.

이 시점에 국민 위원회 지도자들이 사태의 방향을 바꾸고 봉기를
막기 위해 끼어들었다. 봉기에 참여한 군인과 윌뢰이 거리에 집결한
무장 경찰이 언제라도 충돌할 수 있다는 소식에 카로이당의 페녜시
라슬로, 로바시 마르톤, 아브러함 데죄, 런들레르 예뇌, 포가니 요제
프와 군인 위원회 위원장 체르냐크 임레가 현장으로 서둘러 갔다.
그들은 병영으로 몰려가는 군중에게 발길을 돌리라고 어렵사리 설
득했지만, 전반적인 조류를 되돌릴 수는 없었다. 그들이 너지쾨루트
에서 충돌을 막고 있는 동안, 어슈토리어에서는 현장에 도착한 군인
들이 공격을 감행하여 근처에 있는 부다페스트 군 사령부를 점령해
버렸다. 경비병은 저항하지 않았고, 연병장에 있던 헌병 대대는 봉기
에 동참했다. 도시 군사령관 바르코니 얼베르트(Várkonyi Albert) 장군
은 포로로 잡혀서 어슈토리어 호텔로 이송되었다.

국민 위원회는 바르코니의 모습에 놀라움을 금치 못했지만, 노(老) 장군이 친절한 환대와 설득에도 맹세를 거부하자 불안감을 느끼기도 했다. 산토 벨러는 도시 사령부를 점령한 뒤 2개 소대에 전화 교환국을 수중에 넣으라고 명령했다. 너지메죄(Nagymező) 거리의 테레즈 전화 교환국에서는 경비병이 반란에 가담하면서 아무런 문제도 발생하지 않았다. 반면, 마리어 테레지어(Mária Terézia) 광장의 요제프 전화 교환국에서는 상황이 달랐다. 경비병 대장이 한편으론 비밀리에 증원을 요청하면서 다른 한편으론 협상을 밀어붙이려 했던 것이다. 그러나 오전 2시부터 전화 교환원들이 국민 위원회의 전화만 연결하고 국민 위원회의 명령에만 복종했기 때문에 경비병이 어떤 결정을 내리든 거의 문제가 되지 않았다. 국민 위원회에 참여한 경찰관들은 오전 2시 30분에 경찰 본부를 점령했다. 오전 4시, 서약을 따르는 해군들이 감시병이 지키고 있는 사슬 다리와 엘리자베스 다리 사이에 닻을 내렸다. 런들레르는 외부 지역으로부터 명령이 시달되지 않도록 부다페스트행 기차를 세우라고 지시했다. 이른 아침 헌병 대대가 도착하자 군인 위원회는 다리와 기차역을 보강하기 위해 군대를 보냈다. 2개 소대가 오스트리아-헝가리 은행 건물을 점령했다. 중앙 우체국 경비대는 국민 위원회에 사무실 인수 위원을 보내달라고 요청했다.

봉기가 성공적으로 진행되는 동안 부다페스트 군사령관 루커치치는 속수무책이었다. 오후에 훈련병 연대에서 파견된 부대가 레알터노더(Reáltanoda) 거리의 학교 건물을 봉쇄하고, 거기에 모여 있던 탈영병들을 붙잡았다. 그러나 그날 저녁 연대장이 어슈토리어에 신분증명서를 요구하자 이 명령에 따라야 할 헌병들이 사령관을 저버렸다. 연대장과 그의 심복 몇 사람은 체포했던 자들이 거리에 풀려나는 것을 무기력하게 지켜볼 수밖에 없었다.

오전 1시 30분 도시 사령부 점령 소식을 들은 루커치치는 펄크 미크셔(Falk Miksa, 오늘날의 네프허드셰레그(Néphadsereg)) 거리의 카로이 병영에서 경계 중이던 보스니아인 2개 중대에 즉시 도시 사령부를 탈환하라는 명령을 내렸다. 도중에 저항에 부딪힌 보스니아인 부대는 도시 사령부 근처의 로브코비츠(Lobkowitz) 병영으로부터 총격 세례를 받았다고 주장하면서 명령에 복종하기를 거부했다. 그들은 작은 무리로 나뉘어 자신들의 병영으로 되돌아갔다.

오전 2시 이후로 루커치치는 대리인과 전령을 통해서만 움직일 수 있었다. 2시 30분 루커치치는 본부에 있던 호둘러 카로이(Hodula Károly) 장군에게 10개 중대(셰페르 병영에서 2개 중대, 카로이 병영에서 8개 중대)를 동원하여 도시 사령부와 요제프 전화 교환국을 탈환하라고 명령했다. 루커치치는 훈련병 연대 파견 부대에 전령을 통해 이 소식을 알려 주면서, 공동 작전 시기와 관련해서는 추가 명령을 내리겠다고 전했다. 호둘러 장군은 단순히 배치된 파견 부대가 자신들에게 부과된 임무를 수행하지 않는다는 이유로 루커치치의 명령에 따르지 않았다. 헛되이 약속된 신호를 기다리던 훈련병 연대 사령관 세페시 얼러다르(Szepessy Aladár) 중령은 아침이 되자, 믿을 수 없는 군인들 때문에 공격 효과가 의심된다는 보고를 하기 위해 부다 성(城)으로 직접 건너갔다.

요제프 대공이 카로이와 전화로 협상하면서 자신의 처지를 살피고 있던 이른 아침에 루커치치는 버티라는 명령을 받고 있었다. 이 무렵 부다 쪽과 성 주변은 여전히 그의 통제 아래에 있었고, 여러 병영이 아직 반란에 참여하지 않았으며, 빈의 국방부는 즉각적인 도움을 약속하고 있었다. 다만, 이런 약속에서 무언가 결과물이 나올 수 있을 것인지, 그것이 문제였다.

이러한 상황에 강력한 추진력을 제공한 사건이 이어졌다. 젊은 언론인 제트버이 야노시(Gyetvai János)의 제안에 따라 한밤중에 〈민중의 소리〉를 찍어내던 인쇄기로 전단을 인쇄하기 시작한 것이다. "혁명은 진행 중이다!"라는 말로 시작해서 그 밤의 사건을 간추려 소개한 이 유명한 호소문은 노동자에게 혁명 참여를 독려하고 있었다. "노동자들이여! 동지들이여! 이제 당신들 차례다! 반혁명 세력은 틀림없이 다시 권력을 잡으려 획책할 것이다. 일을 멈추어라! 거리로 나서라!"[60]

이른 아침 지원자들이 전단을 공장으로 가져갔다.

10월 31일 업무는 시작되지 않았다. 노동자들은 혁명 노래를 부르며 도시 중심부로 행진했다.

거리가 활기를 띠어 가는 동안 혁명 무장 부대는 더 많은 군인에게 혁명에 참여하라고 설득하기 위해 문을 폐쇄한 병영들로 몰려갔다.

---

60 *PI Archives*, Pamphlet and Leaflet Collection/Ⅱ, 11/1918/Ⅹ/4254. 이 전단은 Siklós A.: *Az 1918~1919. évi magyarországi forradalmak*, p.111쪽에 원본 그대로 실려 있다. 호소문은 〈민중의 소리〉의 부편집장이었던 벨트네르 여커브가 기안한 듯하며, 그가 지적한 대로 "당 지도부는 몰랐던" 것으로 보인다. (*Weltner*, p.57.)

아침 7시쯤 카로이는 요제프 대공의 요청에 응해 야시와 쿤피를 대동하고 대공 관저를 방문했다. 허디크는 사의를 표명했고, 대공은 참석자들에게 자신이 왕으로부터 카로이를 수상으로 임명할 권한을 부여받았다고 말하면서, 카로이에게 새로운 정부를 구성하라고 요청했다. 카로이와 쿤피는 루커치치가 저항을 멈추고 병사들을 병영으로 돌려보낸다면 법과 질서를 지키겠다고 약속했다.

아침에 국민 위원회의 실행 위원회가 본부를 시청으로 옮겼다. 카로이가 돌아와 그곳에서 간단한 회의를 가진 뒤 새 정부를 구성했다.

새 내각에는 '독립과 48년당'에서 카로이 미하이, 버차니 티버더르, 로바시 마르톤, 부저 버르너, 사회민주당에서 거러미 에르뇌, 쿤피 지그몬드, 부르주아 급진당에서 야시 오스카르와 국무차관을 맡게 된 센데 팔이 참여했다. 무소속으로는 린데르 벨러(Linder Béla, 1876~1962)가 국방부 장관에, 너지 페렌츠(Nagy Ferenc)가 식량부 장관에, 베린케이 데네시(Berinkey Dénes, 1871~1944)가 11월 4일 자로 법무부 장관에 임명되었다.

각료들은 요제프 대공 앞에서 서약했다. 곧이어 부다 성(城)의 수상 집무실에서 첫 번째 내각 회의가 열렸다. 카로이는 다음과 같이 자신의 프로그램을 요약했다. 독립을 위한 법률 제정, 참정권(지방 정부와 마을 포함), 군인과 시민의 즉각적인 사면, 외국 포로의 즉각적인 석방, 언론의 자유, 일반 배심 제도, 집회 및 결사의 자유, 전쟁과 평화에 관한 의회의 결정 권한, 노동복지부의 설립, 대중에게 토지를 배분하는 급진적 토지 정책, 헝가리 외무장관의 즉각적인 임명, 수상

에게 헝가리 외무부 수장의 권한 위임, 독자적인 헝가리 외무부 설립
을 위한 법령 준비, 언제라도 의회 해산에 활용할 수 있는 법령집
출간. 카로이는 다음과 같이 덧붙여 말했다. "현재의 과도한 흥분과
전반적인 친공화국 분위기를 고려할 때, 정부 정책에 군합국 체제를
포함하는 것은 위험할 수 있다. 그러나 우리는 황제 폐하가 우리의
왕이며, 동시에 황제 폐하가 다른 나라의 군주가 되는 것에 반대하지
않는다. 단, 이러한 체제가 헝가리의 완전한 독립을 저해해서는 안
된다…"[61]

10월 31일 거리에는 혁명의 승리를 축하하는 희열과 기쁨의 물결
이 넘쳐흘렀다. 중심 도로는 군용 트럭, 징발된 차량, 마차 등이 홍수
를 이루었고, 혁명을 환호하는 군인과 시민은 허공에 공포를 쏘아대
며 거리를 가득 메웠다. 그들은 모자의 배지와 계급장을 떼어 버렸
다. 찢어진 장미 장식은 서리꽃이나 국가 색의 띠로 대체되었다. 전
차는 멈추었고, 상점은 문을 닫았으며, 음식점과 사무실도 마찬가지
였다. 교도소와 구치소 앞에 모습을 드러낸 무장 군인들은 국민 위원
회의 명령에 따라 정치범을 풀어 주었다.

한편, 군 병참부가 털리고 기차역이 공격받고 있으며 상품으로
가득 찬 마차가 강탈당하고 있다는 심상치 않은 소식이 전해졌는데,
그중 일부는 사실임이 후에 밝혀졌다. 무장 경찰과 일반 경찰이 개입
하려 애썼지만, 법과 질서를 복구하는 데는 많은 희생이 뒤따랐다.

오후에 무장 군인들이 헤르미너(Hermina) 거리에 있는 티서 이슈

---

61 *OL K 27. Minisztertanácsi jegyzőkönyvek*, 1918년 10월 31일.

트반의 저택에 나타났다. 그들은 저택을 경비하던 경찰을 내쫓고, 티서에게 몇 마디 말을 건넨 후 총을 쏘아 그를 살해했다.

이미 분위기가 급격하게 고조된 일부 지방 도시에서도 31일 오후와 저녁 시간에 부다페스트의 상황을 좇아 폭력적인 항의 물결이 거세게 일었다. 노동자들은 파업을 꾀했고, 거리는 국민 위원회를 연호하는 시민, 학생, 노동자로 들끓었다.

혁명 소식은 부다페스트에서 온 군인들에 의해 전파되었다. 전선에서 돌아오거나 전선으로 향하는 기차로 부다페스트를 통과하는 파견 부대 소속 군인들은 순식간에 혁명에 참여했고, 허공에 공포를 쏘아대는 군인들로 가득 찬 마차가 기차역에 도착하는 속도만큼 빠르게 혁명은 퍼져 나갔다. 군인들은 많은 시민과 함께 물자와 장비로 가득 찬 화물 열차를 강제로 열었고, 군 병참부의 비축 물품을 가져갔다. 경찰은 무기력했다. 보수·반동적인 공무원, 시장, 경찰 수뇌부는 면직되기도 전에 대중의 분노를 피해 달아났다.

겁에 질린 지방 정부는 재빨리 국민 위원회에 충성을 맹세했고, 국민 위원회 산하의 지방 기관이 곳곳에 설립되었다.

혁명은 도시에서 농촌으로 퍼져 갔다. 곳곳에서 마을의 빈민들이 지주의 저택에 쳐들어가 곡물 창고를 부수고 가축을 가져갔고, 전쟁 덕에 부자가 된 지역 상인과 식량 공급자들도 여기저기에서 약탈의 대상이 되었다. 전쟁 중에 권력을 남용하던 지역 공무원, 공증인, 교구 목사는 쫓겨났고, 종종 목사관이 파괴되기도 했다. 농민들의 이러한 행동은 전국으로 퍼져 나갔으며, '대평원'(Nagy Alföld. 헝가리 남부와 동부의 평원 지역—옮긴이)과 각 민족 거주 지역에서는 극도로 폭력적인 모습을 보였다.

11월 1일 티서 칼만 광장에서 열린 집회에서는 즉시 공화국을 선포하라는 요구가 빗발쳤고, 몇몇 대규모 공장에서는 이러한 취지의 결의안이 채택되기도 하였다.

아침에 열린 내각 회의는 심상치 않은 부다페스트의 상황과 그보다 더 심각한 지방의 움직임을 보고받은 뒤, "공화주의 운동, 절망적인 나라 상황, 흥분한 대중의 분위기 등을 고려하여" 내각을 10월 31일의 서약으로부터 놓아 달라고 요청하기로 했다. 그리고 이 요청이 받아들여지지 않으면 모두 사퇴하겠다고 발표했다.

몇 차례의 논쟁과 격렬한 전화 통화가 오간 후, 황제는 "사퇴를 받아들이지는 않았지만, 정부를 서약과 그에 따른 책임에서 풀어 주었다."[62]

각료들은 카로이에게서 국민 위원회 위원장직을 물려받은 호크 야노시(Hock János, 1859~1936)에게 다시 서약했다. 내각은 6주 이내에 보통·비밀 투표로 선출된 입법 의회가 입헌정체(立憲政體)를 결정하도록 한다는 의견을 채택했다.

11월 1일 정부는 또 하나의 중요한 결정을 내렸다. 국방부 장관에게 즉각적인 교전 중지 명령 권한을 부여한 것이다. 국방부 장관 린데르 벨러는 정부의 결정 사항을 공고문을 통해 대중에게 알렸고, 그날 저녁 관련 법령을 군 총사령관 및 각급 사령관에게 전달했다. (당시에는 비난받지 않았지만) 후에 반혁명파에게 강력하게 비난받게

---

62 *OL K 27. Minisztertanácsi jegyzőkönyvek*, 1918년 11월 1일.

되는 이 조건부 항복은, 아직은 달가워하지 않던 최고 사령부를 설득하여 즉시 발포를 중지하도록 하는 것을 목표로 하고 있었다. 정부는 추가적인 교전과 무의미한 피 흘림을 중지하는 것이 안정을 회복하고 난폭한 열정을 잠재우는 데 가장 중요한 전제 조건이라고 생각했다.[63] 이 조건부 항복은 한편으론 더욱 강력한 목표에 도움을 주었다. 군인들이 전쟁터에서 무장한 채로 복귀하는 것을 막음으로써, 이미 흔들리고 있던 내부 질서가 완전히 붕괴하여 혁명이 바람직하지 못한 방향으로 이끌리는 것을 막았던 것이다. 또한, 반정부·반혁명 정서의 장교들이 지휘하는 파견 부대가 정부에 등을 돌리지 못하도록 하려는 다른 뜻도 있었다. 그리고 정부는 평화 추구 및 전쟁 중단 정책을 즉각 선포하는 것이 국제적으로 헝가리에 이득이 된다고 생각했다.

최고 사령부는 헝가리 군대의 저항을 그만두라는 명령에 따르지 않았다. 그러나 명령 하달과 지속적인 린데르의 압력으로 군 사령부(AOK)는 24시간 후에 모든 적대 행위를 중지하라는 명령을 내리도록 설득당했다. (전선의 완전한 붕괴와 귀환 무장 군인에 대한 통제 불능의 결과를 두려워하던 독일-오스트리아 정부도 군 사령부에 비슷한 행동을 강요했다.) 이 명령은 헝가리 군대뿐만 아니라 전군에 적용되었다.

황제에 대한 서약을 파기하고 새롭게 서약함으로써 정부는 오스트리아와 군합국 체제를 유지하는 것이 필요하다는 이전의 태도

---

63 "폭발 직전의 과도한 분노를 배출시켜야 한다. 전선이나 후방, 어느 곳에서든지 즉각적인 항복 이외의 대안은 존재하지 않는다." (린데르, *A diadalmas forradalom könyve*, p.14.)

를 포기했다. 새로운 태도는 오스트리아와 완전히 결별하자는 쪽
이었다.

이러한 결의안과 혁명의 승리로 오스트리아-헝가리 제국은 완전
히 해체·붕괴하였고, 합스부르크 왕가와 왕조의 생존에 걸었던 희
망은 완전히 사라지고 말았다.

혁명 초기

1918년 10월 헝가리에서 발생한 극도로 중요한 사건들은 라이타
강 너머 오스트리아 지역에서처럼 비교적 평화롭게 진행되었다. 오
스트리아와 비슷한 이유로 구세력은 헝가리에서의 무장 충돌을 피
했던 것이다.

그러나 헝가리의 특권적 지위와 훨씬 복잡했던 상황 때문에, 구체
제는 라이타강 너머 제국의 다른 반쪽인 오스트리아보다는 라이타
강 이쪽의 헝가리에서 더욱 강력하고 저항적이었다. 비록 독립 옹호
주장이 받아들여지기 했지만, 헝가리에서는 분리에 반대하는 친군
주 세력이 독립 국가의 최소 필요조건조차 갖추지 못했던 오스트리
아 지역보다 훨씬 강했다. 부분적으로는 이런 이유 때문에 부다페스
트의 전환점은 크라쿠프, 프라하, 자그레브, 그리고 합병을 강력히
원하던 빈보다 더욱 늦어졌던 것이다. 헝가리 국민 위원회가 나라의
독립을 위해 그렇게 많은 투쟁을 하지 않고, 오스트리아-헝가리 제
국 전체에 영향을 미친 변화 과정의 결과물로 독립을 선물처럼 받게
된 것은 주로 이러한 이유 때문이었다. 따라서 헝가리 국민 위원회는

오스트리아와 최종적으로 분리하려는 의도도 없었고, 부분적인 계획조차 가지고 있지 않았다. 오히려 분리는 국민 위원회의 목표와 정반대되는 사건으로, 단지 외부의 압력으로 선언되었을 뿐이었다.

헝가리 혁명은 다소 늦긴 했지만, 보헤미아나 오스트리아 또는 남슬라브 지역에서 벌어진 사건 못지않은 사회적 의의를 지니고 있었다. 10월 28일 프라하에서 공포된 첫 번째 인민법과 10월 30일 빈에서 채택된 임시 헌법은 오스트리아-헝가리 제국의 법률과 법령이 이후 추가적인 언급이 있을 때까지 유효하다는 점을 강조했다. 새로운 남슬라브 국가는 아직 자신들을 공화국이라 선포하지 않았지만, 헝가리 국민 위원회는 처음부터 광범위한 개혁을 옹호했다. 후에 국민 위원회 소속의 정치 집단으로 구성되는 '인민 정부'는 나름대로 이러한 개혁을 실현해 나아갔다.

역사가들은 독일-오스트리아에 도대체 혁명이란 것이 있었는지에 아직도 합의를 이루지 못하고 있다. 반면, 헝가리에 관해서는 일반적으로 1918년 가을에 부르주아 민주 혁명이 발생했다는 견해를 취한다. 이 혁명은 사회민주당과 동맹을 맺은 자유주의적 부르주아 세력의 손에 권력이 넘어갔다는 점에서 부르주아적이었다. 새로 권력을 쥐게 된 사람들은 광범위한 개혁을 약속했지만, 18·19세기 부르주아 혁명의 틀을 벗어나고 싶어 하지는 않았다. 혁명의 승리로 탄생한 연립 정부는 부르주아 질서를 무너뜨리길 원치 않았던 것이다. 반대로 봉건 제도의 잔재를 일소함으로써, 개혁을 통해 자본주의를 강화한 부르주아 헝가리를 세우려 했다.

헝가리 혁명의 배후 추진 세력에 관해 분석할 때, 혹자는 부르주아 그중에서도 진보적 부르주아 세력에 중점을 둔다. 다른 사람은 부르주아와 노동 계급의 연합 투쟁에 더 무게감을 두기도 한다. 가장 널리 받아들여지고 있는 시각은, 공개적으로 의도를 밝히고 그 때문에 혁명의 부르주아적 성격을 두드러지게 만든 군대의 역할을 강조하는 견해이다.

혁명의 대중적 성격에 중점을 두는 것이 아마도 이 문제에 대한 가장 올바른 접근법일 것이다. 혁명이 부르주아적 특징을 띠고 있긴 했지만, 사건의 실질적인 배후 추진 세력은 부르주아가 아니라 노동 계급과 혁명에 참여한 여러 계층이었던 점을 반드시 고려해야 한다. 부다페스트에서 혁명이 성공한 것은 노동자와 군인 덕분이었다. 그들의 성공은 지방의 대중 운동과 농민 활동으로 보완되었다.

혁명의 밤 동안, 사건의 진행 방향을 결정한 사람은 노동자가 아니라 부다페스트 주둔 부대 소속 군인이었으며, 노동자의 총파업은 그 이후에 벌어진 사건이라고 주장하는 사람도 있다. 그러나 군인 대다수가 노동자와 농민 계층이었고, 혁명에 참여한 군인들이 가장 결정적인 때에 사회민주당 좌익 반대파의 지시에 따랐다는 점을 고려해야 한다.

혁명의 승리 이후 노동자 위원회, 군인 위원회, 인민 위원회 등 다양한 대중 조직이 전국적으로 엄청난 속도로 생겨난 사실은 혁명이 특별히 민주적·대중적 성격을 띠었다는 점을 암시하고 있다. 이러한 조직들은 혁명으로 권력을 장악하게 된 부르주아 민주 정부 곁에서 독자적인 정치 요소로 등장했고, 대중적 노동자-농민 세력을 실질적으로 대표했다.

대중 운동으로 생겨난 대중 조직들의 자발적 혁명 의지는 정부의 구상과 상반되었다. 그들의 목표는 정부 중앙 권력의 의도를 뛰어넘었기 때문에 정부의 반대에 직면하게 되었다. 프롤레타리아의 권력 쟁취를 옹호하고 러시아 노동 계급의 예를 따르려 했던 사람들은 부르주아 질서를 보호하고 강화하려는 새 정부와 충돌할 수밖에 없었던 것이다.

이런 상황에 놓여 있던 혁명 초기는 장래의 사건 추이를 결정하게 될 두 가지 경향으로 특징지을 수 있다. 첫 번째는 혁명이 불러일으킨 흥분과 독자적 대중 조직의 형성이다. 두 번째는 이런 현상에 대응하여 정부와 남아 있던 구(舊) 기관들이 대중을 억누르고 대중 조직의 힘을 빼앗아 자신들에게 복종하도록 하려는 시도이다.

이미 10월 31일부터 정부와 정부를 지지하는 조직들은, 노동자에게는 다시 일손을 잡을 것을, 군인에게는 병영으로 돌아갈 것을, 국민에게는 사유 재산을 존중할 것을 주문했다. 그들은 이미 완전한 승리를 거두었으며, "원하던 모든 것을 얻었다."고 주장했다.[64] 11월 1일 입헌정체에 관한 정부안을 승인하기 위해 시청에서 가진 모임에서 쿤피 지그몬드는 사회민주당을 대표하여, 최종 결정이 내려질 때까지 "6주 동안 우리는 계급투쟁이나 계급 간의 증오에 기대지 않을 것"이라고 열정적으로 연설했다.[65] 11월 1일과 2일 허락받지 않은 무기는 반납하라는 여러 호소문이 발표되었다. 새 국방부 장관 린데

---

64 *A diadalmas forradalom könyve*, p.198.
65 *Népszava*, 1918년 11월 2일. "쿤피 동지의 연설."

르 벨러는 11월 2일 부다페스트 주둔군 장교들 앞에서, 흔히 인용되는 유명한 말을 했다. "이제 군의 힘은 필요치 않습니다. 거리에서 군인들이 더는 보이지 않기를 바랍니다."[66] 이 발언은 전반적인 평화의 정서뿐만 아니라 국내의 법과 질서를 유지하려는 의도도 반영하고 있었다.

11월 3일 파도바에서 정전 협정이 조인된 후, 전쟁터에서 돌아오는 병사들을 신속하게 해산하기 위해 모든 수단이 강구되었다. 악단을 동반한 환영 위원회는 국경에서 환대의 연설로 귀환병을 맞이했다. 기차역에는 따뜻한 음식이 준비되었고, 식량부 장관은 구호 활동을 시작했다. 제대 군인을 지원하기 위해 헝가리 은행 총재 크라우스 시몬(Krausz Simon)이 30만 크라운, 상업 은행 대표 란치 레오(Lánczy Leó)가 15만 크라운, 지주(地主) 지치 아고슈톤(Zichy Ágoston) 백작이 5만 크라운, 신용 은행 총재 울먼 어돌프(Ullmann Adolf)가 10만 크라운, 체펠 군수 공장 소유주 먼프레드 바이스(Manféd Weisz)가 50만 크라운을 기부했다.

11월 4일 국방부 장관이 공포한 법령은 병사들의 행낭 수색을 금지했지만, 무기와 탄약의 압수는 허용했다. 부다페스트 경찰은 귀환병을 태운 기차를 수도(首都) 외곽에 세운 뒤 무기를 압수하기로 했다. 그리하여 무장이 해제되고 자신이 지역 주민임을 증명할 수 있는 사람만이 부다페스트에 들어올 수 있었다.

'허락받지 않은 자'와 귀환병을 해산하는 동시에, 법과 질서를 책

---

66 *Pesti Hírlap*, 1918년 11월 3일. "부다페스트 주둔군 장교들 서약하다."

임지는 기관이 조직되고 강화되었다. 정부는 남아 있는 특수 경찰력을 동원했다. 11월 2일 내무부는 하급 경찰관을 공개 모집하라는 명령을 내리면서, 이 사업에 100만 크라운을 배정했다. 11월 4일 경찰의 급여가 50% 인상되었고, 경찰력을 1,500명까지 늘리는 규정이 만들어졌다. 국경 치안대와 헌병의 모집도 시작되었다.

구질서에 속했던 해체된 경찰 기구는 국민에게 미움을 받았기 때문에 "법과 질서를 회복"하는 데 적합하지 않았다. 그래서 내무부와 국방부는 새로운 치안 기구를 세우는 것이 필요하다고 생각했다.

이러한 기구는 다음과 같은 것들이었다. 사회민주당과 노동조합이 공동으로 결성한 '인민 경비대'는 노동자와 지원자가 유니폼이나 수당을 받지 않고, 근무 시간 이후에 치안 업무를 수행했다. '국민 경비대' 역시 지원자로 구성되었지만, 이들은 많은 금액의 일당을 받았다. '방위대'는 재입대한 하사관과 장교 집단에서 모집했는데 정기 급여 외에 추가 급여가 지급되었다. '철도 민병대'는 기차역과 철도 운행을 보호하기 위해 조직되었다. 이들은 생필품과 많은 급여를 받았을 뿐만 아니라, 철도 민병대를 그만두면 토지나 다른 직업을 받기로 보장되어 있었다. 이외에도 혁명 초기의 어수선한 상황을 틈타 시민 경비대, 자경단, 학생 경비대, 주택 경비대, 공장 경비대 등 수많은 치안대가 만들어지고 사라졌다.

이러한 치안 기구들은 적절한 무장을 갖추었을 경우 대중 운동을 가차 없이 진압했는데, 소수 민족이 사는 지역에서는 이들의 활동이 종종 유혈 보복으로 변질하곤 했다.

11월 초 정부는 마지못해 즉결 심판권을 인정했다. 그러나 관련

장관들은 즉결 심판권에 관한 수많은 요구 사항을 거절했고, 상황이 이러함에도 즉결 심판을 명령하는 일부 지방 기관에 대해서는 엄중히 항의했다. 그러면서도 정부는 과감한 수단을 허용하거나 지시하기도 했다. 국방부 장관은 "어떠한 수단을 써서라도 법과 질서, 개인의 안전과 재산을 지키는" 부다페스트 경찰국 요원들의 "애국적 의무"가 정부의 근본적 관심사라고 주장했다.[67]

11월 초에 "법과 질서를 회복"하는 과정에서 전국적으로 발생한 희생자의 정확한 통계 자료는 존재하지 않는다. 그러나 당시 검찰과 지방 당국이 올린 보고서와 언론의 보도 내용을 통해 (주로 농민 계층이 참여했던) 11월 대중 운동의 범위와 영향력 그리고 이에 대한 보복 행위의 정도를 추론해 볼 수 있다.

너지커니저(Nagykanizsa) 시(市)의 정부 감독관 험부르게르 예뇌는 무러쾨즈(Muraköz) 주(州)의 지사 보슈냐크 게저(Bosnyák Géza)가 불과 한 달 만에 173명의 크로아티아 농민을 교수형에 처했다고 전했다. (이 사건을 다룬 내각 회의록에는 134명으로 기록되어 있으나, 또 다른 보고서에는 더 많은 희생자가 발생했다고 적혀 있다.) 11월 7일에는 바나트(Banat) 지역에 파견된 국민 경비대 소속 대원들이 쿨러(Kula), 멜렌체(Melence), 퇴뢰크베체(Törökbecse) 마을에서 68명의 "도둑"을 총으로 쏴 죽였다. 비허르(Bihar) 주(州)의 국민 경비대 보고서를 따르면, 11월 10일까지 매일 40~50명이 체포되었고, 대중 집회를 진압하는 동안 90명이 목숨을 잃었다. 몇몇 경우에는 반항하는 사람에게 총을

---

67 *Schönwald*, p.348.

사용하기도 했다. 크러쇼-쇠레니(Krassó-Szörény) 주의 퍼차드(Facsád)에서는 그 마을로 밀고 들어온 루마니아 농부들에게 인근 루고시(Lugos)에서 이륙한 비행기가 여러 개의 폭탄을 투하하여 104명이 사망했다. 독립당 의원인 우르만치 난도르는 트란실바니아에 있는 자기 집안의 대규모 사유지를 보호하기 위해 부다페스트로부터 무장 경찰을 파견했다. 콜로즈바르 시의 헝가리 국민 위원회와 루마니아 국민 위원회 대표의 보고를 따르면, 반피후녀드(Bánffyhunyad)에 도착한 국민 경비대 소속 대원들은 우르만치의 성에 주둔했으며, 콜로즈(Kolozs) 주의 요시커펄버(Jósikafalva)와 이웃 마을에서 40명을 총으로 사살했고, 시신 몇 구를 불태웠다. 루마니아 국민 위원회와 협상을 진행하는 와중에 급진당과 사회민주당이 이 사건을 강력하게 비난하자, 11월 15일 우르만치는 이 사건과 관련해 언론에 성명문을 기고했다. 이 성명에서 그는 무기 사용을 정당화했고, "법과 질서는 학문적 이론이나 연설, 벽보 같은 걸로 회복될 수 없다."라는 자극적인 문장으로 성명문을 마무리했다.

11월 1일 에페르예시(Eperjes)에서 67보병 연대 소속의 군인들이 반란을 일으켰다. 100명이 넘는 반란군과 시민이 즉결 심판에 넘겨져 사형을 선고받았다. 이들 중 34명이 에페르예시 성당의 벽에서 총살당했다. 다른 자료에는 총살당한 사람이 43명이라고 기록되어 있다. 11월 3일 문카치(Munkács)에서 기관총으로 무장한 특수 부대와 쇤보른(Schönborn) 백작의 땅을 요구하는 농민들이 맞섰다. 장터 거리에서의 발포로 7명이 사망하고 수많은 부상자가 발생했다. 니트러(Nyitra) 주의 걸고츠(Galgócz) 마을에서는 11월 2일 발생한 약탈 때문에 27명이 군대의 감옥에 갇혔다. 쇼모지(Somogy) 주의 라트라니(Látrány)에서도, 당시의 보고서를 따르면, 150명이 비슷한 이유로 "뺨을 맞거나, 죽을 때까지 야만적으로 두들겨 맞았다." 11월 10일 페예르(Fejér) 주의 어도니(Adony)에서는 육군 중위가 지휘하는 치안대의 지지자가 비상사태를 선포하고 체포를 시작하여 6명의 군인에게 총살형, 1명의 여자에게 교수형을 선고하고 형을 집행했다. 미슈콜츠(Miskolc) 시 검찰관의 보고를 따르면, 200명이 미슈콜츠 감옥으로 호송되었고, 11월 26일까지 440~460명이 체포되어 니레지하저(Nyíregyháza)의 감옥에 갇혔다. 후에 니레지하저 법원장은 11월 농민 운동과 관련하여 1,000여 명이 체포되었고, 75명이 죽었다고 보고했다.

　11월 1일에 이미 국민 위원회 사무국을 폐쇄하자는 결정이 이루어졌다. 혁명이 성공한 후 사무국은 관료 선임에 영향을 미치고, 포고령과 명령문을 발포(發布)했었다. 국민 위원회의 실행 위원회와 정부가 합의한 사항이 11월 3일 대중에 공표되었는데, 정부 구성원들이 11월 1일 국민 위원회에 맹세했으므로 행정과 통치는 정부가 책임을 맡기로 하고, 국민 위원회는 오직 감시 기구로 활동한다는 내용이었다. 이 결정 후에도 국민 위원회 사무국은 며칠 간 활동을 계속했다. 사람들이 자신의 요청 사항과 문제를 지금까지 너무나 익숙했던 행정 기관에 다시 가져가야 한다는 사실을 받아들이지 않았기 때문이었다.

　사회민주당 지도부는 이미 10월 30일에, 오스트리아의 예를 따라, 지도부의 승인 없이 또는 지도부의 의도에 반하여 노동자 위원회가 설립되는 것을 막기 위해 서둘러 노동자 위원회 조직을 장악했다. 혁명이 승리한 후, 11월 2일 '부다페스트 노동자 위원회'가 공식적으로 설립되었다. 새 시청의 시의회 회의실에서 열린 정규 회의에는 주로 당과 노동조합의 임원들이 참석했다. 이곳에서 위원회의 위원장과 부위원장이 선출되었다. 우익이었던 프레우스 모르(Preusz Mór)가 위원장에, 역시 우익이었던 번차크 야노시(Vanczák János)가 부위원장에 선출되었다. 정규 회의에서 '〈민중의 소리〉의 새로운 편집장에 누구를 앉힐 것인가?' 같은 문제를 다루었다는 사실은 당 지도부가 노동자 위원회를 확대된 집행 위원회 정도 이상으로 생각하지 않았다는 점을 암시하고 있다. 거러미와 쿤피가 장관직을 받아들일 수 있었을까? 만약 그들이 장관직을 수락했다면 그러한 임명이 당 지도부로서의 그들의 지위와 조화를 이룰 수 있었을까?

노동자 위원회의 첫 번째 회의(다음 회의는 11월 13일에 개최되었다.)가 끝난 후 부다페스트 노동자 위원회의 조직 정관이 11월 5일 자 〈민중의 소리〉에 발표되었다. 당 지도부와 노동조합 평의회 그리고 당 집행 위원회가 입안한 조직 정관은 지방 노동자 위원회에도 유효하게 적용됐다. 정관에 따라 부다페스트 노동자 위원회에서 126명이 대표로 위임되었다. 실행 위원회 위원, 노동조합 평의회 위원, 당 집행 위원회 위원은 자동으로 노동자 위원회의 대표 위원이 되었고, 당의 각 조직과 기관의 장들 그리고 자유 노동조합의 지도자들은 대표 위원의 위임 권한을 가졌다. 비(非)위임 위원은 중앙 노동조합의 감독 아래 노조원 자격을 기초로 선출되었는데, 적어도 이 위원들의 3/4은 공장 노동자였다. 노동자 위원회의 중앙 실행 위원회는

126명의 대표 위원으로 구성되었다.

내무부 장관이 군인 위원회의 지도자 일부를 체포하자고 제안했던 반면, 국방부 장관은 군인 위원회의 해산을 원했다. 11월 4일 개최된 내각 회의에서 국방부 장관 린데르는 다음과 같이 주장했다. "군인 위원회가 존재하지 않더라도 군인들에게 평화주의적인 선전을 통해 법과 질서를 지킬 수 있습니다… 군인들은 집으로 돌려보내야 하며, 국민 경비대를 조직해야 합니다. 군대가 없다면 군인 위원회도 존재할 필요가 없습니다." 쿤피와 카로이는 이러한 논리를 받아들이지 않으면서 군인 위원회의 해산안을 거부했다. 대신 그들은 군인 위원회의 변환을 제안했다. 쿤피는 군대 내의 "교육, 교습, 민주적 임무 편성"과 관련되고 "고상한 요소들로 구성된" 군인 위원회를 옹호했다. 카로이는 "군인 위원회가 교육적, 문예적, 토론적 기능을 갖추어야 한다."는 태도를 보였다.[68]

쿤피의 착상과 제안에 따라 포가니 요제프가 군인 위원회에 대한 정부 위원으로 임명되었다. 그때까지 국민 위원회 사무국에서 군대 업무를 맡고 있던 포가니는 사회민주당 좌익에 속해 있었기 때문에 그를 정부 위원으로 임명한 것은 좌익 세력을 끌어들이고 안심시키는 데 도움이 되었다. 국방부 장관의 지원을 받은 포가니는 새로운 부다페스트 주둔군 군인 위원회를 구성했다. 조직 구성은 노동조합의 방식을 따랐다. 모든 분대와 기관은 간사를 선출했는데, 대대마다 장교들이 간사 1명을, 사병들이 간사 4명을 선출했다. 이렇게 선출

---

68 내각 회의록, 1918년 11월 4일.

된 1,200여 명의 간사들이 구(舊) 하원 회의실에서 열린 정규 회의에
참석했다.

노동자 위원회와 군인 위원회가 구성된 후 정부와 각 위원회 사이
의 관계에 대한 새로운 합의가 이루어졌고, 이는 11월 5일 언론에
발표되었다. 새로운 합의안에 따라 국민 위원회, 노동자 위원회, 군
인 위원회는 "행정력을 지닌 통치 기구가 아니라 정부의 감독 및
선전을 담당하는 기관"임이 선언되었다.[69]

합의안의 범위 내에서 사회민주당 지도부는 노동자 위원회와 군
인 위원회, 도시 위원회와 지방 위원회를 서로 분리해내려 노력했다.
부다페스트 노동자 위원회는 여러 위원회의 대표부가 다름 아닌 당
지도부 실행 위원회에 불과하며, 여러 위원회가 전국 공동체 조직을
설립하려 하는 것을 당 위원회가 방해하고 있다고 주장했다.

대중 운동을 억누르고 위원회에 제약을 가하는 일은 성공적이었
다. 그러나 분노와 말다툼을 불러일으키고 대중의 정서와 충돌하던
이러한 폭력적 행위가 해방된 혁명 세력이 산산이 부서지거나 완전
히 소멸했다는 것을 의미하지는 않았다.

명령이나 설득 또는 감시가 있었음에도, 군인들은 무기를 반환하
지 않고 집으로 가져갔다. 잠시 억제되었던 대중 운동은 곧 도시와
촌락에서 새롭게 불타올랐다. 무장 경찰은 허약하고 믿기 어렵다는
점이 드러났고, 붉은 완장을 차던 인민 경비대는 점점 좌경화하였다.
여러 제약이 있었음에도 위원회들은 사라지지 않았고, 특히 지방에

---

69 *Népszava*, 1918년 11월 5일. "행정력은 정부의 손 안에 있다."

서 행정 당국의 활동에 계속 개입했다. 부다페스트 노동자 위원회는 그 구성이나 종속적 위치에도 불구하고 혁명 분위기의 압력을 견뎌 내는, 그리고 그 지위를 무시할 수 없는, 경외할 만한 기관으로 남아 있었다. 게다가 군인 위원회가 교육이나 교습보다는 반혁명에 대한 투쟁을 자신들의 주요 과업으로 생각하고 있다는 사실이 명백해졌다. 오래된 공공 행정 기관이 활력도 없고 상황의 전개도 따라가지 못했던 반면, 대중 기관들은 상당한 경의의 대상이 되었다.

전국적으로 구세력과 신세력, 부르주아 세력과 민중 혁명 세력 간의 균등한 힘의 대결이 결론 없는 투쟁의 모습으로 나타났다. 부르주아 세력은 정권을 잡고 있었지만, 자신들이 원하는 대로 행동할 수 없었다. 반면, 노동 계급은 정권을 손에 넣지는 못했지만, 정부에 대한 대중의 압력이나 대중 기관의 도움을 통해, 또는 보유하고 있던 무기를 통해 자신들의 요구를 주장할 수 있었다.

계급투쟁이라는 위험한 외줄 타기를 하던 "대중 정부"의 정책은 거의 모든 면에서 엄청나게 불안정한 모습을 보였는데, 이런 현상은 당시 상황의 원인이라기보다는 그 결과에 지나지 않았다. 정부는 대중 운동에 대해 강제 진압을 명령하면서 다른 한편으론 폭력 사태를 비난했고, 대중 조직을 해체하고 싶어 하면서 동시에 각 위원회의 지원을 요청했다. "어떠한 문제든지, 정부는 자가당착에 빠져 있다. 내부의 알력으로 서로 끌어내리기 바쁜 정부가 도대체 무슨 일을 할 수 있겠는가? 확실한 것은 아무것도 없다는 점, 정부가 명백히 인식하고 있는 사실은 이것뿐이다."[70] 이는 당시의 평론계가 연립 정부의 초기 활동에 관해 (이치에 맞게) 평가한 내용이다.

공화국 선포

10월 31일 연립 정부는 입헌정체와 관련하여 정부가 법적 연속성을 지니고 있다고 선언했다. 그러나 24시간도 되지 않아서 정부는 이러한 태도를 포기했다. 황제에 대한 맹세를 파기하고 국민 위원회에 새롭게 맹세한 것은 법적으로 과거와 완전히 결별함을 의미했고, 그 자체로도 혁명적 행동이었다. 정부는 그때까지 대중의 압력에 따라 행동해 왔다. 그러나 정부는 또다시 결론 내리기를 거부했다. 11월 1일에 정한 사항은, 입헌정체에 관한 최종 결정 권한은 제헌 의회가 갖는다는 것이었다. 이렇게 결정을 연기한 것은 사회민주당이 10월 회의에서 채택한 견해와 일맥상통하는 것이었고, 최종 결정 권한을 곧 선출될 국회에 넘기려던 오스트리아 국민 위원회의 태도와도 궤를 같이하는 것이었다.

이렇게 최종 결정을 뒤로 미룸으로써 11월 1일 이후로 공화국 문제가 일견 해결된 것처럼 보였다. 시간이 흐를수록 조기 선거의 기회가 더욱 멀어지면서 이러한 분위기는 더욱 분명해졌다. 새로운 선거 법안이 마련되었어야 했다. 명확하지 않은 국경 문제로 선거가 시행될 지역도 결정할 수 없었고, 분리해 나가려던 민족들이 선거에 참가할지도 불분명했다. 결국, 몇몇 사람은, 앞에서 언급한 것과는 상관없이, 10월 31일 이후에 분위기가 좀 더 "차분해지면" 선거를 시행하는 것이 바람직하다는 시각을 견지했다.

---

70 *Szabadgondolat*, 1918년 12월 25일. Z. Rudas, "헝가리 혁명."

수많은 의혹과 반대에도 선거 연기는 어렵다는 점이 명확해졌다. 이는 특히, 국제 정세 탓에 긴장을 완화하는 것이 불가능했기 때문이었다.

11월 9일 독일 제국의 빌헬름 황제가 공식적으로 퇴위하고 네덜란드로 망명했다. 독일에서 혁명이 승리한 것이다. 그 첫 번째 성과로 정식 절차 없이 곧바로 공화국이 선포되었다.

독일의 사태 추이에 따라, 11월 11일 오스트리아에서도 선언문이 발표되었다. 오스트리아 황제(헝가리 황제)가 "국정의 운영을 양보하고, 장래의 정부 형태를 독일-오스트리아의 결정에 맡긴다."는 내용이었다.[71] 11월 12일 임시 국회는 독일-오스트리아를 "민주 공화국"으로 선포했다.

이틀 후 프라하에서 소집된 체코슬로바키아 국회도 비슷한 행보를 취했다.

독일의 사태, 그보다 더한 오스트리아의 사태로 헝가리 역시 더는 일을 미룰 수 없음이 명백해졌다. 11월 11일 국민 위원회는 "국제적 양상"을 언급한 호소문을 발표하고, 정부 형태와 관련하여 "더는 최종 결정을 미룰 수 없다. 제헌 의회가 소집될 때까지 미루는 것도 안 된다."고 주장했다. 각 지방 국민 위원회는 태도를 명확히 하라는 요청을 받았다. 이후 며칠 간 심사숙고의 시간을 가지면서, 헝가리 국민 위원회는 자신들을 후원하는 나라 전체의 단결된 의지를 느꼈을 것이다.[72]

---

71 *Pesti Hírlap*, 1918년 11월 12일. "카를 황제 퇴위."

11월 13일 상원 의장 블러시치 줄러(Wlassics Gyula, 1852~1937)가 이끄는 귀족 및 남작 대표단이 오스트리아에 거주하던 황제를 찾아 갔다. 오스트리아 공화국을 선언하고 은퇴한 뒤 머무르던 에카르트 자우(Eckartsau)의 사냥터 별장에서 황제 카로이 4세는 대표단의 조언 에 따라, 명백히 헝가리와 관련된 또 다른 성명서에 서명했다. 이 성 명서는 본질적으로 대수도원장 이그나츠 자이펠(Ignaz Seipel, 1876~ 1932)이 11월 11일 작성한 선언문을 따랐으며, 오스트리아를 인정하 고 있었다. 이 성명서는 여러 해석이 가능했다. 퇴위라기보다는 법적 유보를 의미하는 이 문건에 대해 내각은 "법률과 현 상황을 고려할 때 불필요한 것이었다."라는 태도를 보였다. 황제의 결정과 상관없 이, 정부는 다음과 같이 언급했다. "합스부르크의 카를(카로이)은 헝 가리의 통치자가 아니다."[73]

이러한 내각의 태도는, 오스트리아에서 합스부르크 왕조가 종말 을 맞이한 것은 국사조칙(國事詔勅)에 따라 헝가리에서도 왕조가 비 슷한 운명에 처했다는 것을 의미한다는 대학교수들의 추론에 바탕 을 두고 있었다.

11월 16일 공화국 선포 의례가 거행되었다. 혁명 이전 의회는 부 적격하고 새로운 제헌 의회는 아직 소집되지 않은 점을 무마하기 위해 국민 위원회에 참여한 조직과 지방 국민 위원회, 정치 정당 등이 대표자를 선발하여 의례에 참석하도록 했다. 참석자는 500여

---

72 *Ibid.*, "국민 위원회가 즉각적인 공화국 선언을 옹호하다."
73 내각 회의록, 1918년 11월 13일.

명에 이르렀다(참석자가 1,000~1,200명이었다고 기록된 자료도 있음). 이렇게 대표자들로 만들어진 소위 '대(大) 국민 위원회'는 "합법적 혁명 기관"으로 선언되었고, 국회를 대신하게 되었다.

11월 16일 하원과 상원은 마지막 회의를 간략하게 개최했다. 하원은 자진 해산을 발표했고, 이 결정을 인정한 상원은 "논의를 끝마쳤다." 얼마 후, 왁자지껄한 국회 돔형 회의실에서 소집된 '대 국민 위원회'는 공화국 건립을 선언하는 결의문 초안을 승인했다.

이 결의문(국민 선택 결정문, 1번/1918)은 공화국 선포와 더불어 하원과 상원의 폐지, 카로이 정부에 정치권력 이양을 공시했고, "민중 법률"의 즉각적 제정, 비밀 투표에 의한 보통 선거(여성 포함), 언론의 자유, 배심 재판, 집회 및 결사의 자유, 농민에 대한 토지 분배의 명령을 시달했다.

국회에서 아직 회의가 진행되는 동안 20만여 명의 군중이 국회 앞 광장으로 행진했다. 학생과 소집단, 부르주아 단체들이 가장 먼저 도착했다. 계속해서 오부더(Óbuda), 바치(Váci) 외가(外街), 우이페슈트(Újpest), 쾨바녀(Kőbánya), 체펠 지역에서 모여든 노동자들이 붉은 깃발과 단체기를 들고 혁명가를 부르며 뒤따랐다. 그들은 외투에 붉은 장미꽃 장식이나 리본을 달고, 모자에 관습적인 붉은 종이 띠를 달았다. "사회주의 공화국"을 연호하는 사람들과 깃발, 팻말, 천 조각 등이 광장과 인근 거리를 가득 메웠다. 이 거대한 광장에서 '국민 선택 결정문'이 낭독되었는데, 다섯 개 조항과 연사들의 연설은 청중의 열광적인 갈채를 받았다.

11월 16일 공화국의 탄생은 입헌정체가 명확히 결정되었음을 의미했지만, 어느 정도는 임시 상태가 계속되었다.

대통령 선출은 카로이의 발의로 보류되었다. 공화국 헌법의 기본 원칙 수립은 아직 선출되지 않은 제헌 의회의 몫이었다. (인근 국가들처럼 선거가 시행되기 전에 공동 원칙에 근거하여 국회를 소집한다거나 '대 국민 위원회'가 국회의 기능을 계속할 수 있다는 생각을 아무도 하지 못했다.)

국가 권력의 이전은 정부 역할의 강화와 국민 위원회의 권력 제한을 의미했다. 공화국 선언 이후로 국민 위원회에 남겨진 권력이란 토론과 조언의 권한뿐이었다. 지방 국민 위원회와 관련해서는, 15일 내각에서 가능하면 폐지하자는 결정이 이루어졌다.

11월 16일 선포된 공화국, 그날 오후 요제프 대공이 서약한 이 공화국은 부르주아 공화국이었다. 공화국에 도달하기까지의 여정과 숱한 술어에도 불구하고 "인민 공화국", "국민 선택 결정", "민중 법률", "인민 정부" 그리고 급진적 약속들은 대중의 존재와 상황의 양면성을 보여 주고 있었다.

3

국제 정세와 헝가리의 상황 : 카로이 정부의 외교 정책

어려운 상황, 근거 없는 희망

인민 정부는 심상치 않은 상황과 불리한 국제 정세 속에서 외교 정책을 책임지게 되었다.

근본적으로 문제의 원인은, 이미 붕괴한 이전 체제가 시작하여 결국 패배해 버린 전쟁의 필연적 결과에 뿌리를 내리고 있었다. 공동 외무부를 포함한 공동 내각의 와해로 외교 업무를 수행할 기구가 부족하다는 점과 이에 따른 국가의 고립은 설상가상으로 어려움을 배가시켰다. 초기에 정부는 적절한 조직도 없고 가장 기본적인 정보마저 갖추지 못한 상태에서 복잡하고 중요한 문제를 결정해야만 했다.

외교 업무를 통제하던 카로이와 그의 동료들은 상황을 바꾸기 위해 그들이 할 수 있는 모든 일을 시도했다. 새 외무부와 정보 서비스가 점차 모습을 갖추어 갔다. 11월 4일 내각은 정보를 주고받기 위해 언론 사절단을 스위스에 보내기로 했다. 11월 중에 자그레브, 빈, 베른, 프라하에 공사가 파견되었다. 12월 15일 독자적인 외무 행정에 관한 인민법이 공포되었다. 그리고 일반 행정에서 상당한 경험을 쌓은 전문가 허레르 페렌츠(Harrer Ferenc, 1874~1969)가 외무장관에 임명되었다. 그러나 어떠한 조직도 승전국과 중립국 대부분이 품고 있던 부정적 견해를 바꿀 수 없었다. 어떠한 기구나 공식·비공식 사절단도 승전국에 헝가리가 독립국임을 인정하도록 하거나, 강화 조약 체결 전에 헝가리와 외교 관계를 수립하도록 설득할 수 없었다.

권력을 이양하는 동안 헝가리의 국제적 위상은 불확실했으며 좋은 징조를 보이지 않았다. 그러나 대중의 분위기는 환상으로 가득 차 있었다. 심지어 그때까지도, 협상국 측이 "윌슨주의 원칙을 기반으로" 카로이 정부를 긍정적으로 대할 것이며, 이 원칙의 고수를 선언했으므로 헝가리는 승전국의 호의적인 대우를 기대할 수 있을 것이라는 시각이 널리 퍼져 있었다. 10월 31일 독립당 기관지인 〈헝가리(Magyarország)〉는 다음과 같이 적었다. "카로이 미하이는 국경 지역 거주자들이 적의 침략으로부터 자신들을 보호해 주리라 기대할 수 있는 유일한 인물이다." 카로이는 11월 3일 기자 회견에서 다음과 같이 힘주어 말했다. "헝가리는 중립국으로 활동하기 원하며, 실제로 지금 그렇게 하고 있다."

협상국 측으로부터 호의와 공정한 대우를 받으리라는 희망은 계산 착오 때문이었다. 전쟁의 승리가 윌슨의 초창기 선언과 그 선언에 담겨 있던 긍정적 사고를 당찮고 낡은 것으로 만들어 버렸다는 사실을 고려하지 않았던 것이다.

헝가리 언론은 11월 5일 미국에서 있었던 선거에 관해 거의 아무 것도 보도하지 않았다. 11월 10일 한두 개의 일간지에 실린 간단한 기사는 독일 혁명에 관한 기사의 홍수 속에 묻혀 버렸다. 그래서 이 선거에서 윌슨의 민주당이 상·하원 모두에서 다수당의 지위를 잃은 사실이 가려지고 말았다. 그때까지 소수당이었다가 선거의 승리자가 된 공화당이 협상에 귀 기울이려 하지 않는다는 사실에 관한 언급도 전혀 없었다. 미국의 공화당은 양보 대신 무조건 항복을 요구 했고, 보복과 처벌의 원칙을 확산시켰다. 12월 중순에 열린 영국 총 선에서 우파가 강력한 힘을 얻었다는 사실도 거의 신문에 실리지 않았다. 12월 29일 개최된 프랑스 의회 예산 심의회에서 클레망소는 자극적이고 회의적인 태도로 윌슨의 정책에 대해 언급했다.

난관에 처한 정전 문제

혁명 승리 직후에 인민 정부가 직면한 첫 번째 문제는 정전(停戰) 문제였다.

앞에서 언급한 파도바 정전 협상 과정에서 군 사령부는 우이비데 크(Újvidék)의 정전 위원회에 적국과 접촉할 수 있는 권한을 부여했 다. (정전 문제가 이탈리아 전선뿐만 아니라 발칸에서도 해결되어야 한다는 신 념에서 10월 초에 만들어진 정전 위원회는 원래 베오그라드에 주재했지만, 당시 에는 우이비데크에 머물고 있었다.)

전임 소피아 대사관 육군 무관 럭셔(Laxa) 장군과 두 명의 보좌관, 도르만디(Dormándy) 대령과 코즈모프스키(Kozmovsky) 대령이 이끄는 정전 위원회는 11월 2일 한밤중에 베오그라드를 떠나라는 명령을 받았다. 이 무렵 베오그라드는 세르비아군의 수중에 있었다. 발칸 지역 군사령관 육군 원수 쾨베시(Kövess Hermann, 1854~1924)의 신임장을 가지고 세르비아에 도착했던 정전 위원회 대표단은 예정보다 약간 지연된 11월 4일, 살로니키(Saloniki)에 있던 프랑셰 데스프레(Franchet d'Esperey, 1856~1942. 프랑스의 육군 원수—옮긴이)가 보낸 정전 조건 목록을 건네받았다.

6개 조항으로 작성된 정전 예비 조건 ― 실질적인 실행은 구체적인 협상에 달려 있던 ― 은 다음의 중요한 요구 사항을 포함하고 있었다. 도나우강, 사바강, 드리나강 북쪽에 주둔한 부대는 정전선 15킬로미터 이내 지역에서 무기를 놓고 철수한다. 이 세 개의 강과 아드리아 해에 떠 있는 함선은 전리품으로 협상국 측에 넘긴다. 협상국 측이 오스트리아-헝가리 제국 영토 내에서 활동하는 유고슬라비아 국민 위원회와 자유롭게 접촉하거나 관계를 맺을 수 있다. 6개 조항 중 1조와 2조에 대한 답변은 24시간 이내에 이루어져야 한다. 답변을 제출한 후에는 즉시 전권 대표를 보내야 한다. 전권 대표는 그가 정부의 이름으로 협상할 권한을 지녔음을 증명하는 위임장을 가지고 있어야 한다.

발칸 정전 협상은 군 사령부의 아이디어였지만, 카로이 정부는 프랑셰와 접촉하는 것을 승인하고 가능한 한 장려했다. 정부의 태도는 실제 상황에 기반을 두고 있었다. 10월 말과 11월 초에 협상국 측의 동부군이 사바강과 도나우강에 도달했다. 프랑스와 세르비아 사단이 구(舊) 오스트리아-헝가리 제국의 국경에서 멈추지 않고 진

격을 계속하여 헝가리를 통과한 후, 아직 전쟁 중이던 독일에 회심의
일격을 가할 가능성은 충분했다. 게다가 그런 상황에서 세르비아 군
대가 구 제국의 남슬라브 지역을 손에 넣으려 시도하는 것도 십분
일어날 수 있는 일이었다.

최근 프랑스 최고 군사 회의 및 세르비아 최고 사령부와 관련된
문서가 계속 공개되면서 이러한 추측이 정확하다는 점이 입증되었
다. 동부군을 독일과 교전하도록 하는 것이 프랑셰 데스프레와 프랑
스 군사 회의 모두의 의도였던 것이다. 프랑셰는 부다페스트, 프라
하, 드레스덴을 거쳐 베를린으로 행군해 나아가기를 원했다. 파리에
서 작성한 계획에는 잘츠부르크 부근에 프랑스와 영국의 사단이 집
결하게 되어 있었다. 원래 세르비아 최고 사령부는, 도나우강을 목표
로 한 달 반 동안 빠르게 진군하느라 지쳐 버린 군대에 휴식을 보장
해 줄 생각이었다. 그러나 파도바 정전 협정이 임박했으며 이탈리아
가 세르비아 정부의 의도를 꺾으려 계책을 꾸민다는 소식이 전해지
자 최고 사령부는 휴식 계획을 즉각 보류했다.

최고 사령부는 파리에서 진행된 일련의 사건을 그곳에 머무르던
세르비아 수상 파시치(Nikola Pašić, 1845~1926)와 세르비아 공사 베스
니치(Milenko Vesnić, 1863~1921)에게서 전해 들었다. 11월 2일 자 전
보문에서 파시치는, 발칸을 완전히 무시한 정전 협정이 임박했으므
로 가능한 한 빨리 오스트리아-헝가리 남부의 슬라브 지역을 손에
넣으라고 말했다. 그다음 전보문에서 베스니치는 총사령관 미시치
(Živojin Mišić, 1855~1921) 장군에게, 북쪽으로의 진격과 관련하여 장
군이 어떠한 결정을 내리든 이곳 파리에서 승인을 받게 될 것이라고

전했다. 파리로부터 이러한 정보를 받은 세르비아 군대는 진격을 계속했다. 11월 5일 세르비아 1군단과 2군단은 시르미아(Syrmia), 슬라보니아, 크로아티아, 보스니아-헤르체고비나, 달마티아 지역의 점령을 시작하라는 명령을 받았다. 그들은 바나트 지역에서 루마니아군을 따라잡은 뒤에 테메슈바르(Temesvár)-베르셰츠(Versec)-페헤르템플롬(Fehértemplom) 전선으로 진격하라고 지시받았다. 북쪽으로는 머로시(Maros)강까지 진격하여 버저(Baja)와 서버드커(Szabadka)의 남쪽인 바츠커(Bácska) 지역을 점령하라고 주문받았다.

불가리아의 항복 이후, 협상국 측의 소위 동부군(주로 영국과 그리스 사단이었음) 일부가 터키 전선으로 향했음에도 드리나강, 사바강, 도나우강 전선에 주둔하던 협상국 병력은 상당한 위용을 자랑하고 있었다. 프랑셰가 11월 초 이 전선에 세르비아 보병 사단 6개, 프랑스 보병 사단 3개, 그리스 보병 사단 1개, 세르비아 기병 사단 1개, 프랑스 기병 여단 1개를 배치했던 것이다. 게다가 그는 예비 사단 9개를 추가로 배치할 여력이 있었고, 루마니아 군단 12개의 지원도 받을 수 있었다. 지치고 수가 줄어든 세르비아군의 전력은 해방된 지역이나 귀환한 포로 중 자원병을 받아 증강할 수 있었다.

당시 육군 원수 쾨베시가 국방부에 보고한 자료를 보면, 11월 2일 현재 사바강과 도나우강을 따라 배치된 오스트리아-헝가리 제국군의 병력은 사단 인원의 절반 정도에 해당하는 병사와 1만 정의 총기 그리고 약간의 대포가 전부였다. 쾨베시의 부대에 배속되어 있던 독일 부대는 11월 1일 철수했다. 쾨베시는 장문의 보고서에 더 버틸 여력이 있는지에 대해 다음과 같이 적었다. "사바강에서 멈출 수 있을 것인가? 이것은 집에서 멀리 떠나 초창기 전투와 후퇴로 완전히 탈진하고 크로아티아인의 탈영으로 정신력이 약해진 우리 군대가 끝까지 저항할 수 있을지 여부와 세르비아의 행동에 달려 있다."[74]

카로이 정부는 이러한 상황에 대한 고려 외에도 다른 이유에서 정전 협상을 옹호했다. 새롭게 독립한 헝가리가 독립 기조를 유지한다면 좀 더 유리한 조건을 기대할 수 있으며, 단독 정전 협정 역시 독립국 상태를 인정하는 표시가 될 것이라는 믿음이 있었던 것이다.

카로이는, 그의 회고록에도 나와 있듯이, "전쟁을 일으킨 사람들이 결자해지(結者解之)하고, 정전에 책임을 진다면" 상황이 유리해질 것으로 생각했다.[75] 그러나 근본적으로 오스트리아 내각이 취한 태도와 방향이 일치했던 카로이의 정당한 추론은 아무런 지지를 받지 못했다.

처음에 정부는 정전 협상 대표를 파도바에 파견할 방침이었다. 그러나 이 계획은 교통 문제로 좌절되었고, 11월 3일 파도바에서 헝가리 정부의 승인으로 정전 협정이 서명되었기 때문에 부적절한 계획이 되고 말았다. (11월 3일 오후 린데르는 최고 사령부에 전보를 보내 정부가 베버(Weber)를 공동 대표로 삼는 것을 반대했지만, 정전 협정이 지연되는 것을 방지하기 위해 자신이 베버에게 "당분간 헝가리의 이해를 대변하도록" 허락했다고 알렸다.)[76]

---

74 *Fővárosi Levéltár*. Budapesti Kir. Törvényszék 36537/1921, p.35. 카로이 재판 문서. 쾨베시 군 사령부에서 헝가리 국방부로 4/11. 1918-8-5 m. 전보문 복사본.
75 *Károlyi 1968*, p.414.
76 *Fővárosi Levéltár*. Budapesti Kir. Törvényszék 36537/1921, p.35. 헝가리 정부에

11월 4일 내각은 파도바 대신 베오그라드로 대표단을 파견하여 프랑셰 데스프레 장군을 만나기로 했다.

대표단은 린데르가 인솔할 예정이었다. 기본적으로 협상 주제가 군사 문제였을 뿐만 아니라 협상이 얼마나 복잡하게 어디까지 진행되었는지 린데르가 가장 잘 알고 있었기 때문이었다. 그러나 11월 4일 군인 위원회 문제를 놓고 내각과 린데르 사이에 견해차가 발생했다. 그래서 내각은 바로 그날 법무장관에 임명된 베린케이 데네시에게 그 임무를 맡겼다.

11월 5일 내각 회의에서 린데르는 독일 영사와 부다페스트에서 진행했던 협상에 관해 보고했다. 그는 반독일 행보를 취함으로써 얻게 될 이익("우리는 독일 제국주의를 완전히 무너뜨릴 최후의 일격을 가할 수 있습니다. 우리는 독일이 항복하도록 만들 것입니다… 강화 회의에서는 이점을 높이 살 것입니다.")과 석탄 수송 문제 — 이 문제의 유일한 해결책은 베오그라드를 거치는 것이었다 — 를 둘러싼 분규와 분쟁을 언급했다. 린데르의 의견을 청취한 내각은 생각을 바꾸었다. "극도로 중요한 문제임을 고려하여,"[77] 내각은 카로이와 야시가 이끄는 고위급 대표단을 프랑셰에게 보내기로 했다.

서 최고 사령부로. 11월 3일 오후 6시 45분. 최고 사령부가 그날 오후 7시 30분에 베버에게 전보문을 전달함. (KA. AOK. Op. Geh. 2110.)

[77] 내각 회의록, 1918년 11월 5일.

베오그라드 군사 회의

헝가리 대표단은 11월 5일 저녁 늦은 시각에 부다페스트를 떠났다. 대표단은 정부 대표 외에 국민 위원회, 노동자 위원회, 군인 위원회 대표인 허트버니 러요시, 보카니 데죄(Bokányi Dezső), 체르냐크 임레와 관련 부서의 대표들로 이루어져 있었다. 프랑셰는 살로니키에서 협상 장소까지 자동차로 이동했다. 그는 니시(Niš)에서 여정을 잠시 중단하고 섭정 알렉산다르(Aleksandar, 1888~1934. 세브비아 왕국의 섭정, 후에 유고슬라비아 왕국의 왕—옮긴이)와 미시치 장군을 만나 불가리아 국경 문제와 헝가리 국경선 설정을 주제로 논의했다. 7일 오후 베오그라드에 도착한 프랑셰는 그를 기다리던 헝가리 대표단을 즉시 만났다. 불과 며칠 전까지 오스트리아-헝가리 부(副)섭정의 저택이었지만, 회담 장소로 사용하게 된 별장에서 카로이는 프랑셰에게 대표단 구성원을 소개했다. 그리고 곧바로, 협상국 동부군 또는 이탈리아 최고 사령관이 헝가리 정전을 협상할 권한을 부여받았는지 물었다. 프랑셰가 그 질문에 해당하는 사람이 자신이라고 말하자 카로이는 야시가 기안한 헝가리 대표단의 정치 각서를 읽기 시작했다. 이 각서는 다음과 같은 내용을 담고 있었다.

이 전쟁은, 전쟁에 반대하는 민주 세력의 입을 틀어막고 민족 억압 정책을 펼쳤던 봉건 독재 국가 오스트리아-헝가리 제국의 소산물이다. 11월 1일 새 정부는 즉각적인 항복 명령을 내렸지만, 군 사령부가 이를 전달하지 않았다. 새 정부는 디아츠(Armando Diaz, 1861~1928) 장군과 접촉하는 것이 불가능했기 때문에 베오그라드에 대표단을 보냈다. 대표단의 목적은 헝가리 국민의 올바르고 정당한 소망에 합당한 조정안을 설명하고 승인받는 것이다. 새 정부는 구체제의 내정 및 외교 정책에 대한 책임이 없다. 새 정부는 국내 정치적으로는 민주개혁을, 외교 정책에서는 낡은 독일 제국과의 동맹 파기를 원한다. 새 정부는 체코 및 남슬라브 독립 국가 성립을 인정하며, 강화 회의에서 국경 문제를 결정하는 것을 받아들인다. 11월 1일부로 헝가리는 더는 적대국이 아니며, 중립국이 되었다. 헝가리에 외국군을 주둔시키고 싶다면 그 군대는 프랑스, 영국, 이탈리아, 미국 군대여야 하며, 식민지 점령군이어서는 안 된다. 절박한 석탄 부족 문제는 장군이 중재해 주길 요청한다. 적국에 의한 징발은 공정하게 시행되어야 한다. 예술품은 박물관에 보관되어야 한다. 협상국 측과 헝가리 사이에 외교적 끈이 연결되어야 한다. 이러한 어려운 일을 성취하기 위해 프랑셰 장군이 헝가리의 인민 정부를 지지해야 한다.

프랑셰 데스프레는 나폴레옹이 생각날 정도로 우월감에 찬 자세로 헝가리 대표단을 맞았다. 그는 이 협상이 동등한 두 상대 사이에 이루어지고 있는 것이 아니라는 점을 명확히 하고자 했다. 그는 헝가리가 중립을 언급한 부분을 즉각 정정했다. "헝가리는 중립국이 아니라 패전국이오."

카로이가 "hongrois(헝가리의)"라는 표현을 사용하자 프랑셰가 "Dites le pays madjar"라고 말하며 끼어들었다. 이것은 대표단이 헝가리인이 거주하는 지역만을 대표한다, 즉 대표단은 소수 민족을 대리해서 말하면 안 된다는 의미였다.

정치 각서에 대한 답변은 헝가리가 패전국이라는 사실을 다시 한

번 강조했다. "이 전쟁에서 헝가리는 독일 편에서 싸웠으므로 독일과 함께 처벌받게 될 것이니 그 값을 치르시오." 대표단이 윌슨의 14개 조항을 인용하자, 프랑셰 장군은 아무런 말도 하지 않고 손으로 저지하는 동작만 취할 뿐이었다.[78]

상견례가 끝난 뒤 프랑셰는 카로이와 야시를 자신의 방으로 안내했다. 그리고 자신이 직접 제안한 18개 조항이 담긴 협정 문건을 건네주었다.

제1조는 베스테르체(Beszterce), 머로시, 서버드커, 버저, 페치, 드라버(Dráva)를 잇는 선을 경계선으로 제안하고 있었다. 이것은 사실 트란실바니아 남부, 바나트, 바츠커, 그리고 버러녀(Baranya) 주(州) 일부 지역에서의 철수를 의미했다. 프랑셰는 이 국경선을 고안함으로써 세르비아 정부, 세르비아 최고 사령부, 협상국 측과 다시 동맹을 맺은 루마니아 왕국을 만족하게 했다. [11월 6일 중부열강 측에 호의적이던 루마니아의 마르길로만(Alexandru Marghiloman, 1854~1925) 정부가 물러났다. 11월 10일 루마니아 황제는 군 동원령을 내렸고, 새 수상 코안더(Constantin Coandă, 1857~1932)는 이미 퇴각 중이던 마켄젠(August von Mackensen, 1849~1945. 독일의 육군 원수. 제1차 세계대전 당시 가장 탁월한 군 지도자였음 - 옮긴이) 부대에 루마니아를 떠나라는 24시간 최후통첩을 보냈다.]

다른 조항은 법과 질서를 유지하기 위해 보병 연대 6개와 기병

---

78 *Pesti Napló*, 1918년 11월 9일. "프랑셰 데스프레의 답변." *L'Illustration*, 1921년 11월 5일. p.Azan: L'armistice avec la Hongrie. 11월 9일 *Pesti Napló*는 정부의 정치 각서 전문도 공개했다.

연대 2개만을 남기고 나머지 군대는 해산하라고 요구했다. 협상국 군대의 헝가리 통과 또는 체류가 보장되어야 하며, 독일군은 15일 이내에 헝가리를 떠나야 한다. 제17조는 "헝가리에서 반란이 일어나면 협상국 세력이 그 지역의 통제를 맡는다."고 명시했다.

카로이와 야시는 디아츠의 정전 협정안과 이전 조건에 따라 기대했던 바를 훨씬 뛰어넘는 몇몇 조항 때문에 정전 협정을 받아들일 수 없다고 말했다. 오랜 협상 끝에 프랑셰가 양보했다. 프랑셰는 헝가리가 강력하게 반대하는 "반란 및 폭동 구절"을 제17조에서 삭제했다. 그러나 그는 제1조를 보강하여 철수 지역에서 "시민 행정은 현 정부의 담당 아래 남겨 놓아야 한다."는 내용을 포함했다.[79] 마지막으로 프랑셰는 대표단이 영토 보전을 위해 파리로 전보문을 보내는 것도 허용했다. 클레망소에게 보내는 전보문에는 "협상국 측이 강화 조약 협상 때까지 헝가리의 현재 국경선(크로아티아와 슬라보니아는 제외하고)을 보장"해야만 헝가리 정부가 조약에 서명할 것이라는 내용이 담겨 있었다.[80]

장군의 관대함 덕에 카로이와 야시는 서명하는 쪽으로 마음이 기울었지만, 대표단 일부의 압력 때문에 그들은 결국 클레망소의 답변을 기다리고 최종 결정을 위해 국민 위원회의 승인을 받기로 했다.

---

79 *Document*, pp.7~9. 프랑셰의 양보와 변화에 대해서는 *Károlyi 1968*, pp.422~424. 를 참조할 것. 제17조 논쟁 부분에 대한 양보와 누락 내용에 관해서 당시의 언론 역시 언급하였다. (*Népszava*, 1918년 11월 9일. "협정 조건에 관한 논쟁.")

80 *Pesti Hírlap*, 1918년 11월 9일. "베오그라드 회담." 전보문의 전문은 다음을 참조할 것. *Acta Historica*, Nos 1-2/1975, pp.191~192. (Gy. Litván: Documents des relations Franco-Hongroises des années 1917~1918.)

헝가리로 돌아온 대표단으로부터 상당수의 부정적 보고를 받은 정부는 11월 10일 정전 문제를 국민 위원회에 상정했다.

카로이는 사태의 진전 과정을 솔직하게 설명하고, 상황이 절망적 임을 숨기지 않았다. 클레망소의 답변이 도착했다. 클레망소는 이 답변에서 프랑셰에게 그의 "협상"을 "군사적인 문제"로 한정하라고 지시했다. 세르비아 군대는 이미 노비사드(Novi Sad)에 진을 쳤고, 펀 초버(Pancsova)-베르셰츠 전선과 펀초버-언털펄버(Antalfalva) 전선에 도달해 있었다. 바로 얼마 전 부다페스트로 돌아온 프라하 주재 헝가 리 공사가 전해준 정보에 따르면, 체코는 17~19개의 주(州)를 요구 조건으로 내걸었고, 군대가 출격하여 빠른 속도로 진군하고 있었다. 루마니아의 정세 역시 심각했고, "헝가리에 거주하는 루마니아인들 은 극도의 흥분 상태에 놓여 있었다." 이러한 모든 상황을 고려하면 조약에 즉각 서명하는 것이 최선의 해결책이었다. "왜냐하면, 우리 는 우리가 주장하는 바의 성격과 우리의 허약한 물리력을 잘 알고 있으므로 오직 법에 의지하는 수밖에 없기 때문이다."[81]

국민위원회는, 이러한 상황에서 베오그라드 협정이 헝가리에 인 접국들의 추가적인 요구 사항에 맞설 수 있는 보호막과 법적 근거를 제공할 것이라는 카로이의 논리를 만장일치로 받아들였다. 정부의 위임을 받아 베오그라드로 간 린데르는 11월 13일 정전 협정에 서명 했다. 협정의 원래 명칭이었던 〈연합국 동부군과 헝가리 사이의 정

---

81 *Pesti Hírlap*, 1918년 11월 12일. "국민 위원회가 정부에 정전 협정 서명 권한을 부여 하다."

전 군사 협정〉은 〈연합국과 오스트리아-헝가리 사이에 체결한 정전 협정 중 헝가리에 적용되는 군사 협정〉으로 수정되었다. 협상국 측에서는 정전 협정에 프랑스 동부군 사령관 앙리(Paul Prosper Henrys, 1862~1943) 장군과 미시치 장군이 서명했다.

정전 협정에 서명하면서 부다페스트를 즉시 점령하자는 안이 제기되었다. 프랑스의 자료를 보면, 이 안에 대해 린데르는 프랑스 군대가 "열렬한 환영을 기대할 수 있을 것"이라고 대답했다.[82]

빅스 사절단과 협상국의 새로운 요구

프랑스군 지도부의 의도와 헝가리 정부의 승인에도 불구하고 즉각적인 점령은 이루어지지 않았다. 이미 언론은, 프랑스 사단과 영국 군대의 도착이 임박했으며 이에 대한 준비 상황은 어떠한지 요란하게 보도하고 있었다. 11월 22일 영국 정부는 부다페스트 점령에 반대한다는 결정을 내렸다. 주로 중동에 관심을 기울이던 영국은 구(舊) 오스트리아-헝가리 제국의 복잡한 계급 갈등과 민족 대립 문제에 직접 개입하거나 중부 유럽에서 프랑스가 팽창해 나가는 데 도움을 주고 싶지 않았다. 국내 정치 문제 때문에도 영국은, 근본적으로 프랑스의 이해관계 영역인 중부 유럽 지역의 법과 질서를 회복시키는 끝없는 작업에 참여하기를 꺼렸다.

---

82 *Bernachot*, p.21. "Le ministre de la guerre hongrois assurait d'ailleurs, que nos troupes y seraient reçues avec enthousiasme."

영국의 결정에 따라 홀로 남게 된 프랑스 정부는 계획을 변경하여, 11월 26일 점령군 대신 군사 사절단을 부다페스트로 보냈다. 프랑스 동부군의 참모 장교 페르낭 빅스(Fernand Vix, 1876~1941) 중령이 이끄는 군사 사절단은 경제·군사 정보 수집, 외국인의 행동 감시, 기관 네트워크 구축 등의 업무 외에 베오그라드 군사 회의의 진행 상황을 빈틈없이 감시하라는 핵심 명령을 받았다.

이것은 쉬운 일이 아니었다. 세르비아를 제외한 다른 모든 나라, 특히 프랑스 정부마저도 프랑셰 데스프레가 체결한 협정에 동의하지 않았기 때문이었다.

체코슬로바키아가 즉시 베오그라드 협정에 항의했다. 파리에 머물고 있던 체코슬로바키아 외무장관 베네시(Edvard Beneš, 1884~1948)는 연합국이 이미 체코슬로바키아 정부를 인정했음을 언급하면서, 프랑스 정치 지도자들을 거듭 방문하여 슬로바키아 지역을 즉각 비워 달라고 요구했다. 11월 말 이탈리아인들도 프랑셰에 대한 반대 의사를 표명했다. 이탈리아 외무장관 손니노(Sidney Sonnino, 1847~1922)는 베오그라드 협정을 비승인국, 즉 법적으로 존재하지 않는 나라와 맺은 협정으로 규정하면서, 이미 파도바 정전 협정이 존재하므로 베오그라드 협정은 불필요하다고 선언했다.

프랑스 외무부는 이탈리아 및 체코슬로바키아 정부의 반대를 받아들였다. 프랑스 외무부가 베오그라드 협정 폐기를 자제했던 것은 "더 이상의 분규를 피하기 위한" 현실적 이유에서였을 뿐이었다. 12월 1일 프랑스 외무장관 스테펭 피숑(Stephen Pichon, 1857~1933)은 국방부와 프랑셰 데스프레에게 지급 전보를 보냈다. 이 전보는 프랑세가 새로운 헝가리 국가와 정부ㅡ그 시점에서는 단지 현지 당국으로만 간주할 수 있는ㅡ를 인정할 권한이 없으므로 온당치 못한 행동을 했다는 점을 지적하고 있었다. 피숑은 이 전보문에서 다음과 같이 선언했다. "협상국 측이 체코슬로바키아 국가를 인정하고 그 군대를 연합군의 일원으로 간주하기 때문에 체코슬로바키아는 슬로바키아 지역을 점령할 권리가 있다."[83]

12월 3일 프랑셰는 빅스 중령을 통해 카로이에게 정치 각서를 보냈다. 프랑셰는 이 각서에 앞에서 언급한 논쟁거리를 열거하고 파리에서 온 지시를 인용하면서 슬로바키아에서 즉각 철수할 것을 요구했다. 12월 23일에는 철수해야 할 지역의 경계선을 명기한 후속 각서가 도착했다. 이 각서에 따르면 헝가리 군대는 리머솜버트 (Rimaszombat)-운그(Ung)-우조크(Uzsok) 전선 남쪽과 도나우강, 이포이(Ipoly)강에서 철수해야만 했다.

루마니아 정부도 베오그라드 협정을 받아들이지 않았다. 그들은 자신들이 참여하지 않은 상태에서 이 협정이 체결되었기 때문에 루마니아는 이 협정에 구속되지 않는다고 간주했다. 루마니아는 12월 3일 정치 각서를 제출한 후, 트란실바니아에 대해서도 빅스가 슬로바키아에 양보했던 것과 비슷한 절차를 진행하라고 요구했다. 12월 중순 루마니아군을 이끌고 머로시강에 도착한 최고 사령관 프레잔 (Constantin Prezan, 1861~1943) 장군은 너지카로이(Nagykároly)-너지바

---

83 Telegramme chiffré du Ministre des Affaires Etrangères. Paris, le ler Décembre 1918. *Acta Historica*, Nos 1-2/1975. p.134.

러드-베케슈처버(Békéscsaba) 전선까지 계속 밀어붙이겠다고 공언했다. 부쿠레슈티에 머무르던 프랑스 사절단의 대표 베르틀로(Philippe Berthelot, 1866~1934) 장군은 루마니아의 결정을 받아들였고, 이를 강력하게 지지했다. 베르틀로는 도나우군의 사령관 자격으로 연락 장교를 통해 빅스에게 직접 모든 것을 통보했다. (프랑스 사단으로 구성된 소위 도나우군은 이미 수립되어 있던 반(反)소련 대책을 수행하기 위해 10월에 설립되었다.)

베르틀로의 간섭이 빅스의 심기를 불편하게 했음이 틀림없다. 12월 16일 헝가리 정전 위원회에 프레잔의 방침을 전달하면서 빅스는 자신의 상관인 앙리 장군으로부터 이 문제에 관해 아무런 정보도 받지 못했다고 덧붙였던 것이다. 그럼에도 그는 혹시 모를 유혈 사태를 방지하기 위해 어떠한 저항 행동도 하지 말라고 정전 위원회에 요청했다. 12월 18일 헝가리 정부는 베르틀로가 콜로즈바르 소개(疎開)를 요구하고 있다는 정보를 입수했다. 12월 23일에는 또 다른 정치 각서가 도착했다. 루마니아 최고 사령부가 군사 경계선을 넘어 주요 군사 거점(9개 도시)을 점령하는 것을 베르틀로가 허락하기로 했다는 내용이었다.

언론이 처음부터 끝까지 자세히 보도한 베오그라드 협정과 후속 사건들은 흥분과 놀라움을 불러일으켰다. 헝가리 대중은 헝가리 역시 전쟁에 패했으며, 이 패배가 심각한 결과를 수반하리라는 사실을 처음으로 깨닫기 시작했다.

영토 보전을 주장하던 정부의 처지가 절망적으로 보이기 시작했다. 공화국이 선포되던 무렵에 극도로 열광적이었던 대중의 분위기

는 비판적으로 바뀌었다. 이러한 상황을 자신들에게 유리하게 이용
하려는 반동 세력이 곧바로 수면 위로 모습을 드러냈다. 12월 초
〈일간 부다페스트(Budapesti Hírlap)〉는 당시 어떤 신문도 반대하지 않
던 조건부 항복을 "비정상적인 방법"이라고 묘사했다.[84] 그들이 베오
그라드 협정 참석자들을 공개적으로 비난하지는 않았지만, 파도바
에서 막 돌아온 네크헤지 페렌츠(Nyékhegyi Ferenc) 중령 — 베케를레
정부 당시 정전 위원회 위원으로 임명되었던 — 도 이 문제에 관한
탄원서를 제출했다. 파도바 협상에 참석했던 한 이탈리아인의 회고
록에 따르면 네크헤지는 파도바에서 "단 한 번도 입을 열지 않아서"
주목받았었다.[85] 그러나 네크헤지는 장문의 탄원서에서 파도바 협정
이 헝가리의 국경을 보장하는 데 얼마나 유리한지 증명하려 애썼다.
계속해서 그는 헝가리에 더욱 불리한 국경선을 그리도록 한 베오그
라드 회의가 얼마나 타당하지 않은지 강조했다. 내각은 11월 말과
12월 초 두 번에 걸쳐 이 탄원서 — 후에 반혁명 세력이 지속해서
문제를 제기하는 — 를 다루었다. 결국, 내각은 협상국 측이 "덜 불리
한" 협정마저도 지킬 생각이 없는 상황에서 베오그라드 협정에 관해
논쟁하는 것은 무의미하다고 주장하며 이 문제를 결말지었다.[86]

---

84 *Budapesti Hírlap*, 1918년 12월 11일. "정당 내분."
85 *KA AOK Op*. 678. Luigi Barzini: Eine dramatische Szene in der Villa Giusti
   Gelegentlich der Unterzeichnung des Waffenstillstandsvertrages. Kriegszone, am
   10. November 1918. "Neben dem Gen. Weber war Obstl von Seiller, der offene
   Typus eines alten Soldates⋯ Der Obst v. Nyekhagy, ein gebückter, dicker, rüder
   Magyare, der nie den Mund aufgetan hat⋯" p.2. Uebersetzer: Hptm. Ruggera.
86 내각 회의록, 1918년 11월 28일, 12월 1일.

우익이 이러한 상황에 대해 헝가리 지도부를 비난하고 있었던 반면, 여론과 친정부 언론은 협상국 측의 비우호적인 행동이 부분적으로 또는 전체적으로 프랑셰 데스프레나 빅스 같은 개인의 적의(敵意)에 기인한 것이라는 쪽으로 기울었다. 그러나 사실 프랑셰가 베오그라드에서는 공격적인 행동을 보였지만, 실제로 그가 추진한 협정은 헝가리에 유리한 것이었다. 빅스의 경우에도 당시 그의 이미지가 극도로 부정적이었지만, 이제 접근할 수 있게 된 파리의 문서를 통해 그의 행동이 편파적이거나 편견에 차 있지 않았다는 점이 입증되었다. (자신의 의무에 충실했던 빅스는 상관에게 올리는 보고서에서 슬로바키아, 루마니아와 관련한 추가 요청 결정이 베오그라드 협정에 위반된다는 사실을 지적했다. 그는 또한 이미 인정받은 정부의 승인을 철회하자는 요구는 정당하지 않다는 견해를 밝혔다. 빅스는 베르틀로의 간섭 때문에 지휘 체계 이원화라는 용납할 수 없는 결과가 초래되었다며 베르틀로의 행동에 반대했다.)

프랑셰가 불가리아 정전 협정에 위반되는 도브루자(Dobruja) 남부 지역 점령을 받아들인 것처럼 헝가리 정부와 체결한 협정(빅스는 "… 11월 3일의 협정은 종이쪽지에 불과하다."라고 적고 있다.)[87]의 위반 사항을 인정한 것은 개인적 감정에 따른 것이라기보다는 무자비한 시책으로 드러난 어떤 정책에 기인한 것이었다고 생각하는 편이 맞을 것이다.

이 무자비한 정책의 요지는, 중부 유럽에서 협상국 세력은 자신들

---

87 Peter Pastor: The Vix Mission in Hungary 1918~1919: A Re-examination. *Slavic Review*, 1970. Vol. 29, Nr. 3., p.489. Vix to Henrys, December 23, 1918.

이 승전국이자 동맹국으로 인정한 여러 나라의 미래에 관해 실행 계획을 세워야 한다는 것이었다. 파리에는 합스부르크 제국이 맡기에 부적당한 역할을 이 국가들이 채워 줄 수 있을 것이라는 믿음이 널리 퍼져 있었다. 즉 적절한 지원을 통해 이 국가들을 혁명 열망에 대한 완충 지대로 만들고 소비에트 러시아의 간섭에 대응하거나, 필요하다면 독일 팽창 정책을 견제하는 데 이 국가들을 적절히 활용할 수 있을 것이었다.

요컨대 협상국 세력은 자신들이 동맹 상대로 인정한 루마니아인, 체코인, 남슬라브인에게 전쟁 중에 한 모든 약속을 피할 수 없다고 생각했다. 해당 국가의 지도부도 이 약속들을 최대한 이행하라고 주장했다.

협상국에 대한 압력이 단순히 팽창주의적 열망이나 배상금 요구에서만 생긴 것은 아니었다. 이러한 압력은 해당 국가의 부르주아 계층이, 어느 정도 근거를 가지고, 전쟁과 폭력적 대중 운동 그리고 혁명 열망 때문에 흔들리던 자신들의 위치를 강화하기 위해서는 이 방법 외에 다른 수단이 없다고 인식했던 데에도 그 원인이 있었다. 협상국 세력, 좀 더 정확히 말하자면 군 존재의 위상 덕분에 중부 유럽 문제를 주도했던 프랑스 정부는 이러한 약속의 이행을 피할 수 없었다. 이 지역 군사력의 대부분이 이들 국가의 군대로 이루어져 있었기 때문이었다.

협상국 측은 필연적으로 헝가리의 요구에 부정적인 태도를 보였다. 승전국 진영에서 점점 불거지던 경쟁 심리와 적대감도 이런 현상을 바꿀 수는 없었다.

협상국 측이 동맹국으로 인정한 국가들의 민족적 열망과 염원을 완전히 충족시키겠다고 약속하는 한, 이들 국가의 상대방인 헝가리의 민족적 열망과 염원을 희생해야만 한다는 사실은 명백했다.

4

국내 정세

경제 상황

4년간의 전쟁과 전시 경제(戰時經濟)로 정부는 심각한 경제 상황에 직면하게 되었다. 혁명이 성공을 거두자 몇몇 신문은 전쟁에 쏟아붓던 지출이 줄어들고 전쟁으로 파괴된 상거래망(商去來網)이 회복될 것이라고 주장하며, 낮은 물가와 미국으로부터의 차관 그리고 임박한 해외 물자의 도착 등 상황이 호전되고 있다고 단언했다. 그러나 이러한 주장은 현실이 아니라 환상, 즉 근거 없는 희망과 소원을 반영했을 뿐이었다. 한동안 협상국 측은 봉쇄를 지속했고, 차관 문제는 거론되지도 않았으며, 새로운 경제적 협력 관계는 형성되지 않았을뿐더러, 합스부르크 제국의 소멸과 외국의 점령은 전통적 유대 관계마저 파괴해 버리고 말았다.

전쟁 기간 내내 점점 가혹해졌던 원자재 부족 현상은 전후에도 계속 이어졌다. 특히 석탄 위기가 심각했다. 헝가리는 이미 전쟁 전에도 석탄을 수입해야만 했는데, 헝가리에서 산출되는 석탄의 질이 매우 낮았기 때문에 이러한 석탄의 수입은 양적인 면뿐만 아니라 질적인 면에서도 헝가리의 부족분을 메워 주었다.

헝가리는 국내 석탄 소비량의 1/3 정도에 해당하는 연간 4~5백만 톤의 석탄을 수입했는데, 이 석탄 대부분은 체코-모라비아 국경 근처의 슐레지엔 탄전(炭田)과 독일에서 생산된 것이었다.[88]

11월 초 독일 정부는 "프로이센 석탄" 수출을 정치 현안(헝가리를 통해 독일로 귀국하는 독일 병사의 처우 문제)과 연계시켰다. 결국, 부다페스트 주재 독일 영사와 석탄 인도에 관한 협정을 체결했지만, 독일에서 혁명이 발발하고 말았다. 곧이어 체코슬로바키아 정부와도 곤란한 상황에 빠지게 되었다. 원래 프라하 국민 위원회는 슐레지엔에서의 석탄 공급을 허용하려 했고, 식량과 맞바꾸기 위해 자국 공급용 석탄을 인도하겠다고 제안하기까지 했다. 그러나 슬로바키아를 둘러싼 헝가리와 체코슬로바키아의 분쟁과 무장 대립이 본격화하면서 프라하 국민 위원회의 원래 태도가 바뀌었고 협상은 중단되었다. 체코슬로바키아 정부는 약속했던 석탄의 공급을 중지했고, 독일에서 출하된 석탄이 체코슬로바키아를 통과하는 것도 금지했다.

12월 초에는 외국산 석탄이 헝가리로 전혀 수입되지 않았다. 국내 석탄 생산량은 니트러 주(州) 페치 시(市)의 탄광과 질(Zsil) 계곡의 탄광에서 생산량이 급감하면서 전년 대비 반 이하로 줄어들었다.[89]

---

88 "헝가리의 석탄 생산, 수입, 수출, 소비 1900~1926." *A Magyar Gyáriparosok Országos Szövetsége XXV. évi jelentése az 1927. évi rendes közgyűléshez*, Budapest, 1927, p.140.

89 *Böhm, A háborús korszak bűnei*, pp.13~14. 뵘의 통계를 보면, 1918년의 일일 석탄

교통과 산업 생산 그리고 주민 난방용 연료 문제는 궁극적으로
가용할 수 있는 석탄의 양에 달려 있었기 때문에, 비록 석탄이 모든
문제와 곤란의 원인은 아니었지만, 석탄 공급량이 줄어들수록 이에
따른 결과는 더욱 심각해질 수밖에 없었다.

철도 수송 부문에서는 이미 오래전부터 혼란한 상황이 전개되고
있었다. 9월 26일 이후의 마지막 순간에 군 지도부는 발칸 전선 방어
를 위해 지원군을 급파했다. 그래서 철도망은 10월 내내 남쪽으로
떠나는 군인과 보급품으로 북새통을 이루었고, 트란실바니아로 떠
나거나 발칸에서 돌아오는 열차와 여러 전선을 오가는 차량으로 혼
선을 빚었다. 10월 말에는 보급품과 각종 물자와 장비로 가득 찬
수천 대의 열차가 주요 환승역을 꽉 메워 만성 정체를 일으켰고,
이는 혁명 발발 이후 대중이 느끼던 정의감과 억압된 분노를 표출할
표적이 되었다. (당시의 자료를 보면, 혁명 발발 무렵 헝가리에는 기관차가
약 5,000대, 유무개 화차(有無蓋貨車)가 약 100,000대 있었으며, 전리품의 가치
는 수십억 원에 이르렀다.)[90] 정전 조약에 서명한 직후, 수십만 명의 병사
가 헝가리로 돌아왔고, 수십만 명의 병사가 헝가리를 떠났다. 부다페
스트 역 한군데만 해도 11월 7일부터 12월 3일까지 3,383,328명의
헝가리 병사와 1,128,900명의 외국 병사가 도착했다.[91] 수백만 명의
군인을 수송했다는 것은 정규 철도 체계가 중단되고 모든 사람이

생산량은 27,000톤, 1919년의 일일 석탄 생산량은 11,900톤이었다.

90 *Magyarország*, 1927년 7월 7일. 줄리에르 페렌츠(Julier Ferenc, 1878~1944): '붉은
군대' 수뇌부의 반혁명 정서에 대하여. 혁명 후 줄리에르는 군 운송부의 책임자였다.

91 *Mohácsy*, p.104.

무료로 어떻게 해서든 이동했음을 의미했다. 군인 수송이 끝난 후에
도 철도 체계는 정상으로 완전히 회복되지 않았다. 인력 고갈, 장비
노후, 석탄 수입 중지 때문이었다. 역청탄(瀝青炭) 부족으로 급행열차
는 운행되지 않았고, 크리스마스에는 한 주간 모든 열차가 멈추었다.
헝가리 국영 철도국(MÁV) 국장 바조니 예뇌(Vázsonyi Jenő)는 1월의
승객·화물 수송량을 전쟁 전의 75% 정도로 추정했다.[92]

혁명은 승리했지만, 산업은 회복되지 않았다. 이러한 상황은 원자
재와 석탄 부족, 운송의 어려움뿐만 아니라 평시 생산 체제로의 이행
에 난항을 겪던 데에도 그 원인이 있었다. 전쟁이 끝나긴 했지만,
산업체들은 군 사령부의 명령을 제쳐놓거나 시시각각 변화를 이루
어 낼 수 없었고, 군수품의 생산을 멈추거나 전쟁 물자에서 소비재로
생산을 전환할 수도 없었다. 정부가 생산품 전환을 원조하고 특별히
차관을 투입하여 생산을 유지하도록 도왔지만, 상황이 불확실하다
고 생각하던 자본가들은 관망하는 자세를 취했다. 일부 산업 자본가
는 공장에서 자본을 철수하여 재산을 나라 밖으로 빼내려 시도하기
도 했다. 동원 해제된 군인들(12월 중순까지 백 이십만 명의 군인이 동원
해제되었다.)[93]로 인해 수많은 사무직·생산직 노동자가 직업을 찾던
와중에 생산의 하락이나 일시적 중단, 몇몇 공장의 완전 폐쇄는 실업
문제를 가중시켰다.

---

92 *Hajdu*, p.366. 여기에 MÁV 국장 바조니 예뇌의 주장이 인용되어 있다. (*Világ*, 1919
   년 1월 17일.)
93 *Böhm*, p.78.

 방치된 농업과 안 좋은 날씨 탓에 1918년의 수확은 최악을 기록
했다. 전쟁 전에는 6천만 퀸틀 이상의 곡물이 생산되었지만, 1918년
에는 34,121,000퀸틀의 곡물이 수확되었다고 연감에 기록되어 있다.
이는 전쟁 전 수치의 55%를 살짝 웃도는 양이었다. 곡물 수확량 중
상당히 많은 양이 군에 지원되었고, 나머지(100만 퀸틀 이하로 그렇게
의미 있는 양은 아닌)[94]는 소비재와 교환하기 위해 여름과 가을에 오스
트리아로 보내졌다. 혁명이 승리한 이후에 많은 양의 식량 비축분이
후퇴한 지역, 특히 주요 식량 공급지였던 보이보디나(Vojvodina)에
남아 있었지만, 세르비아 군대의 빠른 진격 때문에 이곳에서 아무것
도 건져낼 수 없었다.

 국경선 너머 지역에서 철수하는 과정이 적절한 준비를 통해 체계
적으로 시행되었다면 헝가리 중심부와 헝가리에 남겨진 지역은 식
량 공급과 여타 문제에서 좀 더 나은 상황을 맞을 수도 있었을 것이
다. 그러나 전체적인 혼란과 불충분한 수송 수단, 지역 주민의 저항
등으로 국가 자산과 여러 비축 물품이 제대로 수송되지 않았다. 게다
가 정부는 정치적인 이유로도 철수가 부적당하다고 생각했다. 사실
정전 협정 아래에서도 이 지역은 계속 헝가리에 속해 있었기 때문에
공식적인 철수는 헝가리가 이 지역의 포기를 인정하는 결과가 되었
던 것이다.

 11월 초 공공식량부 사무국장이 식량 공급과 관련하여 낙관적인
성명을 발표했다. "걱정할 이유가 없습니다. 헝가리의 잉여 생산은

---

[94] *Statisztikai Évkönyv*, 1918, p.46. *Teleszky*, p.387.

국외로 수출할 수 있을 만큼 충분합니다. 곧 현재 가격보다 훨씬 싸게 식량을 살 수 있을 것입니다."[95] 그러나 사태의 진전은 이러한 낙관주의를 입증하는 데 실패하고 말았다. 상황은 좋아지기는커녕 더욱 나빠지기만 했고, 다시 한번 굶주림과 궁핍이 겨울을 덮쳤다. 기본 식량은 여전히 배급되고 있었고, 종종 배급표를 가지고도 구할 수 없었다. 우유 공급량은 병자와 유아에게 필요한 양의 절반 수준으로 떨어졌다. 12월 중순부터는 밀가루의 배급량을 맞추기 위해 밀가루에 보릿가루를 섞어야만 했다. 2월에는 라드(돼지기름)의 배급량이 일주일에 100그램으로 줄어들었고, 일주일에 이틀 고기 안 먹는 날이 다시 도입되었다. 3월에는 음식점에서 팔 수 있는 음식의 양도 제한되었다.

2월 20일 내각 회의에서 공공식량부 장관은 전반적인 상황에 대해 언급하면서 다음과 같이 말했다. "7월 31일까지 예상되는 밀가루 소비량은 화차로 약 15,600대 분량입니다. 그중에서 9,200대 분량은 확보할 수 있으므로 부족분은 약 6,400대 분량입니다. 설탕 부족은 사탕무 공장이 재가동되면 해결될 수 있지만, 이것도 석탄의 양이 충분한지에 달려 있습니다. 돼지고기는 10월 말까지 약 180,000마리 정도가 필요한데, 그중 약 80,000마리는 준비할 수 있으므로 부족분은 100,000마리 정도입니다. 이 80,000마리도 돼지 사육이 원활히 계속되어야만 가능한 숫자입니다. 옥수수는 화차 4,000대 분량이 필요하지만, 확보할 방법이 없습니다… 가금류는 비싸며, 내다 팔

95 *Népszava*, 1918년 11월 6일. "식량 공급 보장."

것도 거의 없습니다. 달걀 수요량은 간신히 맞출 수 있을 것 같습니다. 감자 수요량은 화차 12,000대 분량이며, 추가로 종자용 5,000대 분량이 필요합니다. 현재 우리가 가진 감자는 필요한 17,000대 대신 7~8,000대 분량뿐이며, 그나마 대부분의 감자도 재고 창고 밖에 보유하고 있어서 우리 마음대로 처분할 수 없는 상황입니다. 소금은 2달 정도 견딜 수 있는 양을 비축하고 있습니다."[96]

식량 부족(시골 곳곳에 감춰둔 비축량을 고려하면, 아마 공식적인 수치가 보여주는 것보다는 상황이 나았을 것이다.) 외에 직물 부족도 심각한 문제를 일으켰다. 전쟁 중에 섬유 수입이 중단되고 재고품은 군사 목적으로 사용되면서 속옷과 옷감을 구할 수 없게 되었다. 가죽과 신발도 공급 부족 상태였다.

석탄 부족 때문에 국내 난방과 전기·가스의 소비가 제한되었다. 정부 석탄 위원회는 12월 5일 법령을 포고하고, 방마다 전등 한 개 켜기, 오전 8시부터 오후 4시까지 가스 사용 금지, 목욕탕 가스난로와 온수기 사용은 월요일 하루로 제한 등의 조처를 했다. 12월 28일 내각은 석탄 부족을 구실로 1월 1일부터 극장과 영화관을 닫기로 하고, 공연은 추가 공지가 있을 때까지 일요일 오후와 저녁에만 한정하여 열 수 있도록 했다.

혁명 승리의 여파로 사람들이 부다페스트로 쇄도하기 시작했다. 처음에는 피난민이 시골 지역에서 올라왔지만, 점차 점령 지역에서 밀려들었다. 12월 초 3만 2천 명의 피난민이 부다페스트에 몰려온

---

96 내각 회의록, 1919년 2월 20일.

것으로 기록되어 있지만, 기록되지 않은 피난민도 만여 명에 이르렀던 것으로 추정된다.[97] 대개 공직자 출신이었던 피난민들은 원조 물품, 일자리, 봉급, 연금 등을 희망하거나 요구했다. 전쟁 중에 모든 주택 공급이 중단되었기 때문에 부다페스트에는 이미 혁명 전에도 비어 있는 공동 주택이 없었다. 고향으로 돌아오거나 수도로 향하는 많은 사람과 피난민 때문에 주택 부족은 더욱 심각하고 견디기 어려운 지경에 이르렀다. 여러 번 조직되었던 주택 사무소나 공동 주택 징발 법령도 상황을 근본적으로 바꾸지는 못했다.

수도 인구의 갑작스러운 증가는 식량과 여러 물품의 체계적인 배급을 더욱 어렵게 했다.

재정 상황은 적자, 인플레이션, 혼돈, 막대한 전쟁 부채로 특징지을 수 있었다. 국영 기업 징세와 일반 징수로 거두어들인 실질 세액 수입은 12억 5천만 크라운 정도였지만, 지출은 40억 크라운을 넘고 있었다.[98] 정부는 거의 30억 크라운에 달하는 적자를 무담보 대출, 즉 화폐를 찍어내는 방법으로 메꾸었다. 이런 상황에서 인플레이션에 속도가 붙기 시작했고, 불과 5개월 만에 크라운의 가치는 절반으로 떨어졌다. 인플레이션이 더 커지지 않았던 것은 개인들이 지폐를 움켜쥐고 내놓지 않는 지폐 은폐 효과 때문이었다. 이 지폐 은폐 효과의 원인은 사람들이 느끼던 근거 없는, 그리고 심리적으로밖에

---

97 *Pesti Napló*, 1918년 12월 8일. "부다페스트는 더 이상의 피난민을 수용할 수 없다." 정부 위원 리에베르(Lieber)와 경찰 국장 디에츠(Dietz)의 발언.

98 *Számvevőszék jelentése*, pp.60~61. "실질 수입 및 실질 지출 일람"

는 이해할 수 없는 제국 지폐에 대한 신뢰에서 찾아야 할 것이다.
다른 원인을 찾자면, 1918년 가을의 지폐 부족 현상을 들 수 있다.
이것은 지폐 발권이 급속히 증가하면서 오스트리아-헝가리 은행의
기계로 소액권을 충분히 찍어내지 못했기 때문에 생긴 현상이었다.
지폐 부족 현상은 빈 은행이 지폐의 발행뿐만 아니라 찍어낸 지폐를
부다페스트로 보내는 데에도 애로를 느끼던 혁명 초기에도 계속되
었다.

부다페스트 지원국장에 임명된 정부 위원 베크 러요시(Beck Lajos)
는 새로운 지폐를 발행하고 이 지폐를 부다페스트에서 제작함으로
써 이러한 문제를 해결하고자 했다. 지폐 부족 현상을 막기 위한 임
시변통으로 빈 은행장은 1918년 10월부터 발행되기 시작한 25크라
운과 200크라운짜리 지폐의 도판을 인계했다. 이리하여 부다페스트
에서 소위 백화(白貨)라 불리는 지폐가 발권되기 시작했고, 이 지폐는
후에 나라의 가장 중요한 "수입원"이 되었다. 국민들은 새로운 25크
라운, 200크라운짜리 지폐를 회의적으로 받아들였다. 이 지폐가 신
뢰를 얻지 못했던 것은 이 지폐가 수백만 장이 발권되었을 뿐만 아
니라 처음부터 비상용 화폐로 제작되었기 때문이었다. 조악한 용지
에 앞면만 도안 되어 있던 이 지폐의 깔끄럽고 거친 뒷면에는 "이
지폐는 1919년 6월 30일까지 새로운 지폐로 대체될 예정입니다."라
는 문구가 새겨져 있었다.

재정 상황은 국가 부채 문제로 더욱 복잡했다. 1918년 말 재무부
는 헝가리의 전쟁 부채를 330~340억 크라운으로 추정했다. 전쟁 차
관이 160억 크라운, 오스트리아-헝가리 은행 대출금이 100억 크라

운, 외국(독일) 민간 은행 대출금이 70~80억 크라운 정도였다.[99]

정치·경제·사회적 복지 정책

정부는 경제적 어려움을 해결하기 위한 종합적 계획이나 프로그램이 없었다. 그 대신 정부는 급조한 대책으로 어떻게든 상황을 완화하고자 노력했고, 또한 연립 정당의 초기 경제 정책을 구현하려 애썼다.

정부는 자유 무역주의의 기조를 견지했는데, 이는 일부 사회민주주의자(거러미) 및 급진주의자(센데)의 태도와 일치했다. 외교 정책에서 자유 무역 원칙의 고수는 외국과의 친교 회복을 겨냥한 연맹 계획과 잘 어우러졌고, 국내 정치에서 자유 무역 정책은 전시 경제와 국가 개입이 끝나게 되는 것을 의미했다. 이런 상황에서 이 정책은 실로 절박한 과제였다.

11월 4일 거러미는 내각에서 여러 단체의 점진적 해산을 제안했다. 이들 단체의 해산은 상업 자본가와 중소 산업가가 요구해 오던 사항이었다. 전시 경제의 와중에 설립된 이들 단체는 60여 개를 웃돌았는데, 이들이 대기업을 선호하고 대자본과 대토지의 이익을 도모했던 것이 이러한 해산 요구의 원인이었다. 그와 동시에 "최대한 빠르게 모든 단체를 해산하는 것"이 대중의 요구이기도 했다. 많은

---

99 *Pesti Hírlap*, 1918년 11월 16일. "나라의 재정 상황. 헝가리의 재정 현황에 대한 국무차관 센데 팔 박사의 성명."

사람이 경제적 어려움과 가난의 원인을 전쟁 상황 또는 단체의 성격이나 형편없는 운영 상태에 돌리기보다는 단체 그 자체의 탓으로 여겼다.

그러나 주어진 상황은 이들 단체를 해산하기보다는 유지하기를, 단체의 활동을 중지하기보다는 새로운 기초 위에 국가의 개입이 지속하기를 요구했다. 전쟁 중에 경제 활동을 통제하도록 만들었던 바로 그 이유로 원자재와 물자의 부족은 계속되었다.

그러므로 정말로 중요한 과제는 여러 단체를 해산하는 것이 아니라 이들을 변화시키고 민주화하는 것이었다. 왜냐하면, 이들 단체는 전쟁 중에도 계속했던 폭리 행위를 멈추고 평시 생산 체제로의 전환과 물자의 공정한 분배에 이바지해야 했기 때문이다.

'헝가리 전국 산업 연맹'과 노동자 위원회가 이들 단체의 해산을 반대했던 것은 다른 이유에서였다. '헝가리 전국 산업 연맹'은 이들 단체가 변함없이 지금까지의 역할을 계속하길 원했다. 반면, 좌익의 견해가 반영되었던 노동자 위원회는 이들 단체가 "사회주의화한 기관"으로 재조직되길 바랐다.

상무부는 이러한 사항을 고려해야 했다.

12월 14일 내각에서 거러미가 신발 단체의 해산을 요구하면서 동시에 해산된 단체의 역할을 또 다른 중앙 기관에 맡겨야 한다고 주장했던 점에서 이러한 불안정과 상황의 변화를 감지할 수 있다.

"이들 단체를 점진적으로 해산하기 위해" 정부 위원회가 조직되고,[100] "해산될 예정인 단체들의 인사 문제를 처리하기 위해" 정부 위원이 파견되는 와중에도 가장 큰 단체인 '전시 생산 유한 회사'는

새로운 본사를 건설하기 시작했다.[101]

3월 14일 회의에서 단체 문제가 논의되었다. 상무부에서 열린 이 회의에서 통상부 대표 벌카니 칼만(Balkányi Kálmán)과 하인리히 페렌츠(Heinrich Ferenc)는 이들 단체의 해산을 주장했고, 에그리 어우렐(Egry Aurél)을 위시한 몇몇은 타협을 제안했다. 반면, 급진당과 사회민주당의 센데, 에르데이, 버르거는 구(舊) 단체들을 해산하고 새로운 국영 단체를 설립하자고 주장했다. 5개월간 계속된 논쟁 끝에 얻어낸 결과는 거러미의 제안에 따라 "이 문제를 조사할" 위원회를 설립하자는 것이 전부였다.[102]

정부는 또한 세금 문제에 대한 개입을 구상 중이었다. 세제 개혁은 급진당과 사회민주당의 추진 계획 중 가장 중요한 문제였다. 10월에 개최된 급진당과 사회민주당 전당 대회는 직접세 확대, 간접세 축소 내지 폐지를 부르짖는 목소리로 들끓었다.

재무장관 센데 팔은 이미 혁명 전부터 과세 체계의 불공정에 관한 연구에 전념하여 여러 편의 논문을 발표했다. 그는 세금 제도와 계급화, 세금 부담과 계급 억압 사이에 명백한 상관관계가 있음을 지적했다.

이렇게 "공정 과세 정책"을 옹호했던 여러 제안은 노동자의 세금

---

100 내각 회의록, 1918년 11월 4일.
101 *Népszava*, 1919년 1월 17일. "여러 단체의 피고용인에 관한 정부 위원회. 정부 위원회 쿤피 얼러다르(Kunfi Aladár) 동지의 성명서." *Pesti Hírlap*, 11월 27일. "왕궁 건물."
102 *Népszava*, 1919년 3월 15일. "단체 해산."

경감과 부자 계층의 가중 과세를 주장했다.

혁명 승리 이후 센데의 성명서는 그가 이러한 추진 계획을 고수하리라는 데 의심의 여지를 남겨두지 않았다. 그는 여전히 직접세(소득세, 재산세, 상속세) 인상을 통해, 그리고 10월에 발표한 실질 재산세의 단일 징수를 통해 재정을 안정화하고자 했다.

한 네덜란드 기자가 재산세 규모에 관해 질문하자 센데는 "헝가리 역사뿐만 아니라 세계 역사에서도 전례가 없는 규모가 될 것이다."라고 대답했다.[103] 반대자들은 즉각 센데를 반박하고 나섰다. 센데의 주장이 공황을 불러일으키고 있으며, 사람들에게 재산을 국외로 빼돌리도록 박차를 가하고 있다는 것이었다. 게다가 그러한 조치는 소수 민족 지역의 부자들을 민족 분리 지지자로 돌려놓을 게 분명했다. 그를 비판하는 사람들과 달리 센데는 "헝가리 국민 대다수는 이 문제가 규명되기를 원하며, 재무장관의 단호한 성명에 오히려 안도하고 있다."고 생각했다. 세금 몇 퍼센트를 더 내는 대신 조국에 등을 돌리는 사람이 있다면, 그는 "부도덕한 반역자"라는 것이다. 어쨌든 센데의 성명서는 세계 역사에 유례가 없는 "20% 이상의 세금"이라고 할 만큼 급진적이지는 않았다.[104]

재산세 계획은 매우 더디게 진행되었다. 자본가 집단은 이 계획을 좌절시키기 위해 모든 수단을 썼다. 그들은 시간 벌기 전략을 구사했다. 그들은 이 계획을 이해하는 척, 이 계획에 "원칙적으로는" 지지

---

103 *Pesti Hírlap*, 1918년 12월 1일. "재정 상황."
104 *PI Archives*, 607 f. 6. ő. e. "1918년 12월 10일 국민 위원회 재정 분야 회의록."

하는 척하면서도 구체적 조치는 강화 조약 체결 이후에 실행되기를 바랐다. 크라운 지폐가 헝가리뿐만 아니라 이웃한 여러 나라에서 통용되었던 것도 심각한 장애가 되었다. 재산세를 많이 거두는 것만으로 새로 독립한 나라의 지폐 분리 없이 재정 안정화와 외환 문제를 해결할 수 있을지도 의심스러웠다. 재산세 문제는 헝가리에 유통 중인 지폐에 표시 도장을 찍거나 이 지폐를 새로운 지폐로 대체하는 문제와 한데 엮여 있었다. 그러나 정부는 이 문제와 관련하여 주도권 잡기를 꺼렸다. 친교를 회복하는 것보다는 분리를 도모하는 것이 당면한 문제였기 때문이었다.

세제 개혁에 관한 인민법 두 개가 공포되었다. 1919년의 법령 제2호는 나라를 떠나는 사람들이 탈세 도피를 하지 못하도록 엄격한 수단을 규정했다(삼중 과제 의무). 1919년의 법령 제24호는 전쟁 이익세의 인상을 명했다. 그러나 1월에 발표된 첫 번째 법령은 나중에 그 강도(強度)가 많이 완화되었고, 3월에 통과된 두 번째 법령은 전혀 실행되지 않았다.

정부는 재산세 일부를 국가 부채 상환에 사용할 계획이었다. 이와 관련하여 센데는 다음과 같이 말했다. "헝가리의 모든 채무를 갚는 것이 정부의 확고한 목표입니다." 이는 헝가리가 지고 있는 다른 부채는 물론이고 340~350억 크라운으로 추정되는 전쟁 부채도 모두 갚겠다는 뜻이었다.[105]

사회 복지 정책과 관련해서 정부는 사회민주당이 1918년 10월에

---

[105] *Pesti Hírlap*, 1918년 11월 16일. "나라의 재정 상태."

반복해서 주장했던 프로그램을 실현하고자 했다. 1918년의 법령 제 4호에 따라 설치된 노동 및 사회복지부 장관에 사회민주당의 쿤피 지그몬드가 임명됨으로써 이러한 의도는 더욱 명확해졌다. 장관에 임명된 후 쿤피는 본격적으로 장관 업무를 수행하기 전인 12월 10일 〈민중의 소리〉에 농업 부문에서 고용 안정이 이루어져야 한다는 취지의 직무 관련 성명을 발표했다. 주요 내용은 다음과 같다. "농민 프롤레타리아를 착취하고 노예화한 가장 부끄러운 기록"인 1898년의 법령 제2호와 1907년의 법령 제45호는 폐기해야 할 대상이다. 장애인과 은퇴자에 대한 사회 보장 제도는 농촌과 산업계 노동자들이 공동으로 요구하던 사항으로, "이를 실현하는 것이 헝가리 인민 공화국의 영광스러운 첫 번째 업무가 되어야 한다." 노동 아동의 최소 연령 제한과 미성년자 및 여성의 보호 확대 정책은 가장 중요한 추진 계획이고, 하루 8시간 노동으로 전환하는 것도 완전하게 지원 되어야 한다. 고용 안정법과 명령의 시행을 보장하기 위해 상업 감독 관 기구는 의료·여성·노동 감독관 제도로 쇄신하고 보완해야 한다. 1854년의 광산법(鑛山法)을 대신할 새로운 광산법이 제정되어야 한다. 노동자 자치에 기초한 사회 보장 제도가 확립되어야 하며, 이는 기능공·공무원·가정부 직군까지 확대되어야 한다. 동시에 질병 수당도 인상되어야 한다. 공무원의 법적 지위 규정 및 직무 개편도 이루어져야 한다. 전쟁으로 인한 부상자, 미망인, 고아 문제를 국가가 책임지는 것과 부상자들이 직접 참여하여 장애인 문제를 해결하는 새로운 접근법이 최우선 과제가 되어야 한다. 헝가리의 보건 환경을 개선하기 위해 공공 보건 문제를 국가가 관리하고 보건 부서를 지방에 분산해야 한다. 사회 복지와 공공 보건을 담당하는 행정 기구는 독자적인 지방 기구와 시설로 설립되어야 한다.

이렇게 고도로 정당화된 프로그램은 사실 수십 년 전에 만들어진 요구 사항을 구체화한 것이었다. 그러나 혁명이 진행되던 5개월간 이 원대한 계획 중에서 실현된 것은 거의 없었다.

대체로 목표는 목표로만 남았다. 정부는 주로 노동조합이 주도한 단체 협약으로 효력을 발휘하게 된 하루 8시간 노동 개념을 확립하는 데 도움을 주었지만, 이 개념이 실제 법률 제정으로 이어지지는 않았다.

새로운 원칙에 기초하여 사회 보장 제도를 법적으로 확립하는 것은 회의장에서의 토론과 논쟁 수준에 머물렀다. 사회민주당이 웅대한 계획을 제안하는 동안 산업가들은 자신들이 세운 지연 전략에 따라 사회민주당의 계획에 원칙적으로는 동의하지만, 좀 더 "적절한" 시기까지 그 실행을 미루자고 주장했다.

수상 집무실, 내무부, 농무부, 상무부, 재무부가 협심하여 창설했던 사회복지부는 실질적인 기능을 하지 못했고, 처음부터 끝까지, 즉 3월 21일까지 준비 단계인 내부 조직 상태로 머물렀다.

대규모 사회 복지 계획이 제안과 약속 단계 이상을 넘지 못했기 때문에 정부의 사회 복지 활동은 고작해야 원조와 수익을 배분한 정도에 지나지 않았다.

동원 해제된 군인들은 40일 치 급여와 식량 보조비 대신 360크라운의 제대 지원금을 받았다. (장교들은 3개월간 이 금액의 두 배를 받았다.) 석탄 부족 때문에 가동을 중지한 공장의 노동자들은 인상된 석탄

원조비를 받았다. 그 금액은 저소득층 노동자의 임금과 같거나 고소득층 노동자 임금의 80% 수준이었다. 실업 수당은 처음에 일일 10크라운이었다가 후에 일요일을 포함해서 15크라운으로 인상되었다. 11월 말 공무원 각자에게 비상 원조금 600크라운이 지급되었다. 크리스마스에 전쟁 부상자, 미망인, 고아들은 150크라운의 배당 금액 외에 가족 몫으로 50크라운씩을 추가로 받았다. 교사나 보육원 보모 같은 특정 계층의 급여가 상승한 만큼 연금도 인상되었다. 공직자 출신 피난민은 하루에 20크라운의 연금과 가족 구성원 각각에 대해 추가로 10크라운을 받았다. 피난민과 "혁명 와중에 손해를 본" 모든 사람도 배상 대상에 포함되었다. 전쟁 중 "영업에 방해를 받은" 소매상과 기능공도 원조나 대출을 신청할 수 있었고, 변호사도 "재정적 곤란을 회복하기 위해" 최대 10,000크라운까지 지원받을 수 있었다. "전쟁으로 크게 고통받은 모든 개인"은 국방부 장관의 심의에 따라 원조를 신청할 수 있었다.

재정 지원과 직접 원조를 보충하기 위해 현물 지원과 간접 원조도 활용되었다. 동원 해제된 군인의 10% 정도에 해당하는 10만여 명의 군인은 의복 징발령으로 확보한 민간 의복과 소매상에게서 압수한 물자를 받았다.[106] 육류 할인 판매, 공무원을 위한 감자 판매, 아동화 판매 등은 국가 지원을 통한 저물가 유지에 일조했다.

이런 모든 조치는 일시적으로 고통을 덜어주었지만, 모든 불만의 물결을 막기에는 역부족이었다. 특히 제대 군인이나 실업자, 장애인

---

106 *Böhm: A háborús korszak bűnei*, pp.24~26.

같은 특정 계층에게는 이러한 사실이 명백했다.

이와 같은 구제책은 정부에 큰 비용 부담을 주었지만, 정작 개인에게는 거의 의미가 없었다. (국방부 단독으로 제대 지원금에 4억 2천3백만 크라운을 지출할 정도였다.)[107]

노동 심판 위원회의 설립은 사회가 한 걸음 더 앞으로 나아갔음을 의미했다. 1918년 법령 제9호에 의해 설립된 노동 심판 위원회의 주 업무는 노동 분쟁 해결이었다. 노동 심판 위원회는 실질적으로 2월 6일부터 업무를 시작했는데, 고용인과 피고용인 양측 모두를 대리했다.

정부는 여러 회사가 계속 기업 활동을 하도록 도움을 주었고, 임금뿐만 아니라 대출금 상환 같은 문제도 폭넓게 지원했다. 궁극적으로 이러한 정부의 지원은 국가의 도움 없이는 생존할 수 없는 여러 기업을 국유화하자는 요구를 증폭시켰다. 그러나 정부는, 만장일치로 의견에 합의하거나 최종적으로 결론을 내린 것은 아니었지만, 이러한 국유화 요구를 받아들이지 않았다. 주무 장관인 거러미는, 벨기에인과 프랑스인이 탄광 대부분을 소유하고 있으며 운송 부문 일부도 프랑스인이 가지고 있다고 주장했다. 원료 생산 시설 및 운송체계의 국유화는 협상국 세력과의 관계를 악화시키고, 프랑스의 반대를 불러일으킬 터였다. 거러미는 탄광과 철도의 국유화가 이루어지지 않는다면 완제품 생산 기업을 국유화하는 것은 불가능하다고 강조했다.

---

[107] *Számvevőszék jelentése*, 부록 18번. 국방부("전쟁부"), p.9.

혁명 중에 단 하나의 중대한 "국유화"가 진행되었다. 혁명 승리의 날인 10월 31일 국민 위원회는, 산토 벨러가 어슈토리어 호텔에서 아침 일찍 서명한 부다페스트 전기 철도 회사의 인수— 모든 재산권에 전혀 손대지 않은 상태로— 에 대한 집행 명령을 내렸다. 11월 2일 내각은 이 결정을 승인하면서 "국가가 인수한 공공 도로와 전기 도시 철도의 운영권을 부다페스트 시에 넘긴다…"고 덧붙였다.[108] 11월 6일 두 민간 기업인 '공공 철도 회사'와 '도시 철도 회사'의 합병으로 '부다페스트 도시 철도 연합'이 공식적으로 출범하였다. 이후 국영 전차 서비스는 엉망이 되었고, 국유화의 위험과 어려움에 관한 선례로 간주할 수 있는 전개 과정을 보여주었다. 사회 복지와 정치적 고려 차원에서 요금은 인상되지 않았다. 부다페스트 시는 전차 운영 주체인 사회민주당 좌익 세력으로부터 이 만성 적자 회사의 인수를 거부했다. "큰 이해관계"가 걸릴 때면 자본가들로부터 지원받기를 거절하지 않던 상무부는 전차 서비스 유지에 필요한 재정을 지원하는 데에는 별로 마음 내켜 하지 않았다. 정당한 재정 지원을 확대하겠다는 노동자 위원회의 결정에 압박받은 후에야 상무부는 도움의 손길을 내밀었다.

미해결된 토지 문제

헝가리 국민 대다수를 차지하는 농민들의 희망과 요구를 충족시

---

[108] 내각 회의록, 1918년 11월 2일.

킬 수 있는 빠르고 급진적인 개혁이 결정적으로 중요하다는 사실이 명백했음에도 토지 개혁 문제에 대한 정부의 행동은 불확실과 늑장으로 특징지을 수밖에 없었다.

연립 정당들은 처음부터 기존의 병적인 토지 분배 형태가 바뀌어야 한다는 점에 동의했다. (헝가리 경작지의 1/2 이상이 지적(地籍) 100요크 이상의 사유지에 속해 있었고, 거의 1/3은 1,000요크 이상의 사유지에 포함되어 있었다.) 사회민주당은 10월 8일의 선언에서 "심대하고 급진적인 농업 개혁"을 약속했고, 부르주아 급진당은 10월 14일 전당 대회에서 "농업 개혁의 즉각 실시"를 맹세했다. 독립당은 10월 16일 제안 대회에서 "급진 토지 정책"을 내놓았고, 국민 위원회는 10월 25일 "인민에게 토지를 분배할 대규모 토지 개혁 및 사회 복지 개혁"을 다짐했다. 그러나 이러한 주장과 표어는 대부분 일반적인 내용이었고, 권력을 갈구하던 그 어느 정당도 구체적인 토지 개혁 프로그램을 가지고 있지 않았다.

혁명 승리 이후 정부는 단 한 순간도 막 일기 시작하던 농업 혁명을 이끌 생각을 하지 못했다. 정부는 농민 운동을 장려하기보다는 이를 늦추고 가능한 한 흐트러뜨리려 애썼다. 토지 분배 약속은 대중의 불만을 달래는 방향으로 고안되었다. 정부는 농민 운동을 거부하고 관료적 절차에 따라 토지를 분배하고자 했다. 부저 버르너는 후에 그의 반대파와 토론하며 다음과 같이 주장했다. "우리가 토지 분배를 약속했기 때문에 사람들이 흥분한 것이 아니오. 토지 분배가 사람들의 흥분을 가라앉힐 유일한 방법이었기 때문에 우리가 그것을 약속하지 않을 수 없었던 것이오."[109]

　11월 초, 농민에 의한 "새로운 도저 죄르지(Dózsa György. 1514년 십자군 원정에 참여했던 농민들이 지주와 귀족에 대항해 일으킨 농민 반란의 지도자로 '농민의 왕'이라 불렸음-옮긴이) 형태의 봉기"를 두려워하던 지주들은 혁명을 피하고자 기꺼이 연립 정책을 지지했다. 11월 14일 개최된 '헝가리 전국 영농 조합' 이사회에서, 악명 높던 전임 이사장 젤렌스키 로베르트(Zelenski Róbert)가 쫓겨난 뒤 임시 이사장에 임명된 미클로시 외된(Miklós Ödön)은 "신성한 재산권" 인정을 통해 사회 질서를 유지하기 위해 지주들이 불필요한 토지를 자발적으로 제공하라고 요구했다. 이사회가 끝난 후 대표단이 농무부 장관을 방문했다. '헝가리 전국 영농 조합' 대표단은 루비네크 줄러(Rubinek Gyula, 1865~1922), 베르나트 이슈트반(Bernát István), 부더이 버르너(Buday Barna, 1870~1936), 크롤로프 후고(Krolop Hugó), 그 외 여러 사람으로 구성되었다. 대표단은 "지주들이 필요 이상으로 가진 것, 그것이 없어도 자신의 생계를 위협받지 않을 모든 것을 자발적으로 제공할 것"이라고 발표했다. "감동했소." 농무부 장관 부저 버르너는 이렇게 답한 뒤 대중 연설가로서의 재능을 발휘하여 다음과 같이 말했다. "48년의 봄이 여러분을 깨우고, 48년의 정신이 여러분께 영감을 주어 여러분이 자발적으로 결정을 내려 주셨구려…"[110]

　1918년 이전 헝가리에서 1백6십만 요크 이상의 토지를 소유했던 성직자들[111]은 주교용 재산, 성직자용 재산, 기타 교회 재산을 곧 설

---

109 *Buza*, p.8.
110 *Pesti Hírlap*, 1918년 11월 15일. "새로운 토지 정책."

립될 가톨릭 자치 기구에 인도할 생각이었다. 이러한 목적으로 전국적·지역적 자치망을 설립하고, 그 구성원의 절반은 실천적인 천주교도가, 나머지 절반은 가톨릭 관구(管區)와 속구(俗區)의 사제들이 임명하기로 했다.

교회가 소유한 막대한 토지뿐만 아니라 국가 보조금으로 운영되던 대규모 교회 부속 학교도 이 기구에 배속될 예정이었다. 그러나 11월 19일 내각 회의에서 '종교 및 공공 교육부' 장관의 이러한 제안은 거절되었다. 그것이 토지 개혁뿐만 아니라 선거에도 선수를 치기 때문이라는 것이 그 이유였다. 카로이와 야시는 둘 다 이렇게 강조했다. "지금 우리가 자치 기구나 고위 성직자들과 직접 맞서야 할지 말아야 할지는 정말로 중요한 문제입니다." 센데, 부저 버르너, 버차니 티버더르는 다음과 같이 주장했다. "의회 선거에 앞서 자치 기구 선거를 시행하는 것은 매우 위험합니다." 내각은 자치 기구를 용인하긴 했지만, 이런 식으로 교회의 토지 소유 권한을 강화할 수 있는 즉각적인 기구 설립에는 반대했던 것이다.[112]

내각이 보류 결정을 내렸음에도 다음 날 에스테르곰(Esztergom)에서 개최된 주교단 회의는 정부에 대한 지지를 맹세했다. 주교단은 교황청의 승인을 전제로 한 토지 정책을 목표로, 정당한 보상을 받고 교회가 감독하던 토지를 제공하기로 했다. 그리고 헝가리 인민 공화

---

111 *Statisztikai Évkönyv 1918*, p.32. 1916년 끝 무렵의 수치에 따르면 로마 가톨릭은 1,450,620요크, 그리스 정교회는 180,811요크의 토지를 소유하고 있었다.
112 내각 회의록, 1918년 11월 19일.

국 정부에 공동 서한으로 이 결과를 알려주기로 했다. 며칠 후 카로이 미하이를 수신인으로 하고 수석 대주교와 두 명의 대주교 그리고 열두 명의 주교가 서명하여 완성한 이 서한이 언론에 공개되었다.[113]

에스테르곰 회의는 커셔(Kassa) 시(市) 주교 피셔-콜브리 아고슈톤(Fischer-Colbrie Ágoston, 1863~1925), 처나드(Csanád) 주(州) 주교 글러트펠데르 줄러(Glattfelder Gyula, 1874~1943), 베스프렘(Veszprém) 시(市) 주교 로트 난도르(Rott Nándor, 1869~1939)에게 농무부 장관과의 협상 권한을 위임하고, 토지 정책 관련 세부 정보를 주고받으라고 요청했다. 11월 24일 농무부를 방문한 주교들은, "대규모로 진행되는 토지 분배 활동"과 관련하여, 주로 보상 문제에 관심을 기울였다. 그들의 요청 사항은 다음과 같았다. 산림은 교회의 수중에 남겨두어야 한다. 모든 관구와 교구는 가사용(家事用) 토지를 소유해야 한다. 토지 가격은 평화 시의 가격을 기준으로 정해져야 한다(설비는 현 시가로 평가). 소규모 토지의 매매나 재산의 이전은 계속 허용되어야 한다. 수석 대주교는 "경제 문제에 관해서도 예리한 통찰력이 있으므로" 토지 정책에 관한 회의에 반드시 참석해야 한다. 토지에 대한 수요가 토지 분배의 유일한 원칙이 되어야 하며, 교회의 토지가 우선적인 분배 대상이 되어서는 안 된다. "진심에서 우러나온 공손함"으로 가득 찬 분위기 속에서 진행된 이 회담에서 부저 버르너는 모든 것을 약속했다. 주교들은 만족스럽게 그 자리를 떠났다. "저는 이 계획이 곧바로

---

113 *Esztergomi Prímási Levéltár*, 주교단 회의 회의록, 1909~1927. 11월 20일 에스테르곰의 수석 대주교 관사에서 개최된 헝가리 주교단 회의에서 발췌. *Budapesti Hírlap*, 1918년 11월 26일. "주교단이 토지 개혁을 목표로 교회 토지를 제공한다."

시행되리라 생각하지 않습니다. 전문가들은 수년이 걸릴지도 모른다고 했습니다." 로트 난도르는 수석 대주교에게 올린 보고서에 이렇게 적었다. 그러면서 그는 불안감도 표현했다. "장관들의 약속은 내각이 대표하는 권력과 연속성, 현 정부가 보유한 권력만큼만 가치가 있을 뿐입니다."[114]

한편, 11월 20일 농무부에서 지주 연합, 정당 대표, 전문가 등이 참여한 토지 개혁 회의가 시작되었다. 타협을 선호하던 토지 분배론자들(루비네크 줄러, 더라니 이그나츠(Darányi Ignác, 1849~1927), 베르나트 이슈트반)은 1,000요크 이상의 토지를 몰수하자고 제안했다. ('헝가리 전국 영농 조합' 이사회는 12월 11일 회의에서 5,000요크 이상의 토지 몰수는 받아들일 수 있다는 데 의견 일치를 보았다.) 그들은 개혁을 추진하는 데 여러 해가 소요될 것으로 생각했다. (어떤 사람은 20~80년을 제안하기도 했다.) 너저타디 서보 이슈트반은 분배될 토지가 무엇보다도 기존의 소규모 자작 농지를 보완하는 역할을 해야 한다고 주장했다. (이 개념은 후에 소자작농 토지 분배 프로그램에 반영되었다.) 피클레르 줄러(Pikler Gyula, 1864~1937)와 브르운 로베르트(Braun Róbert, 1879~1937)를 위시한 부르주아 급진파 대다수, 소위 조지주의자들(미국의 경제학자이자 사회 사상가였던 헨리 조지(Henry George, 1839~1897)의 사상을 신봉하는 사람들. 조지주의는 노동 생산물의 개인 소유권은 인정하지만, 토지는 사유화의 대상이 될 수 없고 모든 사람이 토지에 대해 평등한 권리를 갖는다는 사상임ー옮

114 *Esztergomi Prímási Levéltár*, 체르노치 야노시(Csernoch János)의 문서, Cat. D/C 6587. 베스프렘 주교 로트 난도르가 농무부 장관 부저 버르너와 회담한 내용에 관해 수석 대주교에게 올린 보고서. 1918년 11월 27일.

긴이)은 토지 분배에 반대하지 않았지만, 토지 문제의 핵심은 지대(地代)의 몰수에 있다고 생각했다. 그들은 토지세 부과 액수에 따라 가치를 매긴 토지 대장(臺帳)을 만들자고 제안했는데, 이 대장은 토지 몰수의 근거로 사용할 수 있을 터였다. 그들은 소위 연금 자산이라 불리던 토지 자산에 토지세를 부과하면, 대규모든 소규모든 토지를 소유한 지주들은 토지를 더욱 집약적으로 경작하는 쪽으로 자극받는다고 주장했다. 그들은 이에 더하여 "모든 사람이 토지를 소유할 자격이 있다."는 의견을 내세웠고, 토지세를 통해 농업에 종사하지 않는 사람도 토지 개혁의 이익을 얻을 수 있다고 강조했다. 버르거 예뇌를 비롯한 몇몇 사회민주당원은 이러한 생각 쪽으로 마음이 기울었다. 러다니 레죄(Ladányi Rezső) 같은 사람은 수정주의자 에두아르트 다피트(Eduard David, 1863~1930. 독일 사회민주당의 수정주의파 지도자로 바이마르 공화국 초기에 내무부 장관을 역임했음－옮긴이)를 좇아 사유 재산에 기초한 소자작농 견해를 취했다. 사회민주당 내에 존재하던 또 다른 세력은 소액 재산 제도에 반대하는 태도를 보였다. 이들은 "토지를 잘게 나누면 농민들이 보수적, 더 정확히 말하자면 반동적이 될 것"이라는 점을 강조했다. 치즈머디어 샨도르(Csizmadia Sándor, 1871~1929)를 비롯하여 이 견해를 지지하던 사람들은 토지 분배가 집단 농장과 공공 재산의 확대로 이어지기를 바랐다.

9일간 진행된 회의의 결과로 토지 개혁 문제가 12월 8일 내각에 상정되었다. 내각은 인민법 초안을 다루는 대신 농무부가 제출하고 이미 전문가 회의에서 논의된 28개 조항에 집중했다. 논의 도중 농무부 장관 부저 버르너는 1,000요크의 토지 한계선과 몰수 토지에 대한 보상―1913년 이전의 평균 가격과 몰수 이전의 유효 시장 가격으로 계산한―을 제안했다. 카로이는 집약적으로 운영되는 농업, 어업, 광업, 양조업, 사탕무 제조업 등의 거대 자산을 잘게 나누는 것은 바람직하지 않다고 설명했다. 카로이는 이러한 자산이 "그 자산의 주인이 일부를, 국가가 다른 일부를, 그리고 노동자가 나머지를 소유하는" 공동체 자산으로 바뀌어야 한다고 주장했다. 그는 이러한 원칙이 제조 회사와 탄광으로 확대되어야 하며, 만약 그렇지 못할 경우 농업 분야에서도 이를 받아들일 수 없을 것이라고 덧붙였다. 쿤피 역시 무슨 일이 있어도 토지 분할에 반대한다는 태도를 보였다. "생산의 측면에서 특히 중요한 대규모 토지는 변화된 정치 구조하에서 협동을 원칙으로 노동자·농민이 소유하는 형태로 유지되어야 하며, 이러한 원칙을 보장하는 조치가 토지 개혁과 더불어 시행되어야 합니다." 야시도 1,000요크는 너무 높다며 몰수 한계를 조정하자고 제안했다. 보상 문제에 관하여 쿤피는 교회 재산에 대한 보상은 없어야 한다는 태도를 견지했다. 교회 재산은 국가의 자산이며, 따라서 "아무런 보상 없이 회수되어야 할" 대상이기 때문이라는 것이 그 이유였다. 부저 버르너가 회피하는 듯 답변하자 쿤피는 다음과 같이 발언했다. "법이 이 문제를 다루지 못한다면, 정부에 참여하고 있는 사회민주당원은 단 일 분도 그 자리에 남아 있을 수 없소." 쿤피 역시 국가가 몰수한 대규모 토지에 대해 "불변 교환 가치를 부여"하는 것에 반대했다.[115]

---

115 내각 회의록, 1918년 12월 8일.

내각은 1,000요크의 한계선을 일반 토지에 대해서는 500요크로, 교회 토지에 대해서는 200요크로 낮추었다. 그리고 보상 문제에 관해서는 현재의 평가액으로 보상하며, 재원은 부유세를 통해 조달하는 방안을 받아들였다. 이렇게 하면 일정액 이상의 보상금은 100% 회수할 수 있을 터였다. 내각은 세속화 문제에 관해 8가지 사항을 토의했으나 결정을 내리지 못하고 논의를 다음 내각 회의까지 중단하기로 했다.

농무부 회의와 내각 회의의 논의 과정은, 토지 문제에 관해 대립 계층 간에 명백한 의견 일치가 있음에도 동시에 깊은 균열이 존재한다는 사실을 명확히 드러냈다. 부저 버르너가 농무부 회의의 서두에 말했던 "함께 나아가는 헝가리인"은 실현이 거의 불가능해 보였다. 특정 조직이나 정치 정당조차도 무엇을 해야 할지에 대한 합의가 없다는 점 역시 명백했다.

이후 내각에서의 논의는 한동안 진행되지 않았다. 토지 개혁 문제는 정부 차원의 논의 대신 12월 말 노동자 위원회의 손으로 넘어갔다. 무엇보다도 사회민주당 내에서 상황을 명확히 할 필요가 있었던 것이다. 12월 20일 노동자 위원회는 사회민주당과 농업 노동자 연맹이 채택한 토지 개혁 제안서 초안을 통과시켰다. 12월 26일 '농업 노동자 및 소지주 연맹 전국 대회'에서 승인된 이 제안은 다음과 같은 중요한 요구 사항을 담고 있었다. 단일 실질 부유세의 최고치는 100%이다. 개인은 500요크까지, 교회는 200요크까지 토지를 소유할 수 있다. 부유세나 몰수를 통해 국가가 소유하게 된 토지는 회수 가능한 종신 임대 형태로 분배한다. 토지 신청자는 1/2요크에서 12

요크까지 토지를 분배받을 수 있지만, 우선권은 삽과 곡괭이를 쓰는 사람들의 조합에 있다. 대규모 토지에 유리하게 적용되던 지적(地籍) 토지세는 폐지하고, 신(新)토지세 또는 지가세(地價稅)를 도입한다. 국가는 몰수한 재산에 대해 토지 평가액에 상응하는 금액을 (시장에서 거래할 수 없는) 기명 연금 채권의 형태로 지급한다.

쿤피 지그몬드와 치즈머디어 샨도르가 각각 노동자 위원회와 '농업 노동자 및 소지주 연맹 전국 대회'에서 설명한 사회민주당의 농업 정책은 사회민주당 내의 다양한 견해를 절충한 방안이었다. 이 안은 기본적으로 급진주의자들에게서 가져온 조지주의 견해(부유세, 종신 임대, 토지세)가 카우츠키(Karl Johann Kautsky, 1854~1938)의 대규모 농장(노동자 협동조합) 개념에 자리를 물려준 격이었지만, 농민의 사유재산을 요구하는 소지주 개념(회수 가능한 종신 임대 형태)을 포함하고 있었다.

1월 4일 국민 위원회 특별 재정 소위원회가 토지 개혁 문제를 다루는 등 여러 회의가 부다페스트에서 계속 진행되었지만, 11월 초에 이미 무장 경찰에 의해 환상이 깨져버린 농민들은 조바심 어린 회의적인 시선으로 사태의 추이를 지켜보고 있었다.

이러한 불안한 상황을 보여주는 한 가지 예로 여러 곳에서 농부들이 농사 도구를 내려놓고 가을걷이를 미루던 현상을 들 수 있다. 모리츠 지그몬드(Móricz Zsigmond, 1879~1942. 소설가. 사회 사실주의자. 주로 헝가리 농민의 삶과 빈곤 문제를 다룸-옮긴이)가 당대에 발표했던 '대평원' 지역에 관한 보고서를 보면, 가난한 농민들은 한 줌의 수입원이었던 농사일을 거부하면서 자신들의 조직을 통해 보상 없이 즉각적으로 토지 분배가 이루어지기를 기대했다. 지주들도 가을걷이를 재촉하지 않았다. 수확물이 누구의 것이 될지 알 수 없었기 때문이었다. 몇몇 지주는 산업계에서 그랬던 것처럼 토지와 가축을 팔아 자신의 자본을 거두어들이려 애썼다. 그들은 휴업과 그로 인한 불편한 상황을, 한편으론 토지 개혁을 약속한 정부의 탓으로, 다른 한편으론 그들이 보기에 비현실적으로 높은 임금을 요구하는 농장 일꾼과 농업 노동자의 탓으로 돌렸다.

11월 7일 농무부는 농민들의 불안감을 달래기 위해 토지를 요구하는 퇴역 군인들의 등록을 명령했다. 11월 15일에는 "소자작농 확산을 위한 임시 조치"에 관한 법령을 발포했다. (이 법령은 이런 식으로 획득한 토지를, 공공 치안을 담당하는 기관에 복무하거나 공공질서 유지에 적극적으로 참여한 퇴역 군인들에게 우선하여 분배하고자 했던 농무부에 선매권을 보장해 주었다.)[116] 11월 말과 12월 초 "대중의 불만을 잠시라도 잠재우기 위해" 지주들에게 토지 일부를 "온건한 임대 조건으로 또는 공동 경작을 위해" 자발적으로 양도하라고 요구하는 비밀 회보가 나돌았고, 이와 관련된 또 다른 법령이 발포되었다.[117] 다른 한편에선 "일하는 자가 땅을 얻게 될 것"이라며 농민에게 일손을 놓지 말라고 요구하는 호소도 끊이지 않았다. 정부는 지주들도 달래려 애썼다. 부저버르너는 토지뿐만 아니라 장비도 보상을 받게 될 것이므로 "사람들

---

116 *Rendeletek Tára 1918*, pp.2244~2245. "소자작농 확산을 위한 임시 조치"에 관한 헝가리 정부 법령 5300/ME/1918.
117 *Rendeletek Tára 1919*, Vol. I, p.246. 헝가리 내무부가 모든 주지사와 정부 위원에게 배포한 "토지 개혁 준비 과정의 국민 위로 방책"에 관한 회보 137262/1918.

이 농사 장비를 못 쓰게 해서 더는 토지 경작을 할 수 없도록 하는 것이 아무런 의미가 없다."며 지주들을 안심시켰다.[118]

이러한 호소에 대해 거의 반응이 없었다. 회보와 성명서에도 불구하고 1918년 가을에 옥수수, 당근, 감자 등은 거의 수확되지 않았다. 몇몇 비공식 자료는 그해의 가을 경작량과 겨울 파종량이 이전 해의 35~40%에 불과하다고 평가했고, 또 다른 자료는 이 수치가 50% 정도에 이른다고 주장했다.[119]

동원 해제와 군대 재조직을 둘러싼 논쟁

처음부터 군대는 정부에 큰 골칫거리였다. 동원 해제가 주로 경제적 차원의 문제였다면, 군의 재조직은 근본적으로 정치적 문제였다. 이를 둘러싼 주요 논쟁은 새로운 군대가 친혁명적인가 아니면 반혁명적인가, 라는 군의 성격에 관한 것이었다.

"군국주의식으로 훈련받은 구식 군대"를 잠시 국민 경비대로 대치하고, 나중에 지원자로 "공화국 경비대"를 조직하여 새로운 "방위군"을 설립하자는 린데르의 구상은 즉각적인 공격을 받고 폐기되었

---

118 *Értekezlet*, p.68. "농무부 장관 부저 버르너의 연설." 1918년 11월 22일.
119 *Értekezlet*, p.67. "거러 미클로시(Gara Miklós)의 투고문." *Népszava*, 1919년 1월 5일. "농업 상황. 루비네크 줄러의 성명서." *Népszava*, 1919년 1월 24일. "대지주들의 의도적인 태업 방침 채택." OPB 자료. 거러 미클로시는 파종된 면적이 경작 가능한 토지의 50% 정도라고 추정했다. 반면 루비네크 줄러는 40%, OPB는 35~40% 정도로 어림했다. 터카치(Takács J.)도 그의 책 *A földmunkásmozgalom története*에 비슷한 수치를 기록해 놓았다. p.135.

다. 현역 장교뿐만 아니라 군인 위원회도 이를 반대했는데, 군대를 없애는 계획이 이 혁명적인 조직의 존재 자체를 위협하는 것이기 때문이었다.

11월 초에 국방부는 동원 해제와 관련한 새로운 지침을 세웠다. 이 지침에 근거한 명령에 따라 나이가 어린 순으로 다섯 개의 연령 집단(1896년 이후 출생)은 해산되지 않고, 당분간 국방부의 처분에 맡겨졌다. 다섯 개의 연령 집단을 유지하는 계획은 린데르의 구상과 어긋나는 것으로, (후에 반혁명 정권에서 수상을 역임하게 되는) 프리드리히 이슈트반이 제안한 것이었다. 프리드리히 이슈트반은 10월 31일 혼란스럽던 혁명의 와중에 카로이의 추천으로, 공식적인 승인 없이, 국방부에 입성해 있었다.

11월 5일 내각 회의에서 린데르는 프리드리히의 면직을 요구하면서, 무엇보다도 국무차관으로 행동하고 있는 프리드리히가 그 직위에 공식적으로 임명되었는지 알고 싶다고 말했다. 내각은 린데르의 의견에 동의했고, 프리드리히가 그 직위에 "임명되지 않았다."고 분명하게 말했다. 이런 일이 있은 후, 다섯 개의 연령 집단을 유지하는 법령과 국민 경비대에 관한 또 다른 법령이 제출되자, 이 법령이 국방부 장관을 비켜가긴 했지만, 린데르는 '그림자 내각'이 이미 내각에서 가동을 시작했다는 구실로 자신의 사임을 요청했다. 그리고 그는 유지해야 할 연령 집단이 30만 명에 이르며, 이는 이론적으로 협상국 세력이 허용한 숫자의 두 배라고 주장하면서 검토 대상 법령을 비판했다. 젊은 세대는 훈련이 부족하고, 반정부 활동에 쉽게 이용될 수 있을 터였다. 경찰력의 부족으로 이들의 소집 명령이 잘 실행되지 않을 수도 있고, 만약 누군가 정부의 명령에 불복종하고도 처벌을 받지 않는다면 이는 궁극적으로 정부의 권위를 손상할 것이 었다. 국민 경비대에 관한 법령은 각 대원의 일당을 30크라운으로 규정했는데, 이는 가장 많은 임금을 받는 산업 노동자의 일당보다 높은 수준이었다.

내각은 국무차관 프리드리히, 뵘, 페녜시 — 뵘은 동원 해제 문제를, 페녜시는 국민 경비대 문제를 책임지고 있었다 — 를 접견한 후 11월 9일 린데르의 사임을 받아들였지만, 그가 정무장관으로 계속 내각에 남아있도록 결정했다. (내각은 린데르에게 국외에서 강화 조약에 대비한 협상을 지속하는 역할을 부여했다.) 프리드리히는 국방부에서 다른 부서로 전출되었다. (그러나 린데르는 몇 주 뒤 새로운 보직도 사임했다. 반면, 프리드리히는 내각의 결정에도 불구하고 이후로도 상당히 오랫동안 국무차관의 업무를 계속했다.)

린데르의 뒤를 이어 버르터 얼베르트(Bartha Albert, Kolozsvár, 1877~1960) 중령이 국방부 장관에 임명되었다. 버르터는 10월 말에 테메슈바르 지역 군 사령부의 총 참모장을 맡고 있었고, 10월 31일 바나트 지역에서 인민 위원회를 설립하는 데 참여했던 인물이었다. 그는 군사 위원으로서, 나중에는 정부 위원으로서 혁명 이후 법과 질서를 회복하기 위해 강력한 조치를 취했을 뿐만 아니라, 지방의 사회민주당 지도부와도 협력할 수 있었기 때문에 국방부 장관으로서는 안성맞춤이었다. 게다가 그는 바나트 지역 조직을 이끌던 로트 오토(Róth Ottó)를 통해 이미 혁명 전에 부다페스트 사회민주당 지도부와 관계를 맺고 있었다.

11월 11일 국방부 장관에 임명된 버르터 얼베르트는 군대, 국민 경비대, 시민 경비대의 설립에 관한 일반 명령을 승인했다. 이 일반 명령은 프리드리히의 구상에 준하여 "다섯 개 연령 집단의 유지 및 소집을 통해 군대를 구성한다."라고 규정되어 있었다.[120] 며칠 후 내각도 이러한 취지의 소집 명령을 내렸다.

11월 11일의 법령은 국민 경비대의 일당을 30크라운에서 10크라운으로 삭감했다. 이 조치는 이해 당사자들에게 상당한 불만을 불러일으켰고, 이전에 일당이 부당할 정도로 높게 책정되었던 때와 마찬가지로 많은 혼란과 문제의 원인이 되었다.

12월 2일 버르터는 군인 위원회와 사회민주당의 요구에 양보하여, 군인 위원회와 군대에 새로운 규율을 적용하는 신(新)법령의 공포를 승인했다.

군인 위원회에 관한 법령은 군인 위원회의 기능을 합법화하고, 이 조직 자체와 조직의 권한에 대한 정의를 내렸다는 점에서 중대한 의미를 지니고 있었다. 이 법령은 각 중대와 단위 부대마다 5명의 간사—장교 1명, 사병 4명—를 선출하도록 했다. 상위 단위의 간사 모임은 비밀 투표로 선출된 간사들로 구성되었다. 부다페스트 군인 위원회는 모두 부다페스트 주둔군에서 선출된 간사들로 구성되었다. 지방 주둔군의 군인 위원회도 비슷한 방식으로 구성되었다. 법령에 따라 군인 위원회의 목적과 업무가 다음과 같이 정의되었다. "군

---

[120] *Rendeletek Tára 1918*, pp.2231~2234. 헝가리 민주 독립국의 국내 질서, 개인의 안전, 재산 보호, 법과 질서의 수호 기관에 관하여 헝가리 정부가 발행한 회보 5220/ME/1918.

인 위원회는 헝가리 인민 공화국의 모든 시민에게 보장된 사회적 보호권을 장교와 일반 사병에게 제공하는 감독 기관이다." "군인 위원회의 목표는 혁명 달성을 보장하는 것이다." 군의 규율에 관한 법령은 "수갑과 태형" 대신 새로운 민주적 기강 정립을 도모했다. 이 법령의 가장 중요한 조치는 간사들이 선출한 배심원단에게 징계 처분 집행권을 부여한 것이었다.[121]

12월 1일 일반 군인에 대한 연금 퇴직 방안이 발표되었는데, 이는 한편으론 대중의 정서에 부응하고 다른 한편으론 정부의 지위를 강화하려는 조치였다. 이는 또한 젊은 장교들의 열망과도 연관되어 있었다.

그러나 새로운 국방부의 활동을 단지 이러한 조치만으로 특징지을 수는 없다. 버르터는 열성적인 장교들의 의견에 동조했다. "나는 너희와 같이 살고, 너희 곁에 있으며, 너희와 운명을 같이 할 것이다!"[122] 11월 11일 버르터는 현역 및 재입대 장교들의 집회에서 이렇게 선언했다. 그는 진짜로 그렇게 할 생각이었다. 버르터는 장교단, 대학 학군단, 세케이 족(주로 트란실바니아의 산악 지대에 거주하며 중앙 권력으로부터 자유와 독립성을 인정받았던 민족 – 옮긴이)과 대평원 지역의 후사르(Huszár, 헝가리의 경기병 – 옮긴이) 군단, 기타 이와 유사한 여러 단체의 설립 활동을 전개했다. 버르터는 유효 병력의 25%를 재입대

---

121 *Rendeleti Közlöny*, 1918년 12월 11일. 32204/1981/HM. 군 간사 시스템과 군인 위원회의 규정에 관하여. 32203/1918/HM. 군대 규율에 대한 새로운 규정에 관하여.
122 *Pesti Hírlap*, 1918년 11월 12일. "군인들 집회를 열다."

한 장교들로 채우고자 했다. 그래서 군인 위원회에 관한 법령의 공포
와 동시에 소위 비상 군단의 조직에 관한 비밀 지령이 국방부에서
준비되었다. 12월 7일 발송된 비상 군단에 관한 법령은 무엇보다도
다음과 같은 내용을 담고 있었다. "구역당 비상 보병 1개 대대, 기병
1개 대대, 야전 포병 1개 중대, 산악 포병 1개 중대를 다른 군사
단위와는 별도로 배치한다. 경험 많은 장교들이 이 조직을 구성한다.
지원자들만 비상 군단에 소속될 수 있으며, 이들은 신중하게 선발되
어야 한다." 지원 행위를 추동하는 힘은 "명예를 존중하는 헝가리인
의 자존심"이다. "불온한 자를 받아들여서는 안 된다." 다섯 개 연령
집단에서라도 이런 불온한 자들은 "복귀 날짜가 정해지지 않은 휴
가"를 보내야 한다. 비상 군단은 최고의 장비를 갖춰야 하며, 만약
다른 방안이 없다면 "소집된 다섯 개 연령 집단의 비용을 줄여서라
도" 이를 달성해야 한다.[123]

혁명 당시 버르터는 자신의 군 조직 활동이 반혁명을 목표로 하고
있음을 인정하지 않았다. 그러나 그는 10여 년 후 회고록에 이 사실
을 자랑하면서 특별히 강조하기까지 했다. "나는 비상 군단과 장교
단을 설립하기로 마음먹었다. 나는 후에 독일에서 노스케(Gustav
Noske, 1868~1946. 1918년 독일의 킬에서 혁명이 일어나자 반혁명 부대를 편
성하여 공산파의 봉기를 진압하고 국방부 장관을 역임한 인물−옮긴이)가 스파
르타쿠스 운동을 절멸하는 데 활용했던 것과 비슷한 조직을 만들고
자 했다. 나는 내 책임 아래 명령을 내렸다… 그리고 이를 정부조차

---

123 내각 회의록 40, 항목 II, p.796. 헝가리 비상 군단 창설(32243/pres. 1-1918).

도 눈치채지 못하도록 했다. 나는 전적으로 신뢰하는 성실한 동료 로르크스(Lorx Viktor, 1873~1922) 장군과 모양새를 갖추기 위해 군인 위원회와 협상하기로 했지만, 이 협상은 군인 위원회를 해체할 비상 군단과 장교단이 설립될 때까지만 지속하기로 했다."[124]

국방부에서 흘러나온 정보는 혁명에 동조하던 일반 사병들을 불안케 했는데, 장교단의 조직에 관한 소식은 다른 경고성 사건들과 함께 이러한 분위기를 더욱 고조시켰다.

11월 말에 경찰은 10월 봉기의 지도자들에 대한 소송을 제기했고, 슬로바키아에서 귀환하는 해군 국민 경비대의 해산을 시도했다.

12월 초 독립당의 우익 세력은 정부의 활동과 급진적 조치를 날카롭게 비판하며 공격을 개시했다.

12월 8일 자 〈민중의 소리〉는 첫머리 기사로 어떤 이는 장교단의 설립을 주장하고, 다른 이는 정부에 보수 정책을 따르고 반동분자와 결탁하라고 요구한다는 내용을 실었다. 이튿날 후 〈민중의 소리〉는 다음과 같이 반복해서 보도했다. "일군의 열성적인 장교들이 비밀회의를 개최하고 왕정주의 표어를 양산하는 등 수상쩍은 방식으로 일을 처리하려 한다."[125]

믿을 만한 소식통은 국방부가 즉결 심판을 발표할 계획이라고 보도했다.

다른 소식통은 국방부가 부다페스트 주둔군 병력을 현재 규모의

---

124 *Neues Wiener Journal*, 1928년 7월 1일. "Wie ich gestürzt wurde."
125 *Népszava*, 1918년 12월 10일. "백군(白軍)."

1/3로 줄이라는 비밀 명령을 내렸다고 전했는데, 이는 병사들에게 심각한 불안감을 불러일으켰다.

11일과 12일 각 병영은 흥분한 병사들의 집회로 들끓었고, 간사들은 시위에 나설 것을 제안했다. 12일 아침 집회 후에 혼베드(Honvéd) 제1연대, 제32보병여단, 포병 2개 중대, 해군 경비대 등 주둔군 약 8천여 명이 거리로 나섰다. 적색, 적색-백색-녹색 깃발을 들고 붉은 장미 매듭으로 장식한 시위대는 카로이 미하이를 연호했고, 버르터의 해임 — 버르터의 사임은 이미 전날 저녁에 내각에서 결정되었다 — 을 요구하면서 밀집 대형으로 부다 성을 향해 나아갔다. 부다 성에서 군인들은 국방부 건물과 수상 집무실 앞의 디스(Dísz) 광장과 성(聖) 죄르지 광장에 늘어섰다. 국방부 건물 난간에서 (후일 반혁명 시기에 수상을 역임하게 되는) 참모 장교 굄뵈시 줄러(Gömbös Gyula, 1886~1936)가 무언가를 말하려 했지만, 병사들은 내각 경력 장교들을 거들떠보거나 그들에게 귀를 기울이려 하지 않았다. 굄뵈시의 출현은 분노의 감정을 자극했고, 그의 목소리는 외침의 홍수 속에 파묻혔다.

후에 부다페스트 군사령관을 맡게 되는 모오르 팔(Moór Pál)이 간사 조직체의 이름으로 주둔군 각서를 카로이에게 제출했다. 카로이는 병사들의 요구를 받아들이겠다고 약속했다. 7개 조항으로 함축된 요구 사항은 다음과 같았다. 버르터의 사임에 따른 후속 조치로 민간인 장관을 임명할 것, 참모들은 해고하고 국방부를 다시 조직할 것, 군인 위원회에 관한 법령을 실질적으로 집행할 것, 장교단을 즉각 해산할 것, 일반 사병이 자신을 지휘할 장교를 재능과 경험에 따라

선출하도록 허용할 것, 일반 사병이 재능과 경험이 풍부하다면 장교
가 될 수 있도록 할 것, 생활에 적합하도록 막사를 보수하고 사병들
에게 충분한 식량을 보장할 것. 대표단이 방문을 마친 후, 카로이
미하이와 너지 빈체(Nagy Vince, 1886~1965)가 정부를 대표하여 군인
들에게 연설했다. 포가니 요제프는 군인 위원회 본부 건물 창가에서
다음과 같이 열변을 토해냈다. "이러한 요구에 우리의 흥망이 달려
있다." 그의 웅변은 끝없는 환호로 이어졌다.[126]

부다페스트 주둔군의 행진은 민주 세력의 행동이 반혁명 움직임
을 막을 수 있다는 것을 보여 주었다. 한편으론, 포가니가 시위를
조직했다고 자기 당에서도 공격받았던 사실 — 거러미가 포가니를
가장 신랄하게 비난했다 — 과 장교단의 규모 그리고 그들의 닳고
닳은 여러 수법은, 종종 부당하게 과소평가 당하기는 하지만, 반혁명
의 기회와 세력이 만만치 않았음을 보여주고 있다. 12월 12일 혁명
세력이 승리를 거두었지만, 투쟁은 결코 끝나지 않았다. 궁극적으로
군대 문제를 둘러싼 대립 세력 간의 충돌은, 다른 영역에서와 마찬가
지로, 명확한 결론보다는 교착 상태로 귀결되고 말았다. 정부는 반혁
명 세력을 비난했지만, 행진 역시 비난했다. 버르터가 떠난 후 국방
부 장관직은 빈자리로 남았고, 카로이 자신이 임시로 국방부 업무를
책임지게 되었다.

---

[126] *Népszava*, 1918년 12월 13일. "부다페스트 주둔군의 시위."

5

다민족 국가의 붕괴

소수 민족에 양보함으로써 그들과 타협하려 했던 카로이 정부의 구상은 협상국 세력이 보인 태도로 말미암아 부질없는 계획이 되고 말았다. 민족부(民族部) 장관이었던 야시 오스카르는 그의 구상이 당시와는 다른 환경에서 배태된 것으로, "현재의 세력 균형에서 지지받지 못 한다."는 사실을 잘 알고 있었다.[127] 그럼에도 야시는 한동안 자신의 직책을 유지했다. 최소한 자신이 원하던 것의 일부라도 실현되리라는 희망을 버리지 않았기 때문이었다. 11월 초 학자, 작가, 예술가를 위시한 일군의 헝가리 지식인들이 자유 연방을 옹호하는 호소문을 작성하고, 국민 위원회에 이러한 연방을 만들기 위해 이웃나라의 국민 위원회와 관계를 형성하라고 요구했다. 야시는 이 호소문을 발표하는 데 동의했다. 그는 현재 상황에서 이러한 구상이 실현될 가능성이 없다는 이유만으로 이 호소문을 보류하는 것이 정당화

---

127 O. Jászi, *Visszaemlékezés a román nemzeti komitéval folytatott aradi tárgyalásaimra*, Cluj-Kolozsvár 1921.

될 수 없다는 점을 잘 알고 있었다.

크로아티아–슬라보니아 그리고 보이보디나

카로이 정부가 들어서자 여러 측면에서 민족 문제가 안정화되었다.

10월 29일 크로아티아 의회는 헝가리로부터의 분리를 선언했다. 정부는 벌러 얼러다르를 자그레브 대리 공사에 임명함으로써 사실상 분리를 인정했다. 베오그라드 회담에서조차 헝가리 대표는, 크로아티아–슬라보니아는 제외하고 (강화 조약에 서명할 때까지 헝가리가 고수하기를 원하는) "현재 국경선"이 논의되어야 한다고 강조했다.

이런 상황에서 11월 초에 대두한 현안은 관련 지역과 헝가리 사이에 어떤 형태의 법적 연대(連帶)가 남게 될 것인가 하는 문제보다는 오히려 크로아티아–슬라보니아의 미래가 어떻게 전개될 것인가, 남슬라브 사람들의 통합이 새로운 국가 유고슬라비아의 틀 안에서 어떻게 진행될 것인가 하는 문제였다.

분리 선언 이후, 한때 제국의 영토였던 남슬라브 지역은 혼란과 불확실함이 줄어들기는커녕 더욱 늘어만 갔다.

전체 인구의 4/5를 차지하던 농민과 1/8에 해당하던 노동자의 항의 운동은 여전히 사회적 문제가 주된 관심사였다.[128] 자발적인 농민

---

128 *Szücsi*, p.10. 버이저 요제프 쉬치(Bajza József Szücsi)는 토지의 상태뿐만 아니라 소수 민족의 인구 분포에 대해 주목할 만한 수치를 남겼다. 이를 따르면, 1900년 크로아티아 인구의 3.8%는 헝가리인이었고, 5.6%는 독일인이었다. 반면, 100요크 이상 토지 소유자의 36.9%와 54.8%, 1,000요크 이상 토지 소유자의 28.5%와 31.7%

운동은 주로 경제적 사안을 목표로 하고 있었고, 정치적인 차원에서는 민주적 개혁을 요구했다. 노동자 위원회 조직, 공장 점유, 지역 차원의 소비에트 설립 등 노동 계급의 투쟁 역시 권력을 잡으려는 열망을 반영하고 있었다.

민족적 열망은 비교적 한정된 계층, 즉 민족주의적 꿈을 실현함으로써 직업을 얻거나 승진을 하거나 정치적 경력을 쌓기 원하던 지식층이나 사무직 종사자 등이 주로 소리 높여 부르짖었다. 이들의 민족적 열망은 주로, 자신의 부와 권력을 위협하는 대중 운동을 다른 방향으로 돌리기 원하던 지배 세력과 도시 부르주아의 지지를 받았다. 지배 세력 내의 다양한 이해관계 때문에 이와 관련한 의견은, 세르비아의 패권을 인정함으로써 독립을 쟁취하자는 대(大)크로아티아 구상부터 어떠한 희생을 치르더라도 통일을 이루겠다는 생각까지 폭넓게 퍼져 있었다.

여러 주에 걸친 논쟁 끝에 대(大)세르비아 운동이 다양한 견해를 제치고 주도권을 잡았다. 이것은 제국의 잔해 속에서 태어난 이 남슬라브 국가의 프레찬(Prečan) 부르주아(사바강과 세르비아 국경 너머에 거주하던) 세력이 미약했던 것에 근본적인 원인이 있었다.

여러 부르주아 정당의 대표들로 구성된 자그레브의 국민 위원회에 약간의 사회민주주의자가 참여하는 것만으로는 해산된 제국 군대로부터 새로운 군대를 성공적으로 재조직하는 것이 명백하게 불가능했다. 이미 11월 2일에 남슬라브 지도자들이 평화주의 원칙을

가 헝가리인과 독일인이었다(pp.27~28).

공표하지 않고 국가 총동원령을 내렸음에도 중앙 권력의 이러한 시도는 부다페스트와 자그레브에서 모두 좌절되었다. 믿을만한 무장 경찰과 군대가 부족했던 크로아티아 국민 위원회(narodno vijeće)는 "질서와 평화"를 위협하는 대중 운동에 대해 단호한 행동을 취할 수 없었다. 그들은 슬로베니아, 이스트리아, 달마티아 해안에 대한 이탈리아 정부의 늘어가는 요구 사항과 이탈리아 군대의 진군 상황을 무력하게 바라보았다. 새로운 국가에서 이전의 행정 기구는 거의 작동하지 않았고, 교통 체계는 멈춰버렸으며, 경제는 바닥을 기고 있었다. 보스니아, 헤르체고비나, 달마티아에서 중앙 정부(국민 위원회의 집행 위원회)의 영향력은 거의 눈에 띄지 않는 수준이었고, 보이보디나에는 그나마도 전혀 존재하지 않았다.

자신들의 허약함을 잘 알고 있었던 국민 위원회는 이미 11월 초에 협상국 세력에 무정부 상태를 막을 수 있도록 도와달라고 요청했다. 국민 위원회는 이탈리아의 팽창 열망을 견제하기 위해 세르비아 군대 ─ 어쨌든 그들 쪽으로 다가오고 있던 ─ 를 초대했다. 자그레브 주재 헝가리 대리 공사를 따르면, 11월 중순 무렵에 이미 세르비아 정규군이 크로아티아 지역의 치안을 맡고 있었다. 크로아티아에 입성한 세르비아 병력은 약 4만 명 정도였고, 보스니아와 헤르체고비나에는 약 3만 명이 주둔했다.[129] 새롭게 태어난 이 남슬라브 국가가 크로아티아인 우세 지역인 메지무르예(Medimurje) 주(州)를 점령하지

---

129 *Pesti Hírlap*, 1918년 11월 22일. "남슬라브의 혼미. 베오그라드의 헝가리 대리 공사가 남슬라브 상황에 대해." *Bajza*, p.111.

못하고, 지방 농민의 봉기 진압을 헝가리 당국에 맡겨 두었던 사실에서 이 중앙 정부의 허약함을 엿볼 수 있다. (국민 위원회는 원칙적으로 달마티아의 점령을 반대하지 않았으며, 이들이 유일하게 요청했던 사항은 가능한 많은 영국군과 미국군을 그곳에 보내달라는 것이었다.)

이탈리아와 세르비아 정부의 유보 요청을 받아들인 협상국 세력이 제국의 잔해 속에서 태어난 이 남슬라브 국가의 승인을 거부하는 바람에 상황은 더욱 복잡해졌다. 헝가리 외에 크로아티아와 외교 관계를 수립한 나라는 오스트리아와 체코슬로바키아밖에 없었다.

불리한 대내외 정세, 혁명과 이탈리아에 대한 두려움 때문에 세르비아와 크로아티아의 연계 추세는 더욱 강화되었다. 부르주아 세력은 크로아티아가 세르비아와 한패가 됨으로써 한편으로는 법과 질서를 되찾고, 다른 한편으로는 그들이 비록 지난 4년간 중부열강 편에서 싸웠지만, 이제는 승자의 편에서 전쟁을 끝마칠 수 있기를 기대했다. 세르비아군의 존재는 고려해야 할 또 다른 중요 요소였는데, 논쟁이 계속될 경우 이탈리아에 위협받던 지역과 세르비아계 주민들이 국민 위원회와 별도로 독자적인 연합을 선언할 가능성이 있기 때문이었다.

그리하여 국민 위원회의 실행 위원회는 이전의 협상을 무시하고 달마티아와 보스니아 대표부가 제시한 방안을 채택했다. 11월 24일 실행 위원회는 세르비아와의 즉각적인 결합을 지지한다고 선언했다. 심야까지 계속된 회의에서 농민당 당수 라디치(Stjepan Radić, 1871~1928)만이 실행 위원회의 결정에 반대표를 던졌다. 다음 날 농민당 모임에서 라디치는 공화국 선포와 크로아티아의 완전한 독립을 주장하며, 국민 위원회의 결정이 무효라고 선언했다. 재조직된 법률당(法律黨)을 위시한 몇몇 크로아티아 부르주아 민족주의 집단, 잡지 '오브조르(Obzor)'를 중심으로 세력을 형성했던 성직자와 지식인들, 여기에 소수의 민주주의자까지 이와 비슷한 태도를 견지했다. 이러한 세력들은 자신들의 보수적, 민주적, 대중적 정치 지향에 따라 독립을 더 강조하거나 공화국에 더 역점을 두는 등 주안점에 차이가 있었다. 이에 대해 국민 위원회 부위원장 스베토자르 프리비체비치 (Světozar Pribičević, 1875~1936)를 비롯한 친세르비아 다수파는 반대파가 합스부르크의 지배력을 강화하고 이를 통해 구질서를 회복하려 한다고 비난했다. 그들은 또한 반세르비아 운동이 이탈리아 팽창주의자들의 야망에 놀아나고 있다고 주장했다. 11월 말 적발된 음모에 헝가리 정부가 연루되었다는 의심의 있었지만, 부다페스트는 공식적으로 이를 부인했다.

11월 27일 결정 사항을 실행에 옮기고 통합의 효력을 발생시키기 위해 위원회가 베오그라드에 급파되었다. 믿을 수 없는 공공 안전과 녹색단(綠色團. 오스트리아-헝가리 제국 군대에서 탈영한 후 숲에 거주하던 일군의 크로아티아 병사들로 전쟁 말기에는 5만여 명에 달했음. 이들은 반전을 부르짖고 사회 정의를 요구하며, 대토지 소유자들을 공격하기도 하였음-옮긴이)의 출현에 대한 공포 때문에 근심 걱정으로 가득 찼던 28명의 대표단은 오랜 기차 여행 끝에 무사히 베오그라드에 도착했다. 병석에 자리보전하던 왕을 대신하여 섭정 알렉산다르 카라조르제비치 (Aleksandar Karađorđević, 1888~1934)가 12월 1일 세르비아-크로아티아-슬라보니아 왕국을 선언했고, 몬테네그로도 이 왕국에 합류했다.

통합이 발표된 후 자그레브는 시위와 무장봉기로 들끓었다. 친세르비아 세력은 세르비아 군대의 도움을 받아 크로아티아 장교들의 쿠데타 기도를 조기에 진압하고, 반대파의 행동에 체포와 검열로 대응했다. 국민 위원회는 단지 섭정에게 위원회를 파견하여 결정 사항을 승인한 것이 자신들 임무의 전부라고 생각하지 않았다. 그들은 직접 통합을 선포함으로써 자신들의 임무가 완성된다고 보았다.

12월 20일 베오그라드에서 "3개 종교 대표와 모든 지방 대표들이 참여하여" 중앙 정부를 구성하였다.

카로이 정부는 크로아티아-슬라보니아의 분리를 승인했다. 그러나 이것이 당시 바츠커, 바나트, 버러녀 주(州) 일부를 포함하던 보이보디나 지역의 분리에도 동의함을 의미하는 것은 아니었다.

보이보디나에는 헝가리인, 독일인, 루마니아인, 세르비아인과 다른 슬라브 종족 집단이 거의 비슷한 비율로 살고 있었다. (1910년 인구 조사를 보면, 바치-보드로그(Bács-Bodrog), 토론탈(Torontál), 테메시(Temes), 크러쇼-쇠레니 주(州)의 모국어에 따른 인구 분포는 다음과 같았다. 헝가리인 605,670명, 독일인 578,242명, 루마니아인 592,435명, 세르비아인과 크로아티아인 435,543명, 기타 슬라브 종족 집단 182,628명.)[130] 그럼에도 11월 초에 불타올랐던 대중과 가난한 농민들의 봉기는 경제적·사회적 불만이 주된 원인이었다. 압제자에 대한 분노가 민족 감정과 연계된 곳은 몇 군데에 불과했고, 그나마도 행정 기관, 특히 헝가리 행정 기관을 목표로 하는 정도였다. 처음 며칠간 혼란스럽던 와중에, 부르주아의

---

130 *1910 évi népszámlálás*, Vol. Ⅵ., pp.114~117.

다양한 민족적 요구에 따른 마찰도 그 의미를 잃었다. 혁명 운동이 진압될 때마다 헝가리, 세르비아, 독일 국민 위원회는 힘을 모았고, "공공 안전과 재산 보호"를 회복하기 위해 모든 노력을 기울였다. 믿을 만한 전(前) 경찰 간부, 제대 군인, 급여를 많이 받던 경비대원 등은 민족과 관계없이 이러한 목적에 적합했다. 이 "결정적인 시기" 에 전쟁 포로 출신 세르비아 부대가 치안을 담당했던 반면, 너지베츠 케레크(Nagybecskerek)에서는 독일 장교들이 "경계 임무"를 수행했다.

11월 7일부터 19일까지 진군해 온 세르비아군이 법과 질서를 회복하는 임무를 맡게 되었다. 이러한 이유로 비(非)세르비아계 부르주아와 공무원들은 세르비아 군대의 도착을 기다렸다. "하얀 독수리(세르비아 왕국의 문장(紋章)-옮긴이)" 병사들이 무기를 모으고 법과 질서를 회복할 뿐만 아니라 헝가리 행정 조직을 즉각 해체하기 위해 왔음이 명백해지자 새로운 충돌이 발생했다. 변화된 환경 속에서 주도권을 장악하고 그 지역 권력의 유일한 상속자로 행동하고자 했던 세르비아계 부르주아 계급을 세르비아 군대가 전력을 다해 지원하자 이러한 상황은 더욱 악화하였다.

헝가리 행정 조직 해체와 교통 부문 파업이 베오그라드 협정 위반이라는 점을 지적하면서, 카로이 정부는 11월 21일 프랑셰 데스프레에게 도움을 청하고 항의서를 제출하려 했다. 그러나 살로니키에 보낸 전보에 답신은 없었다.

11월 25일 노비사드(Novi Sad)에서 의회(Skupština)가 소집되었다. 757명의 의원으로 구성된 이 슬라브 국민의회는 두 가지 결의 사항을 채택했다. 하나는 세르비아 왕국과의 합체 선언이었고, 다른 하나는 헝가리로부터의 분리 선언이었다. 분리 선언에는 의회가 50인 인민 위원회(Narodni Svet)를 수립하여 병합된 지역을 관리하고, 인민 이사회(Narodna Uprava)의 이름으로 임시 정부를 구성한다는 내용이 포함되어 있었다.

세르비아의 합류는 대(大)세르비아 운동의 승리를 의미했다. 동시에 이것은 바사 스타이치(Vasa Stajić) — 그는 나중에 따돌림을 당하게 된다 — 처럼 자그레브가 주도하는 통일을 꿈꾸고, 보이보디나의 완전한 독립과 거기에 사는 사람들의 평화로운 공존을 위해 싸웠던 민주주의자들의 패배와 쇠퇴를 의미하는 것이기도 했다.

세르비아군의 합류와 노비사드의 결정은 남부 지역의 분리를 기정사실로 만들었다. 해결해야 할 유일한 쟁점 사안은 이 지역의 북쪽, 동쪽 경계선을 명확히 결정하는 것이었다. (동쪽 경계선은 강화 회의에서도 가장 어려운 문제였다. 새로 태어난 이 남슬라브 국가뿐만 아니라 루마니아 왕국도 바나트에 대한 권리를 주장했던 것이다. 루마니아는 1916년 여름 부쿠레슈티에서 체결된 비밀 협정으로 이 지역 — 루마니아인이 일부 거주하는 — 이 루마니아에 양도되었다고 주장했다.)

쟁점이 되던 지역들은 세르비아계 부르주아 토호 세력이 허약하거나 부재했기 때문에 구(舊) 행정 기관이 한동안 명맥을 유지했다. 10월 혁명을 통해 태어난 법 집행 기관, 여러 위원회, 정부 위원들, 카로이 정부가 임명한 주지사들도 계속해서 업무를 수행했다. 세르비아군이 이 지역들의 행정권을 넘겨받으려 시도하자, 이는 폭발 직전이었던 정치·경제적 상황과 더불어 호전적인 동맹 파업 운동을 분출시켰다. 1919년 2월 페치, 테메슈바르에서 시작된 파업은 서버드커, 너지키킨더(Nagykikinda) 등 다른 도시로 확산하였다. 다양한 계층의 사람들, 특히 자신의 직업을 잃게 될 것을 두려워하던 공무원들로부터 지지를 받았던 이 파업 운동은 철도 노동자와 광부들이 주축을 이루고 있었다. 여러 민족이 섞여 살던 도시에서 헝가리인 노동자는 물론이고 다른 민족 노동자를 모두 포함한 노동 계급이 조직적으로 행동했던 것은 반동적인 대(大)세르비아 세력과 헝가리 부르주아를 대체한 세르비아 부르주아의 개인 권리 침해 조치에 대한 항의의 표현이었다. 〈민중의 소리〉 보도에 따르면, 세르비아 사회주의자들도 동맹 파업을 지지하면서 20여 군데에서 열린 대중 집회에서 "억압받는 노동자 동무들에 대한 자신들의 연대 의식을 표명했다."[131]

슬로바키아

크로아티아 의회가 분리를 선언한 다음 날인 10월 30일 슬로바키아 정치인들도 투로츠센트마르톤(Turócszentmárton)에서 회합을 했다. 슬로바키아 국민 위원회 위원장 마투시 둘라(Matúš Dula)가 소집한 이 회의에는 모든 슬로바키아 정당·정파의 대표들이 참석했는데, 분리주의를 주장하던 투로츠센트마르톤의 보수주의자, 마사리크(Tomáš Garrigue Masaryk, 1850~1937)와 베네시를 추종하던 친(親)체코 흘라스주의자('목소리(Hlas)'라를 잡지를 중심으로 활동했던 슬로바키아의 자

---

131 *Népszava*, 1919년 3월 8일. "점령군의 공세에 대항하여."

유주의적 지식인들-옮긴이), 일단의 인민당원과 성직자와 사회민주주의자 등이 참석자들의 면면이었다. 타트러(Tátra) 은행 건물에서 열린 이 회의에서 슬로바키아 국민 위원회의 이름으로 채택된 결의문은 다음날 슬로바키아 국민당 기관지인 〈민족 신문(Národné Noviny)〉에 발표되었다. 이 결의문의 초안에는 헝가리로부터의 분리, "완전한 독립", "제한 없는 자결권"만이 강조되어 있었다. 체코슬로바키아 국가와 연계되는 내용은 최종안을 만들어 가는 과정에서 그 모습이 명확히 드러났다. 이것은 체코 정치인들과 선을 대고 있던 밀란 호자(Milan Hodža, 1878~1944)가 30일 저녁 회의장에 나타나 제안한 내용에 따라 이루어졌다. 호자는 언드라시의 전보와 28일 프라하에서 발생한 사건 등 최근의 상황을 언급하면서 초안을 수정하고 다음의 어구를 삽입하여 보완했다. "우리는 윌슨 대통령이 1918년 10월 18일 공식화하고 오스트리아-헝가리 외무부가 1918년 10월 27일 승인한 새로운 국제법 질서에 동의한다."[132] 이 수정안은 체코슬로바키아의 통일을 강조하면서 독립 슬로바키아에 관한 구절을 삭제했다.

이 선언문에는 103명이 서명했다. 이들의 직업별 분포는 다음과 같다. 기업가·기능공·소매상 13명, 은행 지점장 5명, 루터교·로마 가톨릭 사제 14명, 지주 4명, 자유 활동가 3명, 변호사 15명, 의사 4명, 건축가 3명, 교사 3명, 대학생 7명, 사기업에 고용된 사무직 노동자 13명, 생산직 노동자 5명, 농업 노동자 7명.[133]

---

132 Steier, p.571., *Opočenský*, pp.173~175.
133 *OL K 40-1918-Ⅶ.* t. 275. Deklorácia Slovenskeho Národa.

10월 30일 카로이 미하이는 헝가리 국민 위원회의 이름으로 투로 츠센트마르톤에 다음과 같이 전보를 보냈다. "슬로바키아 국민 위원 회는 슬로바키아 국민의 이익에 가장 적합한 결정을 내려야 합니 다… 슬로바키아와 헝가리 국민은 서로 의존하고 있습니다… 우리 는 평화로운 협정과 형제애 깊은 협동을 통해 우리 스스로 매력적인 미래와 더 나은 삶을 추구해야 할 것입니다." 슬로바키아 국민 위원 회는 호자가 작성하고 마투시 둘라가 서명한 답변을 보냈다. 이 답변 은 헝가리의 협동 제안을 정중하게 거절하면서, "자유 국가 체코슬 로바키아는 헝가리와 좋은 이웃이자 형제가 되기를 바란다."고 강조 하고 있었다.[134]

프라하와 자그레브에서 채택된 결의안과 달리 투로츠센트마르톤 선언은 즉각적인, 즉 사실상의 정권 인계를 의미하지는 않았다. 헝가 리 행정 기관은 슬로바키아인이 거주하는 대다수 지역에서 계속해 서 업무를 수행했고, 단지 몇몇 지역, 특히 행정 기관에 대한 증오가 깊거나 강력한 대중 운동 때문에 법 집행 기관이 도망쳐 버린 마을 등지에서만 행정 기관의 기능이 멈추는 정도였다.

슬로바키아와 헝가리-독일계 부르주아들은 귀환한 병사와 농부 들에 의한 혁명적 대중 운동을 억제하기 위해 힘을 합쳤다. 이들 혁명 운동 세력이, 타민족 착취자의 재산을 분배하는 것은 정당하므 로 그들의 재산을 전유하거나 가로채는 것이 옳다고 주장하면서 슬

---

134 *Pesti Hírlap*, 1918년 10월 31일. "카로이 미하이가 슬로바키아 국민 위원회에 보낸 전보." *OL K. 40-1918-Ⅶ.* t. 44. 슬로바키아 국민 위원회 위원장 마투시 둘라가 카로이 미하이 백작에게, 1918년 11월 4일.

로바키아 지주와 상인들의 재산까지도 그 대상에 포함했기 때문이었다. 다양한 국민 위원회들은 행정 기관이 법과 질서를 유지하고 개인의 재산을 보호하는 한 행정 기관에 협조하거나 지지를 보냈다. 슬로바키아 국민 위원회의 명령에 따라 많은 슬로바키아인이 새로 조직된 국민 경비대에 지원했다. (헝가리 국방부와 체결한 협정에 따라 슬로바키아인이 다수인 도시와 마을에서는 슬로바키아 국민 경비대가, 헝가리인이 다수인 도시와 마을에서는 헝가리 국민 경비대가 치안을 담당했다.)

　슬로바키아 부르주아 세력은 언제라도 내전이 발생할 수 있음을 인식하고 있었기 때문에 적대감을 자극하지 않으려 노력했다. 자신들의 힘이 미약하다는 사실을 잘 알고 있던 부르주아 세력은 힘으로 정권을 잡으려는 시도를 거의 하지 않았다. 슬로바키아 국민 위원회의 활동은 민중의 분노를 가라앉히는 동시에 보헤미아와의 통합 구상을 대중화하는 것에 초점을 맞추고 있었다. 슬로바키아 동부 지역 사람들을 위시한 일부의 무리는 보헤미아와의 통합을 반대했는데, 이들은 헝가리 당국의 지원을 받아 슬로바키아의 완전한 독립을 이루고 슬로바키아 인민 공화국을 선포하는 쪽을 선호했다.

　11월 2일 체코 군단이 슬로바키아에 인접한 모라비아의 소도시 호도닌(Hodonin)으로부터 슬로바키아의 국경 도시 서콜처(Szakolca)로 치안 유지를 위해 이동했다. 호도닌 시청에는 모라비아의 반대쪽 지역에서 무장봉기가 발생하리라는 두려움이 만연해 있었다. 자원자들로 구성되었던 이 특별 파견대가 임무를 마치고 떠날 준비를 하고 있을 때, 투로츠센트마르톤 국민 위원회의 대표가 서콜처에 도착하여 이들에게 머물러 줄 것을 요청했다.

한편, 프라하에 주재하던 슬로바키아 국민 위원회 위원들은 프라하 국민 위원회에, 슬로바키아의 무정부 상태와 "약탈" 및 "완전히 붕괴해 버린 치안" 등을 고려하여, 체코 군대를 파견해서 슬로바키아인 거주 지역을 점령해 달라고 제안했다. 국민 위원회(Národní Vybor)는 이 제안에 전적으로 동의했다. 슬로바키아를 점령 — 국외에 망명 중이던 정치 지도자들도 이를 강력히 주장했다 — 하지 않는다면, 당시까지 문서로만 존재하던 독립 국가 체코슬로바키아의 운명이 불확실하다고 느꼈기 때문이었다. 소콜주의자(소콜(Sokol)은 체육을 통해 민족정신을 고양하려던 운동으로 체코의 프라하를 중심으로 전개되었음. 제1차 세계대전 후 체코슬로바키아 건국 시기에 사회의 질서 유지와 체코슬로바키아 군단 창설에 이바지함 — 옮긴이), 구(舊) 군부대의 탈영병, 기타 지원자로 구성된 첫 번째 부대는 무장 헌병으로 보강된 뒤 슬로바키아로 향했다. 이와 함께 한때 제국 공동 군대의 체코·모라비아 연대였던 부대의 재조직이 시작되었다.

11월 5일 바브로 슈로바르가 이끄는 슬로바키아 임시 정부가 서콜처에서 수립되었다. 이 임시 정부는 11월 14일 최초의 체코슬로바키아 정부가 수립될 때까지 지속하였다. 이후 슈로바르는 그를 위한 내각이 조직된 크라마르시(Kramář, 1860~1937)의 정부에 합류했다.

서콜처에 도착한 체코의 자원 부대는 슬로바키아 임시 정부의 명령을 내세우면서 멀러츠커(Malacky), 세니츠(Szenic), 너지솜버트(Nagy-szombat)를 점령했고, 남쪽으로 계속 진군하여 포조니(Pozsony) 근처에 있는 데베니토(Dévénytó) 기차역에 도착했다. 11월 8일 자원 부대 증원군이 블라라(Vlara) 관문(關門)과 야블론카(Jablonka) 관문에서 국경을 넘었다. 블라라를 넘어온 부대는 11월 10일 트렌첸을 점령했고, 야블론카를 넘어온 부대는 커셔-외덴부르크(Ödenburg) 철길을 따라 크랄로반(Kralovan)까지 나아간 후, 11월 12일 졸너(Zsolna), 루트커(Ruttka), 투로츠센트마르톤을 점령했다.

프라하에 있던 헝가리 정부 대표 슈프커 게저(Supka Géza, 1883~1956)는 치안 부재와 약탈 때문에 체코 자원 부대의 슬로바키아 점령이 필요하다는 체코인들의 얘기를 들어야 했다. 체코 국민 위원회 대의원들은 "헝가리 당국과 경찰이 문제 지역을 무방비 상태로 남겨 두고 떠났다."고 주장했다. 이들은 계속해서, 체코슬로바키아는 협상국 세력의 일원으로 그 군대는 현 상황에서 두 가지 주요 임무에 직면해 있다는 논리를 폈다. 첫 번째 임무는 "갈리치아 지역에서 밀려오는 볼셰비즘의 위협에 대한 방비"이며, 두 번째 임무는 마켄젠의 부대에 의한 공격적인 돌파 시도 가능성을 차단하기 위한 준비라는 것이다. 슈프커는 원칙적으로 치안 회복의 필요성에는 동의했지만, "점령을 피할 수 없는 상황이라면 차라리 영국군이 헝가리 북부 지역을 점령해 달라."고 제안했다.[135]

"법 집행 세력을 무력으로 저지하지 않는다."는 것이 11월 초 헝가리 정부의 공식적인 태도였다.[136] 한동안 슬로바키아 서부 지역에서 체코와 헝가리의 무장 충돌은 없었고, 여러 군경 조직은 자신들이

---

135 *Népszava*, 1918년 11월 12일. "왜 체코인이 헝가리로 오는가?" *Pesti Hírlap*, 1918년 11월 12일. "체코인들은 전략적 논리로 헝가리 북부 지역의 점령을 정당화하고 있다."

136 *Népszava*, 1918년 11월 20일. "충돌을 불러올 사건들."

통제할 구역의 범위를 조정하기 위해 노력했다.

그러나 단지 법질서 회복만이 아니라 그 이상의 것이 체코에 포함되고, 강화 회의에서 최종 결정이 나기 전에 헝가리 기관들이 교체될 가능성이 명백해지자, 헝가리 정부는 베오그라드 협정을 인용하며 항의서를 제출했다. 11월 11일 카로이와 신임 국방부 장관 버르터 얼베르트가 서명한 선언문이 발표되었다. 이 선언문은 "무력으로 국제법을 위반하려는 모든 공격에 맞서 국경을 방어하겠다."는 정부의 의지를 천명하고 있었다.[137]

선언문을 발표한 이후에 국방부는 부다페스트, 너지커니저, 조욤 (Zólyom), 커셔 지역으로부터 보병 부대, 기관총 중대, 경찰 파견대와 대포, 무장 기관차 등을 슬로바키아 서부 지역으로 급파했다. 헬터이 빅토르(Heltai Viktor)가 지휘하는 400명의 막강한 해군 국민 경비대도 포조니로 향했다. 사실 이 뱃사람들을 파견한 것에는 이들이 너무나 혁명적이어서 믿을 수 없으므로 부다페스트에서 물러나게 하려는 의도도 숨겨져 있었다.

슬로바키아로 향한 헝가리 무장 부대는 화력은 미약해도 인원수는 훨씬 많았기 때문에 점령당했던 도시와 마을을 불과 며칠 만에 재점령할 수 있었다. 11월 초에 천여 명, 11월 말과 12월 초에도 5천여 명밖에 되지 않던 체코 부대[138]는 북쪽의 모라비아 지역 국경

---

137 *Népszava*, 1918년 11월 12일. "체코의 공격에 대한 헝가리 정부의 항의."

138 M. Hodža: *Slovensky rozchod*, p.25. Hodža는 체코 병력을 11월 15일에 1,150명, 12월 2일에 4,700명으로 추산했다. Opočensky도 비슷한 정도의 초기 인원을 산정했다. p.213.

마을로 후퇴했다.

체코는 이러한 사태 전개에 항의했다. 11월 19일 크라마르시는 협상국 세력이 체코슬로바키아를 인정했으며, 이에 따라 슬로바키아인이 거주하는 지역은 체코슬로바키아의 영토임을 주장하는 정치 각서를 발표했다. 그는 강화 회의의 결정을 따르겠지만, 협상국 세력이 슬로바키아의 국가적 지위에 관해 이미 결정을 내렸으므로 강화 회의는 이러한 결정에 따라 국경선을 그을 수밖에 없을 것이라고 강조했다. 그리고 헝가리 정부는 협상국 세력의 결정에 따라 이미 체코슬로바키아 일부로 편입된 지역을 대신하여 정전 결정을 내릴 권한이 없고, 또한 슬로바키아를 대신하여 정전 결정을 내릴 권한도 없으며, 슬로바키아 대표가 참여하지 않은 상태에서 헝가리가 새로운 질서를 선포했기 때문에 체코슬로바키아는 베오그라드 협정에 구속되지 않는다고 주장했다. 크라마르시는 체코슬로바키아가 치안 유지를 위해 맡았던 역할을 다시 한번 내세우면서 다음과 같이 덧붙였다. "우리의 법 집행 경비대는 헝가리인 소수 민족도 보호하고 있습니다." 결론적으로 크라마르시는 윌슨이 11월 5일 제시한 메시지를 인용했다. "법과 질서는 유지되어야 하며, 유혈 사태는 없어야 합니다."[139]

11월 말 밀란 호자가 체코슬로바키아 정부의 새 전권 공사 자격으로 부다페스트에 도착했다. 곧이어 슬로바키아 국민 위원회의 몇

---

139 *Népszava*, 1918년 11월 21일. 크라마르시의 정치 각서: "슬로바키아 지역은 체코슬로바키아 국가의 일부분이다."

몇 위원이 밀란 호자의 뒤를 따랐다. 호자의 임무는 슬로바키아 지역에서 헝가리 행정 기관을 해체하고 헝가리 군대를 철수하도록 협상하는 것이었다. 호자가 다른 문제, 즉 강화 회의에서 서명이 이루어지기 전까지 슬로바키아인이 다수 거주하는 지역을 좀 더 굳건히 다질 수 있는 임시 협정 문제도 다루려 한다는 점이 곧 명백해졌다. 야시와 대화하는 동안 드러난 호자의 의도는 해당 지역에 광범위한 자치권을 주자는 것으로, 국민 경비대를 산하에 두고 치안 유지와 행정을 책임질 슬로바키아 국민 위원회가 실질적인 권한을 갖는다는 것이 요점이었다. 이렇게 되면 자치권을 부여받은 지역은 자체적인 선거를 통해 의회를 구성하고, 공동 정무는 슬로바키아와 헝가리 국회에 대표를 파견하여 논의할 수 있을 터였다.

슬로바키아 지도자들의 협상 의지 — 호자는 나중에 이것이 단지 전략적인 움직임일 뿐이었다고 완곡하게 표현하려 애썼지만 — 는 불확실한 정세의 산물이었다. 슬로바키아 지도자들은 국내의 불안함과 프라하 정부의 군사력 열세를 잘 알고 있었다. 게다가 11월 28일 빅스 중령이 호자에게 "자신은 슬로바키아 지역에 체코 군대가 주둔하는 것에 반대하며, 이를 베오그라드 협정 위반이라 생각한다."고 의견을 표명했기 때문에 협상국 세력의 원조에 대해서도 회의적이었다.[140]

카로이 정부는 여러 사안에 관해 협상 가능한 계획을 검토했다. 12월 1일, 양보에 대해 몇몇 장관이 주저하는 태도를 보였지만, 내각

---

140 *Opočensky*, p.216. J. Sebestyén: *Dr. Hodza Milán útja*, Bratislava 1938, p.94.

은 협상안을 가결했다. 카로이 정부는 체코슬로바키아 정부와 협정을 맺기보다 슬로바키아 국민 위원회와 협정을 맺게 되면 체코와 슬로바키아 사이를 이간할 수 있을 것으로 생각했다. 그러나 이것이 유일하거나 가장 중요한 이유는 아니었다. 헝가리가 공동 정무를 통해 궁극적으로 슬로바키아 지역을 계속 보유할 수 있으며, 이러한 사례가 다른 민족들에게도 적용될 수 있다는 것이 더욱 중요한 논점이었다. 게다가 이러한 예비 협정은 강화 회담의 측면에서도 이익이 될 터였다. 초안이 수용되어야 한다고 주장하는 사람들은 이러한 결과가 궁극적인 논점이 될 것이라고 강조했다. "어떠한 형태로든 협정이 이루어지지 않는다면 무정부 상태에 빠지게 될 것이며, 그 뒤를 볼셰비즘이 따를 것입니다."[141]

거의 성사된 듯했던 회담은 마지막 순간에 교착 상태에 빠졌다. 11월 30일 체코슬로바키아 정부는 호자와의 관계를 부인했다. 호자가 이러한 종류의 협상 권한을 가지고 있지 않다는 공식 성명이 발표되었던 것이다. 프라하 성명의 이면에는 프라하에 머물던 체코와 슬로바키아 지도자들의 분노가 깔려 있었다. 이들은 슬로바키아 국민 위원회의 일방적인 행동을 반역으로 간주하고 있었다. 게다가 이보다 더 중요한 사건, 즉 11월 말 포슈(Ferdinand Foch, 1851~1929. 제1차 세계대전 말기에 프랑스의 육군 원수이자 연합군 총사령관으로서 연합국이 승리하는 데 큰 공을 세운 인물—옮긴이)와 프랑스 정부가 체코의 논리를 완전히 수용하는 일이 벌어졌다. (이에 관해서는 이미 앞 장에서 언급

---

141 내각 회의록, 1918년 12월 1일.

하였다.) 12월 3일 빅스 중령은 "헝가리 정부는 즉시 슬로바키아에서 군대를 철수하라."는 프랑셰의 메시지를 전달했다.[142]

카로이 정부는 협상국 세력의 태도에 반대할 수도 없었고, 반대하고 싶지도 않았다. 공공연한 반대는 친협상국 기조를 선언했던 외교 정책의 중단을 의미하며, 이는 새로운 전쟁 위험을 수반할 터였다. 군의 상황이 형편없음을 잘 알고 있던 정부는 무슨 일이 있어도 이러한 위험만은 피하고 싶었다. 11월 29일 내각 회의에서 국방부 장관 버르터 얼베르트는 "우리가 협상국 세력과 동맹 관계에 있는 체코-슬로바키아에 대항하여 점령 지역에서 제대로 전쟁을 수행할 수 있습니까?"라는 질문을 받았다. 국방부 장관은 그런 일은 불가능하다고 답변했다. 12월 3일, 독립당 의원으로 내무부 장관을 맡고 있던 버차니 티버더르가 빅스의 서신에 대해 설명하면서 다음과 같이 견해를 밝혔다. "반대는 있을 수 없습니다. 이 일은 실행되어야만 합니다."[143]

빅스의 서신과 이에 대한 정부의 답변이 12월 5일 언론에 공개되었다. 이와 함께 카로이가 서명한 성명서도 발표되었다. 야시가 작성한 이 성명서는 강요에 따라 어쩔 수 없이 해야만 하는 행동에 관해 설명하면서, 다시 한번 다음과 같이 강조했다. "우리는 구태의 헝가리로부터 자유롭고 민주적인 동쪽의 스위스를 세우고 싶다. 우리는

---

142 *Document*, p.95. Le Chef de la Mission Militaire Alliée au Président de la République Hongroise. 1918년 12월 3일.

143 내각 회의록, 1918년 11월 29일; 1918년 12월 3일.

국경을 맞댄 이웃들과 우애롭고 평화로운 관계를 추구하며, 이를 실현할 것이다… 언젠가는 민족들의 진심 어린 화해의 시간이 찾아올 것이다. 우리는 이러한 순간이 최대한 빨리 다가오도록 온 힘을 다해 모든 노력을 기울인 민족으로서 세상과 마주해야 한다."[144]

빅스의 12월 3일 서신에는 철수해야 할 지역들이 명기되어 있지 않았기 때문에 호자와 버르터는 12월 6일 임시 국경선에 관해 합의했다. 그러나 프라하가 이 임시 합의를 무효라고 선언함으로써 더 큰 혼란이 야기되었다. 결국, 12월 22일 베르사유의 '최고 전쟁 위원회'는 이 임시 국경선보다 약간 남쪽에 국경선을 설정했다. (앞 장에서 논의되었던 이 결정으로 슬로바키아의 임시 국경은 도나우강과 이포이강의 북쪽, 리머솜버트의 남쪽, 운그강의 서쪽으로 그어졌다.)

체코슬로바키아 인접 지역의 철수는 1월 말에 완료되었다. 헝가리 정부의 명령에도 불구하고 일부 부대가 저항한 몇몇 지역과 체코슬로바키아 군대가 12월 6일의 국경선— 얼마 뒤에는 12월 22일의 국경선— 을 넘어오려고 시도한 지역에서 약간의 무력 충돌이 발생했을 뿐이었다.

1910년 시행된 헝가리 통계 조사를 따르면, 12월 22일의 국경선으로 구분한 지역에 거주하는 사람들의 민족 분포는 다음과 같았다. 슬로바키아인 58.2%(1919년 체코슬로바키아 인구 조사를 따르면 63.3%), 헝가리인 28.9%(27%), 독일어 사용자 6.8%(4.7%), 우크라이나인 3.8%(4.5%).[145]

---

144 *Népszava*, 1918년 12월 5일. "정부 성명서."

체코군은 슬로바키아 지역을 점령하는 동시에 보헤미아와 모라비아의 독일인 거주 지역도 점령했고, 이 지역의 독일-오스트리아 지방 정부를 해체했다. 이 지역을 독일-오스트리아 일부로 간주하던 오스트리아 국가 위원회는 국민 투표를 제안했지만, 프랑스는 이 제안을 거절했다. 영국과 이탈리아 정부도, 헝가리 정부가 제시한 비슷한 제안을 거절했던 방식으로 이 제안을 거부했다.

12월과 1월에 걸쳐 이탈리아에서 도착한 여러 군단이 슬로바키아 점령 지역에서 완전히 슬로바키아인들로 구성된 자원 부대와 합류했다. 이탈리아에서 장비를 갖추고, 이탈리아 장교의 명령을 따르는 2만 명의 병사로 구성된 이 군단은 체코슬로바키아군에서 가장 훈련이 잘된 최강의 부대였다.[146]

체코슬로바키아군의 도착과 함께 민간 행정부를 세우는 작업이 시작되었다. 12월 10일부터 졸너에서 슈로바르가 이끄는 슬로바키아 내각이 가동을 시작했다. 내각은 약 두 달 후인 2월 4일 본부를 포조니(브라티슬라바)로 옮겼다. 전권을 부여받은 이 내각 — 슈로바르의 첫 번째 조치는 여러 협의회와 국민 위원회를 해체하는 것이었다 — 에는 에마누엘 레호츠키(Emanuel Lehoczky)의 사회민주당도 참여했다.

---

145 *A magyar békétárgyalások*, pp.446~447. 1910년 헝가리 인구 조사의 정확한 수치는 다음과 같다. 총 2,909,160명의 주민 중 슬로바키아인 1,693,546명, 헝가리인 841,198명, 독일인 197,875명, 루테니아인 110,935명, 기타 65,606명.

146 *Truppendienst*, 6/1969, p.534., Die Kämpfe in der Slowakei und in Teschen in den Jahren 1918~1919. *Jezek*, p.34. Appendix 2.

철수에 따른 혼란과 불확실성 때문에 12월에 대중 운동이 다시 세차게 타올랐다. 슬로바키아인이 아닌 토지 소유자, 헝가리와 독일 계 부르주아들은 체코슬로바키아 군대, 특히 이탈리아 장교와 이탈 리아 군복을 입은 병사들이 빨리 모습을 드러내길 열망했다. 커셔에 서는 겁먹은 정부 위원이 체코슬로바키아 부대에게 법과 질서의 회 복을 위해 원래 계획되었던 1월 1일 대신 12월 29일에 도시로 들어 와 달라고 요청했다. 에르셰크우이바르(Érsekújvár)에서도 유사한 움 직임이 있었다. 이 도시는 "약탈 방지를 위해 체코인들을 도시로 불 러들이도록 대표단을 파견했다."[147] 포조니에서는 독일인 부르주아 들이 도시의 방어 가능성에 관해 강력히 항의하면서 12월 20일에 헝가리 정부에 다음과 같이 탄원서를 제출했다. "정부는 시민의 생 명과 재산을 위협할 수 있는 모든 종류의 행동을 방지하기 위해 전 력을 다해야 합니다."[148] 12월 말 이 도시에서 노동자 위원회가 권력 을 잡은 후 헝가리 부르주아들도 이와 비슷한 태도를 보였다. 1월 1일 군단이 진군해 오자 은퇴한 주지사 지치 요제프(Zichy József, 1841~1924)는 집행관 앞에 모습을 나타내고 새로운 정권의 신성함을 선언했다. 그는 환영사에서 다음과 같이 말했다. "모든 권력은 신에 게서 나옵니다. 신께서는 모든 권능으로 새로운 정권을 지지할 것입 니다."[149]

---

147 *HL Tanácsköztársasági gyűjtemény*, 771/A. p.99. J. Breit: *A csehek hadműveletei Magyarországon 1918/19 évben*, 필사본.

148 *OL K 40-1919-VI.* t. 38. Der "Deutsche Volksrat" an die Ungarische Volksregie-rung, 1918년 12월 20일.

법과 질서 회복을 명분으로 진군해 온 부대와 볼셰비즘에 대항하기 위한 행정부의 조처에도 불구하고 실직에 저항하는 사무직 종사자, 철도 노동자, 조직화한 노동자 등은 체코슬로바키아에 전리품처럼 주어진 지역에서, 이런 계층이 보이보디나에서 투쟁했던 것처럼, 강력하게 항의했다. 2월 초 많은 파업이 발발했다. 노동자들은 경제적 요구(실업 해결, 급여 인하 중지, 수당 지급, 식량 공급)와 정치적 권리의 회복을 위해 투쟁했다. 일부 도시에서는 민족주의적 색채를 띤 무리가 이러한 운동을 반체코 방향으로 이끌었는데, 헝가리인과 독일인 외에 슬로바키아 노동자도 이에 참여했다. 이에 대한 앙갚음으로 반헝가리 정서가 노도처럼 그 뒤를 따랐다.

헝가리 거주 루마니아인과 트란실바니아

10월 31일 부다페스트의 버다스퀴르트(Vadászkürt) 호텔에서 루마니아 국민 위원회가 설립되었다. 이 위원회의 설립은 사회민주당의 루마니아인 세력과 루마니아 국민당의 동맹이 시작되었음을 뜻하는 것이었다. 10월 13일 사회민주당 긴급회의에서 루마니아인 세력의 대변인 이오안 플루에라슈(Ioan Flueraș, 1882~1953)는 부르주아 정치인과 루마니아 민족주의자에 대항하여, "아우렐 블라드(Aurel Vlad. 후에 루마니아의 재무장관과 내무장관을 지낸 인물-옮긴이)와 그의 동료들은 진정한 사회 질서를 바라지 않습니다… 우리는 그들과 연합할

---

149 Gy. Panajoth-Fejér: "Pozsony sorsdöntő órái." In: *Váci Könyv*, Vác 1938, p.222.

수도 없고, 연합하지도 않을 것입니다."라는 내용의 주목할 만한 연설을 쏟아 냈다. 이것은 루마니아 국민 위원회의 설립이, 루마니아인 세력이 이전부터 견지하던 협력 거부의 태도를 고수한다는 점을 의미하는 것이었다. 헝가리 국민 위원회의 설립 역시, 10월 말 부르주아 정당과의 연합을 옹호하던 세력이 루마니아 사회민주당의 주도권을 잡는 데 일조했음이 명백했다. 루마니아 사회민주당은 후에 두 파벌로 갈라서게 된다. 10월 25일 이후 연합 옹호 세력은 헝가리 사회민주당이 행동하는 방식과 똑 같은 방식으로 행동하겠다고 선언했다.

루마니아 국민 위원회는 동등 원칙을 주장했다. 이에 따라 12명의 위원은 루마니아 국민당 소속 6명, 사회민주당 소속 6명으로 구성되었다.[150] 사회민주당이 남슬라브 민족 위원회와 슬로바키아 국민 위원회에서는 처음부터 소수였다는 사실을 고려할 때, 이것은 대단히 유리한 비율이었다. 그러나 이는 겉으로만 유리해 보일 뿐이었다. 국민당은 처음부터 주요 보직을 자기 당원으로 채워 넣었고, 사회민주당에서는 "의사 결정을 방해하지 않을 만한" 사람만이 위원회 활동에 참여할 수 있다는 협력 조건을 내세웠기 때문이었다.[151] 11월 초 루마니아 국민 위원회는 본부를 아라드(Arad)로 옮겼고, 이후 다른 조직과 기관의 대표들이 참여하며 규모가 확장되었다. 이에 따라

---

150 *Korunk*, 12/1957, p.1661. Gheorgiu-Nuţu, p.102.
151 *Albani*, p.159; Z. Szász; Az erdélyi román polgárság szerepéről 1918 őszén, *Századok*, 2/1972, p.314.

원래의 구성 비율이 변하게 되었고, 이후의 형세는 이러한 흐름으로 전개되었다.

11월 1일 루마니아 국민 위원회가 행한 첫 번째 행동은 헝가리 국민 위원회 및 작센 대표와 공동 선언문을 발표한 것이었다. 두 국민 위원회와 작센 의회를 대표하여 테오도르 미할리(Teodor Mihali, 1859~1934. 트란실바니아 출신 활동가-옮긴이), 호크 야노시(Hock János, 1859~1936), 빌모시 멜처(Vilmos Melzer)가 서명한 이 선언문은 "헝가리와 루마니아와 작센 민족의 아들들"이 힘을 합쳐 법과 질서를 유지하고 "민중의 재산과 안전"을 지킬 것을 주창하고 있었다.[152] 11월 2일 내각 회의에서 야시는 이 협정의 중요성을 지적하고 내각의 승인을 얻은 후, 주지사와 시(市) 당국에 즉시 이 "자발적인 사회 운동"을 지원하라고 요청했다.[153]

혁명 운동에도 불구하고 11월 초에 헝가리와 루마니아 부르주아 세력의 협력이 실현되었다. 콜로즈바르 국민 위원회 위원장의 설명을 따르면, 11월 초 헝가리, 루마니아, 작센 국민 위원회의 활동은 "형제애 같은 협력"으로 특징지을 수 있었다.[154] 루마니아 국민 위원회의 운영진으로 실무를 맡은 전직 공직자들은 계속해서 급여를 받았다. 루마니아 국민 경비대는 약간의 예외를 제외하면 대부분 독립적으로 조직되었고, 헝가리 국민 경비대와 함께 치안을 유지했으며,

---

152 *OL K 401 1918. IX.* t. l. 주지사와 시 당국에 보내는 전보 회람. 선언문의 원본이 파일에 첨부되어 있음.

153 *Ibid.*

154 *Új Magyar Szemle*, Nos. 2-3/1920, p.158.

국방부 장관의 승인을 얻어 군 사령부로부터 무기와 돈을 받았다.

혁명 운동은 루마니아인 지주와 농장주, 공무원과 소매상인 등을 위협하며, 완전히 루마니아인만 거주하는 마을에도 퍼져 나갔다. 헝가리와 루마니아 부르주아 세력의 협력은 이러한 상황에 따른 것이었다. 루마니아 농민들은 너지일론더(Nagyilonda) 지역에 있는 테오도르 미할리의 사유지를 공격했다. 알렉산드루 바이다(Alexandru Vaida, 1872~1950. 트란실바니아 출신 정치가로 루마니아 수상을 세 번 역임함-옮긴이), 아우렐 블라드, 죄르지 일예스펄비 퍼프(György Illyésfalvi Papp) 등 부유한 지주 출신의 루마니아 국민당 지도부 역시 비슷한 일을 당했다. 로마 가톨릭 교회가 소유했던 줄러페헤르바르(Gyula-fehérvár)의 토지는 분노한 농민들의 희생물이 되었고, 벌라즈펄버(Balázsfalva)의 그리스 정교회 대주교 소유 토지와 너지바러드 지역의 그리스 정교회 주교 소유 토지도 같은 운명을 겪었다.

그러나 11월 초에 이루어진 이러한 협력으로 루마니아와 헝가리 부르주아 사이의 적대감이 사라진 것은 아니었다. 혁명 운동을 억눌러야 한다는 공통의 이해에도 불구하고 이 적대감은 없어지지 않았고, 시간이 지날수록 더욱 강해져만 갔다. 루마니아 부르주아 세력은 혁명 운동이 민족주의적인 쪽으로 방향 잡기를 원했고, 치안 유지를 위해 무력을 사용하는 것이 그 자체로는 부적당하다고 생각했다. 전쟁 기간에 증오의 대상이 된 행정부, 헝가리인이 압도적 다수를 차지했던 법 집행 기관, 역시나 대다수가 헝가리인 지주의 소유였던 토지 등이 대중 운동의 주요 목표물이었기 때문에 민족주의 감정에 불을 붙이는 것은 성공의 가능성이 매우 높았다.

　나중에 루마니아가 차지하게 되는 지역에서는 100요크 이상 토지의 60.1%와 1,000요크 이상 토지의 85.7%가 헝가리인 지주의 소유였다.[155] 반면, 이 지역 주민을 모국어에 따라 분류한 1910년의 인구 조사를 보면 루마니아인이 53.2%, 헝가리인이 32.4%, 독일인이 10.6%를 차지하고 있었다.[156]

　중앙과 지방의 루마니아 국민 위원회는, 한편으론 (성공적으로) 지방 행정부를 인수하기 위해 노력했고, 다른 한편으론 더 원대한 목표를 추구하려 애썼다.

　아라드에 본부를 두고 있던 루마니아 국민 위원회는 11월 9일 부다페스트의 "헝가리 국민 위원회 정부"에 서신을 보냈다. 이 서신은 치안 유지와 공공 안전 및 재산 보호를 위해 루마니아인 거주 지역에서 "완전한 정부 권력"을 루마니아에 양도하라는 내용을 담고 있었다. 루마니아 국민 위원회는 문제의 지역에 거주하는 다른 민족과 관련하여 윌슨주의 원칙을 존중하겠다고 덧붙이면서, 루마니아

---

155 *Az erdélyi föld sorsa*, p.208.
156 *A magyar béketárgyalások*, Vol. Ⅰ., p.145; *1910. évinépszámlálás*, Vol. Ⅵ., p.116; *Jakabffy*. p.4. 여커브피 엘레메르(Jakabffy Elemér, 1881~1963)는 루마니아의 1920년 공식 통계 숫자를 그의 통계 발표문에 포함한 후, 이를 비판했다. (C. Martinovici — N. Istrati: "Dictionarul Transilvaniei"). 그가 주로 반대했던 내용은 루마니아의 통계가 유대인을 포함하고 있으며, 이들 중 76~89%가 1910년에 자신을 헝가리인이라 주장했다는 것이다. 그는 이들이 개별 민족이며, 그 수는 181,340명이라고 적었다. 1920년 루마니아의 인구 조사를 따르면, 루마니아에 병합된 지역의 인구 비율은 루마니아인 57.9%, 헝가리인 25.8%, 독일인 10.5%였다. 1910년 헝가리 인구 조사를 따르면, 전체 인구는 5,265,444명이었다(루마니아인 2,800,073명, 헝가리인 1,704,851명, 독일인 559,824명, 세르비아인 54,874명, 크로아티아인 2,141명, 슬로바키아인 30,932명, 루테니아인 16,318명, 기타 96,431명).

의 지배력을 23개 주(州) 및 베케시(Békés), 처나드, 우고처(Ugocsa)의 3개 주(州) 일부로 확대하고자 했다. 이 서신은, 만약 헝가리 정부가 루마니아의 요구를 거절한다면 루마니아는 더는 협력하지 않겠다는 경고로 끝을 맺고 있었다.[157]

루마니아 부르주아 세력은 치안 회복과 권력 승계의 두 가지 업무를 수행하기에는 자신들이 너무 약하다고 생각했기 때문에 루마니아 왕립 군대의 개입을 요청했다.

11월 10일부터 여러 명의 대표가 이아시(Iaşi)로 향했다. 이들은 "볼셰비키의 위협"과 헝가리 반동주의자들의 보복 조치를 구실로 루마니아 군대의 도움을 요청했다.

루마니아 국민 위원회의 서신이 답변 기한을 11월 12일 오후 6시로 정하고 있었기 때문에 헝가리 정부는 이 문제에 어떻게 대응할 것인지에 관해 긴급 논의를 시작했다. 11월 10일 오후와 저녁 시간에 우선 국민 위원회가 열렸고, 그다음에 전문가가 참여한 회의가 개최되어 이 문제를 다루었다. 참석자들은 일련의 논의를 통해, 협상을 옹호하는 부르주아 급진파의 견해를 받아들였다. 이에 따라 야시를 수장으로 하는 대표단이 구성되었다. 이 대표단에서 야시는 정부 측을 대표했고, 아브러함 데죄와 보카니 데죄는 국민 위원회 측을 대표했다. 전문가와 기자단을 동반한 대표단은 13일 아라드에 도착했고, 그곳에서 이틀간 회담을 개최했다.

---

157 *OL K 40-1918-IX*. t. 240. 루마니아 국민 위원회 위원장 이슈트반 C. 포프(István C. Pop)가 헝가리 국민 위원회 정부에 보낸 서신. 1918년 11월 9일.

야시는 루마니아 국민 위원회 대표단에 2개의 안을 제시했다. 첫 번째 안은, 가능하면 트란실바니아 지역에 인위적인 행정 단위보다는 동질적인 민족 집단 구역이 형성되어야 한다는 내용이었다. 이렇게 될 경우 이런 구역은 스위스 연방 주(州) 모형에서 볼 수 있듯이 문화적·행정적 자치를 보유하게 되고, 공동 정무를 다루기 위한 연방 기구를 갖추게 되며, 국가 중앙 정부에 파견할 대의원을 보유할 수 있게 된다는 것이었다. 두 번째 안은 임시적인 해결책으로 루마니아 국민 위원회가 모든 루마니아인 우세 지역의 행정권을 넘겨받고, 대의원을 통해 헝가리 정부에서 자신을 스스로 대표한다는 내용이었다. 11개 조항으로 이루어진 이 두 번째 안은, 특히 문제가 되고 있는 지역에서 주지사와 정부 위원을 제외한 구(舊) 공무원 조직은 그대로 존속시키고, 루마니아 국민 위원회가 인민과 사유 재산을 보호하며 루마니아 왕립 군대의 도움을 활용하지 않도록 규정하고 있었다.

루마니아 지도자들은 두 제안을 모두 거절했다. 14일 아라드에 도착한 명망가 이울리우 마니우(Iuliu Maniu, 1873~1953)는 완전한 주권을 요구했다. 야시가 도를 지나친 "무자비함과 부당함"이 노동자 위원회와 군인 위원회를 독재로 이끌 것이라고 주장했지만, 소용이 없었다.

루마니아 국민 위원회는 헝가리 정부가 "루마니아 민족 거주 지역에 대한 루마니아 민족의 행정 집행권을 인정하지 않고 있다."고 답변했다. 헝가리의 제안은 "루마니아 민족에게 단지 부분적이고 제한적인 행정 활동 가능성"만을 제시하고 있다는 것이다. 그들은 헝가리의 제안이 "완전한 공공질서 유지"를 보장할 충분한 근거를 제시하지 않기 때문에 그 제안을 받아들일 수 없다고 주장했다.[158]

아라드 회담의 실패에도 불구하고 루마니아 국민 위원회와의 접촉은 단절되지 않았다. 루마니아 지도자들이 비록 11월 9일 "관계 당국에 더는 협력하지 않겠다."고 최후통첩을 보내왔지만, "개인의 안전과 재산 및 공공질서를 보호하기 위해" 계속 협력할 의사를 지니고 있었기 때문이었다. 11월 18일 내각 회의가 무기 지원을 거부했음에도 정부는 이러한 이유로 루마니아 국민 경비대에 계속해서 재정적 지원을 확대했다.

11월 20일 루마니아 국민 위원회는 선언문을 발표했는데, 이 선언문은 곧 프랑스어로 번역되었다. 전 세계 사람을 대상으로 작성된 이 선언문은 헝가리로부터의 분리 의지를 명확하게 천명하고 있었다. "트란실바니아와 헝가리에 살고 있는 루마니아 민족은 어떠한 상황에서라도 헝가리 민족이 참여하는 국가 공동체에 포함되기를 원치 않으며, 루마니아 민족이 거주하는 지역에 자유 독립 국가를 창설할 것이다." "우리를 박해했던 구(舊) 정부는 루마니아 민족의 이러한 결정을 거부했다." 그러나 선언문에는 다음과 같은 내용도 포함되어 있었다. "상황이 이러함에도 우리는 무력에 의지하지 않을 것이고, 국제적 중재를 기다릴 것이며, 거친 폭력을 정의로 대체할 것이다."[159]

---

158 *Pesti Hírlap*, 1918년 11월 15일. "루마니아인들이 루마니아 국민 경비대의 무장을 요청하다. 루마니아 국민 위원회 위원인 아우렐 라저르(Aurel Lazăr) 박사가 제시한 해결책."

루마니아의 불만을 자세히 나열하면서 신(新) 헝가리 정부의 소수 민족 정책과 압제적이었던 구(舊) 정부의 차이를 무시한 이 선언문에 대한 대답으로, 카로이 미하이가 서명한 선언문이 11월 24일 부다페스트에서 발표되었다. "인민 공화국에 거주하지만, 헝가리어를 사용하지 않는 모든 국민"을 대상으로 한 이 호소문은 인민 정부 역시 윌슨주의 원칙의 실현을 원한다고 강조하면서 소수 민족에 대한 민주적 개혁, 토지 문제 해결, 지방 행정, 문화적 자치를 약속했다.[160]

루마니아 국민 위원회가 야시의 제안을 거절한 것은 이 제안이 그들에게 불충분했기 때문만은 아니었다. 거절의 배경에는 국제 정세의 흐름이 있었다. 루마니아 지도자들은 1916년의 부쿠레슈티 비밀 협정뿐만 아니라 1918년 11월 5일 랜싱(Robert Lansing, 1864~1928. 1차 세계대전 당시 미국 우드로 윌슨 행정부에서 국무장관을 역임함-옮긴이)이 이아시로 보낸 전보 내용도 잘 알고 있었다. ("미국 정부는 왕국 안팎의 루마니아 국민들이 품고 있는 염원을 결코 잊지 않고 있습니다.")[161] 그들은 루마니아에서의 조류 변화, 정부 교체, 마켄젠 부대에 건넨 최후통첩에 관해 잘 알고 있었고, 또한 협상국 세력이 루마니아를 다시 동맹으로 여긴다는 사실도 충분히 깨닫고 있었다. 이런 상황에서 루마니아 왕립 군대가 트란실바니아로 진군하는 것 ― 베오그라드 협정 역

---

159 *Pesti Hírlap*, 1918년 11월 21일. "루마니아 국민 위원회의 선언문."

160 *Pesti Hírlap*, 1918년 11월 24일. "여러 민족에 대한 정부 선언문."

161 *Documents Relating to the Foreign Relations of the United States, 1918*. Suppl. 1. Vol. Ⅰ., p.785. 이 내용은 헝가리어로 번역되어 1918년 11월 8일 자 *Pesti Hírlap* 에 게재되었다. "루마니아에 대한 랜싱의 메시지. 그는 왕국 밖의 영토와 관계된 루마니아 민족의 소망을 승인했다."

시 이것을 가능케 했다 ― 은 단지 시간문제일 따름이었다.

11월 13일 루마니아 군대가 출현했다는 첫 번째 보고가 부다페스트에 도착했고, 아라드에도 거의 같은 시각 또는 그 이전에 이 소식이 전해졌다. 브러쇼(Brassó) 국경 치안대와 경찰의 보고를 따르면 루마니아 군대는 툍제시(Tölgyes)와 지메시(Gyimes) 국경 관문에 모습을 드러냈고, 11월 12일 지메시뷔크(Gyimesbükk)와 제르조(Gyergyó)로 진군했다. 카르파티아 산맥 동부 관문에 나타난 루마니아 군인은 루마니아 군사령부가 트란실바니아를 점령하기 위해 동원한 부대(우선하여 여덟 개의 연령 집단이 소집되었음)에서 조직한 두 사단의 척후병들이었다. 12월 초 툍제시와 보르세크(borszék) 쪽에서 진군하던 제7사단이 머로시 계곡 상류를 점령했고, 지메시뷔크와 치크세레더(Csíkszereda) 쪽에서 도착한 제1전투 사단이 올트(Olt) 계곡 상류를 점령했다. 12월 2일 머로시바샤르헤이(Marosvásárhely)에 도착한 루마니아 왕립 군대는 진군을 계속하여 4일에는 베스테르체, 7일에는 브러쇼에 당도했다.

동쪽에서 도착한 두 사단은 세 번째 부대(제2전투 사단)와 합류했다. 후퇴하는 독일군(마켄젠 부대)을 쫓아 남쪽에서 진군한 이 부대는 포거러시(Fogaras), 세벤(Szeben), 후녀드(Hunyad) 주(州) 점령을 목표로 하고 있었다. 이 부대의 가장 시급한 임무는 질뵐지(Zsilvölgy) 탄광 지역을 점령하고 치안을 회복해서 "무정부적 동요를 억제"하는 것이었다. 12월 4일과 5일, 1개 대대가 페트로제니(Petrozsény), 아니나(Anina), 루페니(Lupény) 인근 지역에 도착했고, 계속해서 너지세벤(Nagyszeben), 사스바로시(Szászváros), 피슈키(Piski), 데버(Déva) 지역의 점령이 이어졌다. 12월 중순 루마니아 군대는 베오그라드 협정에 규정된 국경선에 도달했다.

점령 지역의 루마니아 사령관들은 협상국 위원회를 언급하면서, 점령은 루마니아 국민이 당연히 받아야 할 도움일 뿐만 아니라 "볼셰비키의 물결에 위협받는 법과 질서"를 회복하기 위한 필요조건이라고 자신들의 행위를 정당화했다.[162] 11월 10일 역전의 순간에 루마니아 황제 페르디난드가 루마니아 군인과 부르주아 세력에게 발표한 선언문 — 점령군에 의해 전단으로 배포되었던 — 에는 루마니아가 "수백 년간 갈망하던 자유롭고 위대한 루마니아인의 국가로 통일을 이루었다."고 명시되어 있었다.[163] 이 선언문처럼 "많은 사람에게 널리 퍼진" 최고 사령관 프레잔 장군의 호소문도 "도나우강에서 티서강까지 뻗어 나가는" 루마니아에 관해 언급하면서, 루마니아군은 "민족과 종교에 관계없이 이 지역 모든 시민의 안전과 재산"을 보호할 것이라고 약속했다.[164] 이러한 공식 선언문은 루마니아군이 더욱 원대한 목표를 추구하고 있으며, 루마니아가 자신들이 없는 상태에서 국경선을 정한 베오그라드의 결정을 존중하지 않으리라는 점을 명백하게 표명하고 있었다.

이런 상황에서 트란실바니아와 헝가리에 거주하는 루마니아인의 "국회"가 12월 1일 줄러페헤르바르에서 소집되었다. 1,228명의 국회

---

162 *Mărdărescu*, p.15.
163 *OL K 40-1918-IX*. t. 367. 루마니아 황제 페르디난드의 선언문.
164 *OL K 40-1918-IX*. t. 367. 프레잔의 요구. *Bernachot*, pp.238~239.

의원 중 600명은 선출되었고, 628명은 각 집단의 대표로 파견되었다. 대표 파견 권한은 교회, 문화 단체, 다양한 사회단체, 학교, 장인 등이 보유했다. 사회민주당은 노동자 조직을 대표하여 18명의 의원을 파견할 자격을 얻었다.[165]

지도자들은 국회에 제출할 안건에 대해 서로 의견이 달랐다. 성직자 집단의 지원을 받던 우익 세력(미할리, 바이다, 그리고 이 문제에 대해 이들과 뜻을 같이했던 마니우)은 무조건 통일을 주장했다. 루마니아 부르주아를 적대시하는 것을 두려워하던 다른 지도자들— 예를 들면, 이슈트반 C. 포프— 은 자치를 주장했다. 자치가 아니면 레가트(Regat. 1856년 파리 협정의 도움을 받아 도나우 공국, 왈라키아 공국, 몰다비아 공국이 구성했던 최초의 루마니아 국민 국가를 비공식적으로 부르던 용어-옮긴이) 출신의 용병들이 새로운 영토를 침략하여 루마니아에 불리한 상황을 만들기 쉽다는 이유 때문이었다.[166] 사회민주주의자들은 특정 조건, 즉 루마니아의 민주화와 민주개혁을 조건으로 통일을 이루고자 했다. ("우리는 루마니아가 진정한 민주주의 국가가 된다는 전제하에 루마니아와의 통일을 원한다. 우리는 호헨촐레른의 지배나 국가의 착취가 없는 노동자의 나라 루마니아와 통일을 실현하고자 한다.")[167] 민주 노선을 대표했던 바실레 골디슈(Vasile Goldiş, 1862~1934), 이오안 수치우(Ioan Suciu, 1907~1953), 에밀 이사크(Emil Isac, 1886~1954) 역시 자치와 개혁을 소리 높

---

165 *Erdély története*, Vol. Ⅱ., p.444.
166 *Mikes*, Vol. Ⅱ., p.27.
167 *Erdély története*, Vol. Ⅱ., p.445. *Századok.* 2/1972. p.239.

여 주장했다. 국회가 문을 열기 하루 전인 11월 30일 루마니아 국민 위원회와 루마니아 사회민주당의 대의원 대회가 개최되었다. 이 대회에서 사회민주당 지도부인 이오안 플루에라슈와 이오시프 주만카 (Iosif Jumanca, 1893~1950)는 자신들이 원래 견지하던 태도를 포기했다. 새벽까지 이어진 기나긴 토론에 뒤이어 줄러페헤르바르에 있는 호텔 '헝가리아'에서 열린 회의에서 무조건 통일 정책이 채택되었다.

루마니아 국회에 제출한 최종 결의문은 이러한 태도를 견지하고 있었지만, 하나의 양보로서 왕조 이름을 언급하지 않으면서 문제 지역에 합법적인 국회가 소집되기까지 임시적인 자치 권한을 공고히 했다. 결의문은 다음과 같이 다수의 민주적 요구 사항을 "새로운 국가 루마니아의 기본 원칙으로" 적시했다. 함께 사는 사람들을 위한 완전한 민족적 자유, 비밀 투표에 의한 보통·직접 선거, 완전한 언론의 자유, 집회 및 결사의 자유, 개인 사상의 자유로운 전파, 급진적 토지 개혁, (자신들이 상대해야 하는) 선진 산업 국가의 노동자가 이미 보유하고 있는 권리와 이점.

민주적 요구 사항에 대한 강조는 대중의 분위기와 좌익 세력의 존재를 반영한 것이었다.

줄러페헤르바르 성(城)의 장교 클럽 연회실에서 열린 국회에서 바실레 골디슈가 결의안 초안을 낭독했고, 참석한 사람들은 이를 승인했다. 1785년 호레아(Horea, 1731~1785), 클로슈카(Cloşca, 1747~1785), 크리샨(Crişan, 1733~1785. 1784년 농노제 폐지를 주장하며 트란실바니아에서 발생했던 농민 봉기의 지도자들―옮긴이)이 처형당했던 성 바깥의 군 연병장과 도시의 거리 ― 루마니아와 협상국의 깃발이 휘날리는 ―

에는 10만여 명의 열광한 군중이 모여들었다. 회의를 마친 후, 지정된 연사들이 성가(聖歌)와 민족 노래를 열창하는 군중에게 무슨 일이 있었는지 설명했다(수천 명의 노동자는 적색 깃발을 앞세우고 행진했다).

루마니아 국회는 알렉산드루 바이다의 제안을 기초로, 이미 존재하던 '중앙 국민 위원회' 대신 '대(大)루마니아 국민 위원회'를 구성했다. 200명으로 구성된 강력한 중심 기관은 의회의 기능을 수행했는데, 구성원의 직업 분포는 다음과 같았다. 변호사 95명, 성직자(주교, 주임 사제, 사제) 44명, 교사 13명, 지주 9명, 언론인 8명, 은행 지점장 6명, 초등학교 교사 4명, 판사 3명, 의사 3명, 공장 관리인 1명, 기술자 1명, 상인 1명, 사회민주당원 16명, 농부 1명(불확실).[168]

12월 2일 대(大)루마니아 국민 위원회의 첫 번째 회의에서 '내각 회의(Consiliul Dirigent)'가 구성되었고, 이울리우 마니우가 내각 회의 의장에 취임했다. 내각 회의는 곧 너지세벤으로 자리를 옮겼다. 협력 의지로 충만했던 사회민주당원들이 자그레브, 베오그라드, 보이보디나, 슬로바키아의 임시 정부에서 했던 것처럼 이곳에서도 몇몇 장관직을 차지했다. 너지세벤 정부의 15개 장관 자리 중 사회복지부 장관에 이오안 플루에라슈, 산업부 장관에 이오시프 주만카가 임명되었다.

주교 2명과 국민당원 3명으로 구성된 대표단이 12월 11일 부쿠레슈티에 도착하여 황제를 알현하고, 양피지에 쓰인 줄러페헤르바르 결의문을 의식에 맞추어 진상했다. 12월 26일 공식 기관지인 〈모니

---

168 *Cherestestiu*, p.65.

토룰 오피치알(Monitorul Oficial)〉에 통일에 관한 법령이 공포되었다. 동시에 통일을 규정하는 첫 번째 조치도 발표되었다. 황제는 통일 루마니아의 조직이 완성될 때까지 문제가 되고 있는 지역의 일반 행정을 감독하는 임무를 너지세벤 내각 회의에 부여했다. 한편, 친협 상국적 재정 자본 정책의 옹호자인 이오안 브러티아누(Ioan Brătianu, 1864~1927)가 주도하여 12월 중순에 개편한 중앙 정부에 루마니아 국민당 소속의 알렉산드루 바이다, 바실레 골디슈, 이슈트반 C. 포프 가 정무장관으로 임명되었다.

루마니아 국민 대다수는 정권 인계와 통일을 환영했다. 그들은 (충분한 근거를 바탕으로) 일이 이런 방향으로 전개되는 것이 상황을 개선하고 백여 년간 지속한 압제를 종식하리라 생각했다. 그러나 민주화 운동 대표들과 노동 계급은 약간 주저하는 모습을 보였는데, 통일이 루마니아 자본가 세력과 트란실바니아의 루마니아 부르주아 세력에 유리했기 때문이었다. 루마니아 국민당의 집권은 주로 야심 많은 신흥 부르주아 세력과 루마니아 지식 전문가 계층에 밝은 미래를 약속하고 있었다. 12월 1일 너지세벤에서 창간된 당 기관지 〈파트리아(Patria)〉는 공개적으로 이러한 세력들의 욕망을 옹호하고 이들의 정서를 전달하는 사설을 게재했다. "마침내 우리의 시대가 도래했다. 루마니아인이라는 사실이 이제는 희생을 의미하지 않는다. 국가 예산은 우리에게 열려 있으며, 중요한 직책도 우리를 기다리고 있다. 우리가 사회적으로 일어나 부를 획득하고 우리 자신의 호화로운 삶을 회복하는 데 방해가 되는 것은 아무것도 없다."[169]

트란실바니아의 작센인들은 약간 동요했지만, 곧 루마니아와의

결합을 선언했다. 지역 위원회와 작센 국민 위원회 대의원으로 구성
된 메드제시(Medgyes)의 작센 의회에서 1월 8일 작센 중앙 위원회
역시 비슷한 결론에 도달했다. 메드제시 의회는, 줄러페헤르바르 결
의문에서 인용한, 민족의 자유와 종교적 평등에 관한 구절을 강조하
고 있는 선언서를 채택했다. "문제가 되고 있는 지역의 국민 각자에
의한, 자신들의 모국어로 이루어지는 교육, 행정, 사법 제도가 모든
사람에게 적용되어야 한다. 모든 국민은 국가의 입법과 행정에 비례
대표로 참여할 권리를 지닌다. 더불어 종교와 교육의 완전한 자치를
누린다."[170]

　헝가리 정부는 줄러페헤르바르 결의를 받아들이지 않았다. 너지세
벤 정부 대표로 부다페스트에 파견된 에르데이 야노시(Erdélyi János)
가 결의문 진본을 제출하자 야시는 12월 8일 내각 회의에서 이에
대해 항의할 것을 제안했다. 야시는 (국방부의 태도와 궤를 같이하며) "루
마니아의 행동이 정전 협정과 충돌"하므로 이 문제의 해결은 평화
협상에 맡겨야 한다고 주장했다. 같은 날 정부는 "헝가리 동부의 헝
가리인을 방어"하기 위해 콜로즈바르 최고 정부 위원회를 구성하고,
콜로즈바르 대학교수인 어파티 이슈트반(Apáthy István, 1863~1922) ―
이전에 그가 행했던 쇼비니즘적 발언과 행동 때문에 루마니아 국민
당이 격분했음에도 불구하고 ― 을 문제가 되고 있는 26개 주(州)의
최고 정부 위원에 임명했다.

169 *Patria*, Cluj, 43/1918. In: *Chereșteșiu*, p.65.
170 *Teutsch*, p.263.

그러는 사이에 트란실바니아에서 군대의 편성이 시작되었다. 11월 말 콜로즈바르 국민 위원회는 세케이(Székely) 지역에 징병관을 파견하여, 이전에 보류했던 다섯 개 연령 집단의 소집을 시도했다.

그러나 이러한 노력은 별 성과를 거두지 못했다. 예전에 요제프 대공의 아들의 가정 교사를 역임했던 트란실바니아 군사령관 크러토치빌 카로이(Kratochvil Károly)가 연대장의 자격으로 이탈리아 전선에서 돌아와 11월 23일 콜로즈바르 지역 사령관에 임명되었다. 그를 따르면, 12월 1일 현재 군인, 국민 경비대, 경찰 등 무장 부대는 545개였다. 크러토치빌은 12월 초에 콜로즈바르에 모인 세케이 족 출신이 약 1,700명 정도이며, 그중 겨우 600여 명만이 총기를 휴대하고 있다고 추산했다.[171] 이후 몇 주 동안 근본적으로 상황에 변화는 없었다. 어파티의 설명에 따르면, 12월 말 트란실바니아의 비점령 지역에 주둔한 무장 병력은 3~4천 명 정도였다. 반면, 그는 트란실바니아 지역의 루마니아군 병력을 15,000명 정도로 어림했다.[172] 최근 프랑스 국방성이 발간한 문서를 따르면, 1919년 1월 1일 루마니아군의 전체 병력은 18만 명 정도였고 그중 약 3만 9천 명이 트란실바니아에 주둔했다.[173]

12월 22일 콜로즈바르의 헝가리·세케이 국민 위원회는 줄러페헤르바르를 견제하기 위한 집회를 개최했다. 이전에 머로시바샤르헤

---

171 *Kratochvil*, pp.13., 18.
172 *Új Magyar Szemle*, Nos. 2-3., 1920년 12월. pp.168, 170.
173 *Bernachot*, p.53.

이에서 열린 유사한 집회에는 겨우 2천여 명이 참가했지만, 이번에는 수만 명의 사람이 모였다. 그중에는 바나트 지역의 슈바벤 사람과 루마니아 사회민주당의 대의원들도 있었다. 나중에 공화국 위원회의 깃발 아래 '붉은 군대' 대대장으로 활약하게 되는 사버 스텐가르 데미안(Száva Stengar Demian)이 플루에라슈와 주만카에 반대하는 사회민주주의자를 대표하여 소리쳤다. "루마니아 사회주의자들은 줄러페헤르바르 결의에 동조하지 않으며, 루마니아 제국주의의 희생물이 되길 원치 않는다." 게오르게 아브라메스쿠(Gheorghe Avramescu, 1888~1945)는 루마니아 사회민주당을 대변하여, 헝가리와 트란실바니아뿐만 아니라 루마니아에도 엄청난 억압이 존재한다고 주장했다. "1907년 빵을 요구하던 농민들은 빵 대신 총알 세례를 받았고, 왕의 명령 한마디에 루마니아인 15,000명이 목숨을 잃었다." 아브라메스쿠는 "현재 상황을 해결"하기 위해 트란실바니아가 스위스 연방주(州) 모형에 따라 독립 공화국이 되어야 한다고 제안했다. 그러나 집회는 더 이상의 선을 넘지 않았다. 독립 공화국에 관한 논의가 있긴 했지만, 채택된 제안은 부다페스트의 법적 근심거리를 고려하여 민주적 통일 헝가리의 틀 안에서 "모든 민족의 완전한 평등, 자유, 자결"을 요구하고 있었다.[174]

루마니아 군대가 국경선을 넘으려는 것이 확실해지고 베르틀로 장군이 콜로즈바르와 전략적 거점 지역인 트란실바니아의 9개 도시를 점령 — 이것은 베오그라드 협정으로 가능한 일이었음 — 하도록

---

174 *Népszava*, 1918년 12월 24일. "콜로즈바르 항의 집회."

허락했다는 공식 통보가 도착하자, 정부는 여러 차례의 회의를 열고 총사퇴의 가능성까지 고려한 끝에 현 상황이 절망적임을 선언하고 무장 투쟁과 유혈 사태에 반대한다는 성명을 발표했다.

12월 24일 콜로즈바르에 주둔하던 헝가리 무장 부대가 철수한 후, 게레스쿠(Gherescu) 대령이 지휘하는 루마니아 부대가 콜로즈바르에 입성했다.

한편, 베오그라드 협정에는 점령된 전략 거점에서의 군의 철수 문제가 규정되어 있지 않았기 때문에 최고 정부 위원회는 최소한 상징적으로 지역 군사령부로 남아 있었다.

12월 31일 이른바 도나우 군대로 불리던 협상국 측 부대의 사령관인 베르틀로 장군이 콜로즈바르에 도착했다. 베르틀로는 점점 민감해지던 상황을 중재하려 노력하면서 데시(Dés)-콜로즈바르-너지바녀(Nagybánya) 전선의 동쪽 15킬로미터 지점까지 연장되는 중립 지역을 설치하자고 제안했다. 어파티의 설명에 따르면, 베르틀로는 "우리의 공동 목표인 볼셰비즘에 대한 투쟁"을 강조했다. "어디든 볼셰비키가 있다면, 마을이나 도시 주변에 그들을 목매달아야 할 것이오." 프랑스 출신 사령관은 이렇게 충고했다.[175]

부다페스트와 루마니아 최고 사령부 모두 중립 지역에 관한 협정을 받아들이지 않았다. 헝가리 정부는 중립 지역이 베오그라드 협정을 위반한다는 구실을 내세워 공식적인 승인을 거부했다. 루마니아는 서트마르네메티(Szatmárnémeti)-너지카로이, 너지바러드-베케슈

---

[175] *Új Magyar Szemle*, Nos. 2-3/1920. p.174. *Kratochvil*, p.28.

처버 전선까지 진군하려는 자신의 목표에 비해 중립 협정이 제시한
지점은 충분하지 않다고 생각했다.

1월 중순 루마니아군은 중립 지역을 무시하고 너지바녀로 진군했
고, 계속해서 지보(Zsibó), 반피후녀드, 질러, 마러머로시시게트(Mára-
marossziget)로 나아갔다. 그러나 이 대열의 동쪽 끝 전진 속도가 점차
더디어졌고, 이렇게 굳어진 마러머로시시게트-잠(Zám) 전선은 이후
로 상당 기간 바뀌지 않았다. 상황이 이렇게 흘러간 것은 한편으론
헝가리 군대의 저항이 거세어졌고, 다른 한편으론 1월 말 프랑스
국방성이 프랑셰 데스프레에게 유리하도록 베르틀로의 권한을 억제
함으로써 현 상태를 임의로 위반하지 못하도록 강력한 태도를 보였
기 때문이었다.

보이보디나와 슬로바키아에서처럼, 권력 인계와 루마니아 군대
의 존재에 대한 헝가리 민중의 반응은 사회적 지위에 따라 달랐다.
혁명적 상황 때문에 지주와 자본가 대다수는 루마니아 왕립 군대의
출현을 두 해악 중 덜한 쪽으로 생각했다. 콜로즈바르 국민 위원회를
혐오하는 일부 보수 정치가와 혁명에 반대하는 사람들 — 이들 중
꽤 많은 수가 귀족이었음 — 도 이 무리에 합류했다.[176] 새로운 체제

---

176 이들 계층의 태도에 대해서는 I. Mike의 책 *Erdély útja*, pp.48~49.에서 인용한 다음
의 일기에 잘 나타나 있다. 콜로즈바르의 프로테스탄트 주임 사제인 버러바시 셔무
(Barabás Samu)의 1918년 12월 16일 자 일기: "우리는 교회 모임을 했는데, 여기에
는 티서 이슈트반의 처남인 총감독관 제이크 카로이(Zeyk Károly)도 참석했다. 흔들
리는 영혼과 고통스러운 마음으로 나는 트란실바니아의 운명이 봉인되었으며, 며칠
후면 루마니아인이 콜로즈바르를 점령할 것이고, 어두운 미래와 형언할 수 없는 고통
이 우리를 기다리고 있다고 설명했다. 제이크가 나의 말을 가로막았다. 나는 차라리
루마니아인이 이곳에 이미 도착했기를 원한다. 끔찍한 감정의 무지여! 이런 식으로는

가 자신의 생계에 심각한 위험이 될 것으로 확신했던 공무원들은 저항의 길을 선택했다. 최고 정부 위원회로부터 용기를 얻은 공무원들은 부다페스트 정부로부터 재정적 지원을 기대하면서 루마니아 당국이 요구한 충성 맹세를 거부했다. 노동자들 역시 새로운 체제에 등을 돌렸다. 1월 말 사회민주당 소속의 철도 노동자와 집배원들, 콜로즈바르 산업 단지의 노동자들, 너지세벤의 인쇄공들이 민주적 권리의 회복, 기존 성과의 보호, 경제적 요구 등을 부르짖었다. 질 계곡에서는 다른 민족이었던 광부들도 이들과 나란히 투쟁에 나섰다. 1월에 전개된 이 파업은 무장봉기로 확대되었고, 사회주의 공화국 수립을 요구하는 광부들에 맞서 대포까지 동원되었다. 관망하는 태도를 보이던 농민들은 줄러페헤르바르에 파견된 루마니아 대표가 전달하는 토지 분배 소식을 유보적인 자세로 받아들였다.

카르파티아—우크라이나

카로이 정부가 취한 소수 민족 정책은 헝가리에 거주하는 우크라이나인(루테니아인)과 독일인에 대해서만 어느 정도 성과를 거둘 수 있었다. 적어도 우크라이나인과 관련해서 이 정책이 성공을 거두었던 것은, 갈리치아에서 우크라이나인 우세 지역에 대한 권리를 주장

아무도 닥쳐올 운명을 정확히 인지할 수 없다. 나는 이들이 콜로즈바르 국민 위원회를 혐오하고 있으며 오히려 루마니아인의 도착, 그 무시무시한 실수를 바라고 있다고 느낀다."

하며 모습을 드러낸 서(西)우크라이나 국가가 자신들의 열망을 실현
하기에는 너무 힘이 약했던 데 그 원인이 있었다.

서우크라이나 공화국은 폴란드 및 루마니아와 전쟁을 벌였고, 얼
마 뒤에는 소비에트 우크라이나와도 전쟁에 돌입했다. 이런 상황에
서는 헝가리와 좋은 관계를 유지하는 것이 중요했다. 우크라이나 지
도자들은 상거래를 원했고, 적절한 서비스에 대한 대가로 헝가리 정
부가 전쟁에 필요한 물자는 무엇이든지 자신들에게 제공해 주기를
희망했다. 체코슬로바키아와 루마니아는 둘 다 북동쪽 지역을 요구
했지만, 이 지역을 부분적으로 또는 전체적으로 구획하는 것은 장기
적인 목표일 수밖에 없었다.

이런 상황에서 (아마도 헝가리에서 가장 뒤처진 지역이었던 문제의 이 지
역에서) 성직자, 변호사, 교사, 공무원 등 우크라이나의 지도층 인사
중 친헝가리파가 우위를 점하게 되었다. 전쟁에서 돌아온 우크라이
나 병사들의 혁명 활동, 가난한 농민들의 단체 행동, 헝가리 법 집행
기관에 대한 야만적 보복 행위 등 국내 상황도 여기에 한몫했다.

친헝가리 흐름은, 11월 9일 운그바르(Ungvár)에서 35인의 위원으
로 조직된 "헝가리-루테니아 인민 위원회"가 주도했다. 정부는 운그
바르 위원회가 11월 19일 제시한 요구 사항을 기꺼이 받아들였다.
운그바르 위원회는 서보 시몬(Szabó Simon)이 위원장을, 아브구스틴
볼로신(Avgustyn Voloshyn, 1874~1945)이 간사를 맡고 있었다. 이들은
마러머로시, 베레그(Bereg), 운그, 우고처 주(州)의 루테니아인과 연
결되어 있었고, 문화부 같은 정부 부처의 루테니아과(課)나 대학의
루테니아 학과와 접촉하고 있는 신임 주지사들이었다. 정부는 추가

임무를 위해 전(前) 운그 주(州) 정부 위원 서보 오레슈트(Szabó Orest)
를 중앙 정부 위원으로 임명했다.

12월 10일 정부 위원회의 주도로 우크라이나 지도자들이 부다페
스트에 모였다. 초청된 참가자들은 특별히 마련된 열차를 이용하여
수도로 이동했다. 이 회의에서 만장일치는 아니지만 최종 합의에 도
달했고, 이에 따라 정부는 12월 25일 "헝가리에 거주하는 루테니아
민족의 자치권"에 관한 법률을 공포했다.

1918년의 법령 제10호는 내무, 사법, 공공 교육, 문화, 종교, 언
어의 영역에서 루테니아인의 자결권을 보장했다. 이 법령은 또한
마러머로시, 우고처, 베레그, 운그 주(州)의 루테니아인 우세 지역을
루스커-크러이너(Ruszka-Krajna)라는 이름의 자치 정부 권역으로 규
정했다. (1910년 인구 조사를 따르면 4개 주의 인구는 루테니아인 356,067명,
헝가리인 267,091명, 루마니아인 94,273명, 독일인 93,047명, 슬로바키아인
37,950명으로 총 848,428명이었다. 그러나 이 지역에 거주하던, 소위 카자르라
불리던 유대인 128,791명이 헝가리인 또는 독일인으로 계산되었기 때문에 위
의 통계 수치가 소수 민족의 정확한 분포를 보여주고 있지는 않다. 통계 조사
시 헝가리어를 구사하는 우크라이나인도 헝가리어를 모국어로 하는 사람으로
분류하였을 가능성도 많은데, 그리스 정교회 신자가 많았던 것이 이 가능성을
뒷받침하고 있다.)[177]

이 법령은 이웃 나라에 사는 (당시의 통계를 따르면, 거의 100,000명에
달했던) 우크라이나인에 대한 조항은 규정하지 않았고, 다른 "루테니

---

[177] *1910. évi népszámlálás*, Vol. Ⅵ., pp.11., 116.

아인 우세 지역"에 대한 문제도 강화 조약에서 논의될 때까지 미해
결 상태로 남겨 놓았다.

법령 제4항과 제5항에 따라 루테니아 국회가 자치 지역에 적용될
자치 정무에 관한 입법 기관으로 활동하는 한편, 헝가리에 세워질
공동 의회에서 외교, 국방, 재정, 시민권, 민법과 형법의 제정, 경제,
운송, 사회 복지 문제 등 공동 정무를 담당하기로 했다. 루스커-크러
이너 장관과 지사가 이 정부 기관의 중심이었다. 루스커-크러이너
권역에 거주하는 비(非)우크라이나인에게는 행정과 문화의 자치를
허용했다. 자치 지역에 산재한 광산과 숲 등 국가 보호 구역은 "루테
니아 민족의 합법적 대표자들"이 관리하게 되었다.

장관 자리는 부다페스트에 두고 지사가 문카치에서 통치하는 루
스커-크러이너 내각이 곧바로 구성되었다. 전임 정부 위원 서보 오
레슈트가 루테니아 내각의 장관에 임명되었고, 라호(Rahó) 출신 변호
사 아브구스틴 슈테판(Avgustyn Stefan)이 루스커-크러이너의 지사에
임명되었다.

루테니아 법령을 제정한 사람들은 (우파로부터 너무 관대하다고 즉각
비판받은) 이 법령이 유사한 법률을 제정하는 데 하나의 모델이 되기
를 원했다. 그들은 첫 번째 "헝가리 주(州)"를 세워서 상황을 개선하
고 우크라이나인을 진정시키며, 점점 강력해지던 분리주의 경향을
가라앉히고 완화함으로써 강화 협상에 임하는 정부가 선한 의도를
지니고 있음을 증명하고자 했다.

운그바르의 "헝가리-루테니아 인민 위원회" 외에 에페르예시와
마러머로시시게트 지역에서도 "우크라이나 인민 위원회"가 작동했

다. 에페르예시 위원회는 안토니 베스키드(Antonii Beskid)를 위시한 친체코파가 주도했고, 마러머로시시게트 위원회는 브라시차이코(Brashchaiko) 형제 및 이울리(Iulii)와 미하일로(Mykhailo) 등 친우크라이나파가 이끌었다. 1월 7일 에페르예시 위원회는 체코슬로바키아와의 합병을 선언했다. 1월 21일에는 마러머로시에서 후스트(Huszt)에 이르는 지역의 주민들이 개최한 의회―175개 도시와 마을을 대표하여 420명의 대의원으로 구성된―에서 우크라이나와의 재결합이 결정되었다. 민족주의자와 지도자 집단에 우크라이나는 페틀류라(Symon Petlyura, 1879~1926)로 대변되는 서우크라이나 국가를 의미했지만, 노동자와 빈농에게 우크라이나는 소비에트 우크라이나를 의미했다. 이들은 소비에트 우크라이나로 병합되기를 열망했다.

12월 26일 운그바르 위원회는 "루테니아 인민법의 제정에 대한 감사와 충성"을 표명했다.[178] 그러나 며칠 후 볼로신이 이끄는 대표단이 부다페스트에 도착했고, 체코슬로바키아와의 협정 가능성에 관해 호자(Milan Hodža)와 협상했다.

루마니아와 체코슬로바키아 군대가 모습을 드러냈고, 이는 이후의 사태 전개에 심대한 영향을 미쳤다. 너지바녀를 점령한 루마니아 왕립 군대는 마러머로시시게트로 향했고, 체코슬로바키아 군대는 1월 12일 운그바르로 진군했다. 이 소식을 접한 우크라이나 민족주의자들도 북동부 지역으로 군대를 보냈다. 1월 16일 쾨뢰시메

---

178 *OL K 40-1918-X.* 1084. 서보 시몬 위원장이 카로이 미하이에게 보낸 전보. 1918년 12월 26일, 운그바르.

죄(Körösmező) 쪽에서 도착한 부대가 마러머로시시게트까지 진군했고, 러보츠네(Lawoczne) 방면에서 도착한 부대는 문카치를 지나 처프(Csap)까지 나아갔다. 우크라이나 전권 공사가 관련 사항을 카로이에게 미리 전하면서, 이렇게 계획되어 있는 점령 활동이 상대적으로 이익이 된다는 점을 설명했다. 12월 29일 내각 회의에서 야시는, 북부 지역이 체코와 루마니아뿐만 아니라 폴란드와 우크라이나에도 점령된다면 "이는 우리에게 전략적으로 이익이 될 수 있다."는 의견을 제시했다.[179]

우크라이나가 체코 또는 루마니아와 충돌할 경우 "중립을 지키라."는 명령이 하달되어 있었기 때문에[180] 헝가리 군대는 우크라이나 세력에 저항하지 않았다. 그러나 우크라이나 부대는 불과 며칠만 점령 지역에 머물렀다. 마러머로시시게트에서 루마니아군과 접전하여 주 전력이 패배한 우크라이나군으로서는 전략적으로 별로 가치가 없는 이 지역에서 철수하는 편이 더 바람직했던 것이다. 1월 말 체코와 루마니아가 진군을 멈춰야 할 사정이 생기면서 루스커-크러이너 권역에서 헝가리 행정부는 그 기능을 계속 이어갔다. 한편, 자치 조직의 설립 역시 느린 속도이긴 해도 계속해서 진행되었다.

---

179 내각 회의록, 1918년 12월 29일.
180 *Breit*, p.230. 1919년 1월 16일 우크라이나의 움직임에 대한 39사단의 대응 방안.

헝가리 거주 독일인과 헝가리 서부(부르겐란트)

독일-오스트리아 지역에 모습을 갖춘 오스트리아는 헝가리 서부의 독일인 우세 지역을 요구했다. 오스트리아 우익 진영도 프레스부르크(Pressburg, 포조니), 비젤부르크(Wieselburg, 모숀(Monson)), 외덴부르크(Ödenburg, 쇼프론(Sopron)), 아이젠부르크(Eisenburg, 버시바르(Vas-vár)), 좀 더 정확히 말하자면 모숀, 쇼프론, 버시(Vas) 주(州)의 일부 또는 전체의 합병을 주장했다.

그러나 독일 민족주의자의 극단적인 태도보다는 사회민주당의 온건한 태도가 오스트리아의 공식적인 정책이었다. 그것은 헝가리 정부가 취한 행동(빈 주재 헝가리 대사는 식량 공급을 중단하겠으며 식량 문제에 대한 논의를 그만두겠다고 협박했음) 때문이기도 했지만, 새롭게 형성된 독일-오스트리아 국가의 허약함 때문이기도 했다. 전쟁에 패하고 국내 문제로 혼란스럽던 오스트리아는 군 병력과 적절한 외교적 지원이 부족했기 때문에 자신들의 주장을 뒷받침할 만한 무력 사용을 생각조차 할 수 없었다.

11월 21일 개최된 오스트리아 국가 위원회와 11월 22일에 개최된 임시 국회는 이 지역 문제를 강화 회의에 맡기기로 했다. 어느 나라에 속할지 해당 주민 스스로 결정하게 하자는 것이었다.

카로이 정부 역시 원칙적으로 합의한 이 해법은 독일-오스트리아가 당분간 "쟁점 지역"에 대한 헝가리의 권한을 인정한다는 것을 의미했다.

오스트리아 정부는 11월 21일과 22일의 결의에서 채택한 원칙을 고수하면서 독일 민족주의자들의 파괴 행위와 쿠데타 시도에 요원한 태도를 보였다. 오스트리아 정부는 근본적으로 경제적 동기에 자극받은 분리주의자들의 열망을 (최소한 공식적으로는) 지지하지 않았다. 국경이 완전히 폐쇄될지도 모른다는 두려움 때문이었다. 빈은 국경 지역 농민들이 생산한 농산물의 주요 시장이었고, 빈의 산업 지구는 많은 노동자에게 일거리를 제공하고 있었다.

　이런 상황에서 헝가리 행정 기관은 헝가리 서부 지역에서 계속 그 기능을 수행했다. 그들의 업무를 방해한 것은 오스트리아인들이 아니라 11월 초에 확산한 대중 운동이었다. 대중 운동은 지역 행정 기관을 달아나도록 만들고 있었다.

　카로이 정부는 처음부터 헝가리 서부에 사는 독일인 대표가 아니라 전체 독일인을 대표하는 헝가리 거주 독일 지도자들과 합의에 도달하려 노력했다.

　1910년의 인구 조사를 따르면 1918년 이전에 (크로아티아와 슬라보니아를 포함한) 헝가리 지역에 거주하던 독일어 사용자는 약 2백만 명이었다. 주요 독일인 거주지는 다음과 같다. 보이보디나 565,000명, 트란실바니아 186,000명, 헝가리 북부 106,000명, 톨너-버러녀(Tolna-Baranya) 주(州) 180,000명, 페슈트(부다페스트) 160,000명, 베스프렘 및 페예르 주(州) 53,000명.

　한편, 통계 수치는 헝가리 서부(포조니, 모숀, 쇼프론, 버시) 지역에 332,148명의 독일인이 살고 있었고, 그중 52,600명이 (곧 체코슬로바키아가 점령하게 될) 포조니에 거주했음을 보여주고 있다.[181]

　독일 지도자들은 비교적 온건한 요구안을 제시했다. 그들의 태도

가 이렇게 온건했던 것은, 한편으론 이들과 헝가리 지배 계층의 연계
― 독일 부르주아 계층은 이중 제국 시기에 급속도로 제국에 동화되
었다 ― 가 강했기 때문이었고, 다른 한편으론 (노동자가 많기는 했지만)
대부분 농민이었던 독일인들이 한곳에 모여 살기보다는 전국에 흩
어져 있어 실제 인구에 비해 표출된 힘이 작았기 때문이었다.

11월 초 부다페스트에 2개의 독일 인민 위원회가 설립되었다. 민
족부(民族部)는 트란실바니아의 작센인과 사회민주당도 끌어안고 있
던 '헝가리 독일 인민 위원회'와 주로 접촉했다. 한편, 민족부는 소위
"애국 독일인"이라 불리던 '독일-헝가리 인민 위원회' ― 이 위원회
위원장인 야카브 블라이어(Jakab Bleyer)가 비록 정부보다는 헝가리
반동 집단과 주로 접촉하고 있었지만 ― 와의 협상도 멈추지 않았다.

11월 말 정부는 어포니의 교육 법안 중 독일계 학교와 관련한
차별적 조항을 폐지했다.

이러한 조치에 뒤이어 독일인의 자치 문제가 대두하였다. 쇼프론
에 본부를 둔 '서(西)헝가리 독일 인민 위원회'가 자치 문제를 주도했
다. 분리 문제가 자신들에게는 별로 중요한 쟁점이 아니었던 도시
기능공과 소매상 계층이 쇼프론 인민 위원회 ― 신문 편집인이었던
좀보르 게저(Zsombor Géza)가 이끌던 쇼프론 인민 위원회는 11월 19
일 독일 인민 위원회에 합류했다 ― 에 모여들었다. 이들의 자치 요
구는 특히 분리주의 운동의 분산을 목표로 하고 있었고, 쇼프론의
헝가리 국민 위원회는 이러한 범위 내에서만 이들의 자치를 지원했

---

181 *1910. évi népszámlálás*, Vol. Ⅵ., 63*, pp.114, 116.

다. 독일 지도자들은 이러한 요구를 강조하고 국적 문제를 부각함으로써 노동자들의 혁명 운동을 약화하고 공동의 이해라는 구실 아래 종속시키려 노력했다.

독일 자치에 관한 법률이 긴 협상과 거듭된 상의를 거쳐 1월 말 통과되었다. 1919년의 법령 제6호("헝가리에 거주하는 독일 민족의 자결권 행사에 관하여")는 우크라이나에 적용되는 통치 법령에 준하여 자치 정무와 공동 정무를 규정했다. 이 법령에 의한 독일 자치 조직의 구조는 우크라이나와 거의 같았지만, 통치 기구의 수와 담당 지역을 명확히 구분하지 않고 단독 또는 여러 개의 통치 조직을 조정할 수 있도록 한 점은 차이가 있었다.

헝가리 정부는 독일 자치법을 통해 분리주의자들의 열망을 견제하고 헝가리에 거주하는 독일인을 설득하고자 했다. 이 법률은 외진 곳에 사는 독일인이 새로운 후속 국가보다는 헝가리에서 더 낳은 대우를 받을 수 있으리라는 점을 강조하고 있었다.

헝가리 반동 집단(우크라이나에 대한 양보가 과도했다고 생각하던 민족주의자들)은 이 법이 실현되기도 어려울뿐더러 분리를 막을 수도 없고, 독일인에게 그들이 요구하던 것보다 더 많은 권리를 보장한다는 구실을 내세워 독일 자치법을 반대했다. 헝가리 반혁명 세력의 공격에 동참한 블라이어도 자치를 거부했다. 그러나 블라이어는 아무런 지지도 얻지 못했고, 자신의 집단 내부에서조차 고립되고 말았다.

2월 초 세게드(Szeged)의 상소 법원 판사인 융커 야노시(Junker János)가 독일 민족부 장관으로 임명되었다. 이와 함께 컬마르 헨리크(Kalmár Henrik, 1870~1931)와 예켈 페테르(Jekel Péter)가 국무차관에 임명되었고, 곧이어 좀보르 게저가 동(東)헝가리 총독에 임명되었다. 3월 7일 독일 국무 회의가 36명의 위원으로 구성되어 국회의 역할도 대리했다.

그러나 독일 자치법의 실행은 매우 더디게 진행되었다. 지역 행정부가 저항했고, 상충하는 수많은 이해관계와 기준이 우후죽순으로 나타났다. 정부는 헝가리 서부 자치 구역의 경계선조차 정할 수 없었다. 루스커-크러이너와 관련한 최종 결정은 연기되었다.

6

헝가리 공산당과 비헝가리인 노동자의
공산주의 단체들

소비에트 정부의 호소

오스트리아와 헝가리에서 발생한 혁명 소식이 모스크바에 전해진 것은 10월 말과 11월 초의 일이었다. 형세가 유리하게 전개된다는 소식을 접한 '정치 위원회', '전(全) 러시아 중앙 집행 위원회', '모스크바 소비에트'는 "오스트리아-헝가리의 노동자 인민"에 관심을 기울이며 합동 호소문을 보냈다. 호소문의 초안을 잡은 레닌이 직접 이 문건을 정치 위원회에 제출했다. 러시아의 노동자·농민·군인이 형제의 애정을 담아 보내는 인사말로 시작하는 이 호소문은 전(前) 오스트리아-헝가리 제국의 노동자들에게 단지 제국과 황실의 관료 체제로부터 자유로워지는 것에 만족하지 말고 모든 박해자, 헝가리의 "지주와 은행가와 자본가", "독일과 체코의 부르주아", "루마니아의 특권 귀족과 변호사와 사제"의 지배를 청산할 것을 부르짖고 있었다. 호소문은 노동자들에게 자기 자신의 자유를 위해 힘을 모아 투쟁하라고 요구했다. "우리는 독일·체코·크로아티아·헝가리·루마니아의 노동자·농민·군인이 정권을 손에 넣고 자유에 관한 민족적 과업을 달성하게 되면 자유 인민의 형제 동맹을 확립하고 힘을 모아 자본가를 타도할 수 있으리라 확신합니다… 성공의 열쇠는 오스트리아에 사는 각 민족이 각자의 부르주아 계급과 동맹하는 데 있지 않고 모든 민족의 프롤레타리아가 동맹하는 데 있습니다. 최종 승리를 위해 모든 나라의 노동자는 하나로 힘을 합쳐 국제 자본과 투쟁해야 합니다. 노동자들은 협상국 세력의 약속과 윌슨의 민주주의 구호를 믿어서는 안 됩니다. 오스트리아-헝가리 인민 위원회들은 각자의 동맹을 깨고 러시아 소비에트와 동맹을 맺어야만 합니다."[182]

당시 소비에트 언론들도 논설을 통해 이 호소문을 자세히 설명했다. 10월 말 〈이즈베스티야〉는, 현재 오스트리아 혁명은 초기 단계에 있으며 폭력적 민족 투쟁으로 특징지을 수 있지만, 이러한 민족 혁명은 러시아에서처럼 곧 노동자와 농민의 혁명으로 전환할 것이라고 주장했다.

오스트리아가 해체되고 작은 국가들이 형성되는 것은 승자들에 유리했다. 발칸과 비슷한 상황이 유럽의 심장부에서도 벌어질 수 있다는 것을 의미했기 때문이었다. 이러한 상황이 수반하는 투쟁과 반목은 협상국 측 자본가들에게 군소 국가들을 서로 싸우게 만들어 "분리하여 지배"하는 정책이 계속 유용하도록 할 터였다. 민족주의에 기름을 붓거나 오스트리아 국가를 뒤흔들어 분열시키는 것은, 자

---

182 *Lenin Magyarországról*, p.49.

본가에 대한 노동자의 투쟁을 민족 간의 분쟁으로 바꾸기 원하던 부르주아 강경파를 돕는 행위였다.

도나우강 인근 지역을 서로 단절시키기보다 하나로 묶는 것은 오스트리아를 구하기 때문이 아니라, 서로 의존하는 단일 경제 구역을 유지하고 개선된 삶의 기반을 튼튼히 함으로써 이 지역의 경제적 이익을 보장하기 때문에 프롤레타리아에 유리했다.

사회적 혁명의 결과로 유럽에 새로운 중심지들이 나타날 것이고, 이러한 과정이 더욱 진전되면서 부르주아에 대한 공동 투쟁과 경제적 연대를 통해 중심지 간의 연결이 강화되어 나갈 터였다. "발칸 연맹, 도나우 연맹, 폴란드는 러시아 노동자 나라(國)와 독일 노동자 나라(國)를 잇는 다리 역할을 하고 있다. 경제·지리적 조건 때문에 이러한 유대는 더욱 가시화하고 있다."[183]

11월 3일 수십만 명의 노동자들이 오스트리아-헝가리 혁명의 승리를 축하하며 모스크바 거리를 행진했다. 시 위원회 건물 난간에서 레닌은 다음과 같이 짧게 연설했다. "우리는 모든 노동자의 자유를 위해 모든 나라의 자본주의와 국제적 자본주의에 대항하여 투쟁하고 있습니다. 굶주림과 싸우는 일이 어렵긴 하지만, 우리는 수백만 명의 동료가 우리 곁에 있음을 알게 되었습니다."[184]

---

183 *Izvestia*, 1918년 10월 18일, 20일. K. Radek: "Revolutsia v Austro-Vengrii, Ⅰ. v kotle vedmi, Ⅱ. Proletariat I razdelenie Austrii,"
184 *Lenin Magyarországról*, p.49.

헝가리 공산당 창설

11월 4일 "전(前) 헝가리국(國) 소속의 공산주의자들"이 회의를 위해 모스크바에 모였다.

11월 4일의 이 회의는 최근의 정세 흐름에 영향을 받아 여러 중요한 결정을 내렸다. 헝가리 공산당(KMP)을 창설하기로 하고, 러시아 공산당 소속의 모든 헝가리인에게 가능한 한 빨리 헝가리로 돌아가도록 요구했던 것이다.

또한, 이 회의는 소비에트 러시아에서 싸우고 있는 국제 공산주의 '붉은 군대' 병사들을 헝가리에 보내기로 하고, 공산주의 연합 세력에 헝가리 공산당 창설을 위해 모든 노력을 기울여 달라고 요청했다.

11월 4일 헝가리어 비사용자를 포함한 모든 노동자의 연합 기구로 새로운 조직이 세워졌다. 11월 4일의 회의에서 선출된 임시 중앙위원회는 세 명의 헝가리인(쿤 벨러, 포르 에르뇌(Pór Ernő, 1889~1937), 반투시 카로이(Vántus Károly, 1879~1927)), 두 명의 루마니아인(아리톤 페스카리우(Ariton Pescariu), 에밀 보즈도그(Emil Bozdogh)), 두 명의 슬로바키아인(마테이 코바치(Matej Kovač), 마테이 크르사크(Matej Krsak)), 두 명의 남슬라브 공산주의자(이반 마투코비치(Ivan Matuzović), 프라뇨 드로브니크(Franjo Drobnik))로 구성되었다.

전쟁 포로였던 공산주의자들의 귀환이 11월 초에 시작되었다. 공식 보고 자료를 보면, 특수 훈련을 받은 80명의 활동가와 "일반" 공산당원 100~200명이 11월 중순 헝가리로 돌아왔다. 네다섯 명으로 무리를 지은 전쟁 포로 공산주의자들은 우크라이나와 폴란드의 반혁명 세력이 주도권을 쥐고 있던 우크라이나, 폴란드, 갈리치아 지역을 통과하고 독일 노선을 따라 귀환했다. 극도로 위험하고 어려웠던 이 여정은 최소한 일주일 또는 그 이상의 시간이 걸렸다. 연대 군의관 에밀 세베스티엔(Emil Sebestyén)이라는 가명을 사용하며 동료 공산주의자 3명과 함께 모스크바를 떠난 쿤 벨러는 17일 민심의 동요로 들끓던 부다페스트에 도착했다(이들은 하르코프(Harkov), 키예프(Kiev), 렘베르크(Lemberg)를 거친 후 브로디(Brody)에서 헝가리 국경까지 자동차로 이동했다).

혁명의 결과로 헝가리에서 좌익 조직의 세력이 커지고 있었다. 11월 1일 좌익 야권이 친(親) 공화국 운동 본부를 조직했다. 정부가 입헌정체 문제에서 후퇴할 수밖에 없었던 것은 좌익 세력의 압력 때문이었다.

소비에트 정부는 11월 2일 호소문 원문을 무선 전신을 통해 부다페스트에 보내면서 헝가리 혁명 정부가 이를 활자로 공표하고 자그레브와 프라하에 전달하라고 요청했다. 정부는 이 요청을 따르지 않고 호소문을 감추려 애썼다. 그러나 혁명 사회주의자들이 체펠 무선 전신국 노동자들의 도움을 받아 이 원문을 입수했고, 그 내용을 전단에 인쇄하여 공화국이 선포된 11월 16일 의회 광장에서 공화국 선포를 축하하는 군중들 위로 비행기를 이용하여 배포했다. 이 붉은 전단은 혁명이 "노동 인민의 승리로 끝나야만 성공이라 말할 수 있다."고 경고하면서 "해방된 인민"에게 보내는 메시지로부터 "세계 공화국"이라는 개념을 취하고 있었다.[185] 야권의 움직임은 성공했다. 전단이 배포된 뒤 도시 전체가 소비에트 러시아의 호소문에 대한 의견으로 떠들썩했다. 노동자 위원회도 이 호소문과 정부의 태도를 문제 삼지 않을 수 없었다. 결국, 호소문은 〈민중의 소리〉 11월 20일 자에 실렸다.

혁명 전 그리고 혁명 직후, 여러 좌익 집단은 서로 밀접하게 협력했다. 그러나 앞으로 무엇을 해야 할 것인지에 관해서는 생각이 달랐다. 사회민주당과 공개적으로 손을 끊자는 의견이 대두하였지만, 새로운 독립 노동자당을 만들자는 생각에는 많은 사람이 반대했다. 구(舊) 좌익 야권 대다수는 당과 노동조합의 강한 유대 관계 탓에 별도의 정당을 만드는 일이 불가능하리라 생각했기 때문에 사회민주당과의 절교를 두려워했다. 그들은 당내에서 폐쇄적인 좌익 집단화를 통해 사회민주당을 압박함으로써 자신들의 목표를 좀 더 효율적으로 달성할 수 있을 것 — 비록 이전의 경험은 이러한 사실을 부정했지만 — 으로 생각했다. 혁명 사회주의자 지하 조직 회원들은 사회민주주의 전통에 덜 얽매여 있었다. 그럼에도 그들 역시 새로운 정당을 구성하는 데 그리 열성적이지 않았다. 새로운 정당의 역할을 이해하지 못했기 때문에 그 중요성을 높게 평가하지 않았던 것이다. 야권 일부는 사회민주당 내 좌익의 조정을 위해 마르크스 계파나 서보 에르빈 계파를 구성해야 한다고 주장했다. "개별적인 헝가리 사회주의자들의 연합"을 창설하자는 주장도 있었다.

좌익 지도자들이 '노동자 문학·예술 연맹(MIMOSZ)' 본부에서 이

---

185 *MMTVD 5*. p.245. 이 전단은 다음의 책에 수록되어 있다. Siklós András: *Magyarország 1918/1919. Események-Képek-Dokumentumok*, p.190.

문제를 치밀하게 논의하고 있을 때, (다른 사람들보다 먼저 러시아에서 돌아와 있던) 자이들러 에르뇌(Seidler Ernő, 1886~1938)가 전쟁 포로 공산주의 지도자 쿤 벨러의 부다페스트 도착 소식을 알렸다.

다음 날인 18일 쿤 벨러는 루더시 라슬로, 바고 벨러, 산토 벨러, 라슬로 예뇌(László Jenő, 1878~1919), 코르빈 오토, 히로시크 야노시(Hirossik János, 1887~1950) 등 좌익 지도자들과 회합했다. 19일에는 오스트리아 좌파와 연계를 수립하고 감옥에서 막 출소한 프리드리히 아들러(Friedrich Adler, 1879~1960. 오스트리아 사회민주당 지도자-옮긴이)에게 레닌의 인사말을 전하기 위해 빈을 방문했다. 20일 부다페스트로 돌아온 쿤 벨러는 창당에 관한 논의를 시작했고 곧바로 성과를 거두었다. 그는 자신의 회고록에 당시의 사건을 다음과 같이 기록했다. "나는 혁명 지속과 프롤레타리아 독재 확립을 위해 창당이 필수 불가결하다는 점을 개별적으로 설득하기 위해 매일 20~30명과 만났다. 그들은 소비에트 지배와 프롤레타리아 독재의 필요성을 적극적으로 받아들였고, 제조 공장만이 이러한 운동의 근거지가 될 수 있음을 재빨리 이해했다. 유익한 논의로 가득 찬 경이적인 나날이 계속되었다. 사람들이 잘 이해하지 못했던 유일한 생각은 새로운 당에 대한 필요성이었다."[186]

결국, 새로운 당에 대한 거부감도 극복되었다. 11월 24일 바로시

---

[186] Kun Béla: "Hogy alakult meg a kommunisták Magyarországi Pártja." In: *Új Előre 25 éves jubileumi albuma*, New York 1927, pp.10~15. *Társadalmi Szemle*, 11/1958, pp.96~98에는 "Összehívjuk az alakuló ülést."라는 제목으로 게재되어 있음.

머요르(Városmajor) 거리에 있는 코르빈 오토의 형 켈렌 요제프(Kelen József, 1892~1939)의 아파트에서 헝가리 공산당이 창당되었다.

당의 첫 중앙 지도부는 다음과 같았다. 전(前) 러시아 전쟁 포로 공산주의자 계열의 연치크 페렌츠(Jancsik Ferenc, 1882~1938), 쿤 벨러, 포르 에르뇌, 러비노비치 요제프(Rabinovics József, 1884~1938), 자이들러 에르뇌, 반투시 카로이. 좌익 사회민주주의자 계열의 츨레프코 에데, 피에들레르 레죄, 히로시크 야노시, 루더시 라슬로, 솜로 데죄(Somló Dezső, 1884~1923), 산토 벨러, 바고 벨러. 혁명 사회주의자 계열의 코르빈 오토, 미쿨리크 요제프(Mikulik József, 1889~1933).

서무에이 티보르(Szamuely Tibor, 1890~1919)는 베를린 — 이곳에서 그는 카를 리프크네히트(Karl Liebknecht, 1871~1919), 로자 룩셈부르크(Rosa Luxemburg, 1871~1919)와 만났다 — 을 거쳐 1월 초에야 헝가리에 도착했지만, 역시 중앙 지도부로 선출되었다. 한때 '범(汎)공장 조직 위원회'의 지도부였던 헤베시 줄러(Hevesi Gyula, 1890~1970), 헬프고트 아르민(Helfgott Ármin, 1878~1942), 켈렌 요제프 등으로 대변되는 소위 '기술자 집단'과 한 지식인 소집단도 공산당에 합류했다. 나중에 소위 '윤리가(倫理家)들'이라 불리던 이 지식인 소집단은 루카치 죄르지(Lukács György, 1885~1971. 헝가리의 철학자, 미학자, 문학사가-옮긴이)가 이끌고 있었다.

당 강령과 목표

공산당 강령은 기본적으로 러시아 공산당 내 헝가리인들의 간행물과 〈사회 혁명〉에 실린 논문들 그리고 10월 24~25일에 개최된 당 대회에서 채택한 (세부적인) 선언문에 설명된 원칙과 목표를 따랐다. 강령은 주로 볼셰비키의 가르침과 러시아 혁명의 경험에 의존하고 있었다.

헝가리 공산당은 사회민주당이 감추고 거부하려 했던 사실, 즉 사회주의 혁명은 당시의 상황에서 일반적인 현상이었다는 점을 출발점으로 삼았다. 집권의 기회가 다가온 것이다.

헝가리 공산당 기관지 〈붉은 신문(Vörös Újság)〉은 강령 해설 기사에서 다음과 같이 언급했다. "자본주의는 곧 패배할 것이다." … "사회주의 실현의 시기가 도래했다." … "프롤레타리아 독재가 논의의 중심에 올랐다."

헝가리의 특징적인 상황은 지배 계층이 도시와 농촌의 프롤레타리아인 노동 계급에 대항하기 위한 무장 세력이나 확고한 행정 체계를 갖고 있지 못했다는 점이다. 이러한 상황에서 부유층의 지배는 "노동 계급의 서투름과 의식 부족에 의존하고 있었다." … "사회민주당이 자발적으로 정권을 포기했기 때문에 부르주아 계급이 권력을 잡고 있는 것이다."

노동자들은 이러한 기회를 활용하고, 자신의 운명은 자신이 책임지며, 부르주아 국가를 섬멸하여 "공동 생산 사회 체제"를 구축하는 프롤레타리아 독재를 실현해야 한다. 그러므로 의회 차원의 일보다는 대량 파업이나 농민 무장봉기 같은 프롤레타리아 대중 투쟁에 모든 노력을 집중해야 한다. "이것이 프롤레타리아가 정권을 획득하는 공산주의적 방식이다." 입헌정체는 부르주아 계급이 자신들의 권리를 계속 유지하고 언제든지 반혁명으로 역공할 수 있는 부르주아식 공화제여서는 안 된다. "프롤레타리아 독재 정부는 의회 공화국(소비에트) 형태가 되어야 한다. 이곳에서 부르주아 계급은 권력에서 배제되며, 프롤레타리아 국가 권력은 노동자 대중 조직, 노동조합, 당 조직, 공장 노동자 위원회, 기타 유사 조직 등에 의존할 것이다…"[187]

공산당은 사람들이 의회 정치에 갖고 있던 환상을 깨뜨리기 위해 앞에서 언급한 원칙에 따라 필요한 조처를 했다. 〈붉은 신문〉은 제헌의회가 부르주아 권력의 강화, 사유 재산과 착취 제도의 고수, "혁명의 포기"를 의미한다고 설명했다. 정권을 획득할 진정한 기관은 "노동자·군인·빈농 위원회"다. 부다페스트 노동자 위원회는 단지 "러시아 혁명으로 창조된 시스템"의 왜곡된 이미지일 뿐이기 때문에 실제로는 "사회민주당과 노동조합 위원회에 소속된 간부들의 확장 기구"에 불과하다. 그러므로 노동자 위원회를 진정한 투쟁과 권력의 기관(혁명 투쟁 기관, 이후에는 프롤레타리아 독재 기관 및 프롤레타리아 국가 기관), 즉 진정한 노동자들의 위원회로 바꾸기 위해 모든 노력이 집중되어야 한다.

이 노동자 위원회는 가끔 소집되는 자문 기구 이상의 존재로서, 자신만의 집행 위원회를 보유하고 있는 상시적 통솔 기관이어야 한다. 부다페스트 노동자 위원회가 각 위원회의 전국 대회를 개최해야 하며, 최상위 수준으로는 '국민 대표회의 위원회'가 국민 집행 기구

---

187 *Vörös Újság*, 1918년 12월 7일. "우리는 왜 공산주의자인가?"

로 설립되어야 한다.

〈붉은 신문〉은 반혁명 조직에 대해 주의할 것도 거듭해서 주문했다. 반동적인 부르주아들이 사유 재산을 보호하기 위해 "용병을 모집"하거나 "백군(白軍)을 조직"하고 있다. 반혁명 무장 세력에 대항하기 위해서는 노동자를 무장하고 '붉은 군대'을 조직하며 군대가 부르주아나 사회민주당의 도구가 되어 프롤레타리아와 맞서는 것을 방지하는 길 외에는 방법이 없다.

공산당은 "노동 계급이 정권을 획득"할 때까지, 그리고 "노동자 국가가 보상 없이 생산 수단을 전유하고 은행을 인수"할 때까지 임시 조처로 노동자가 공장의 감독 업무를 수행하자고 제안했다.

12월 초, '제철 금속 노동자 연맹'의 공산주의 계파가 노동조합 최고 간부 회의에 결의문 초안을 제출했다. 이 제안서는 산업 단지에서 생산이 일부 또는 완전히 중단된 이유가 단지 전쟁에 따른 원자재 부족 때문만은 아니라고 주장했다. 생산 중단의 진짜 이유는 노동 계급을 굶주리게 하여 궤멸시키려는 금융 과두 집단의 태업과 음모이며, 공산주의 계파는 더 이상의 피폐화를 막기 위해 이 초안을 제시한다는 것이다. "모든 주요 산업 단지에 노동자 감독 위원회가 설립되어, 노동자의 권력 기관으로서, 상품의 생산과 분배, 원자재 공급, 산업 자금의 조달 등 전 과정을 감시해야 한다. 이 위원회는 연합 기구가 아니라 일방적 권력의 실체로 조직되어야 하며, 노동자와 고용자 사이의 쟁점을 해결하기보다는 명확하게 생산 감시 등의 역할을 해야 한다."[188]

이것은 또한, 각 공장 위원회의 권한을 중재 고문단 수준으로 제한하려는 의도 아래 "공장 규약"과 "공장 위원회"를 조직하려던 상무부의 법안에 대한 대답이기도 했다.

토지 문제에 대한 공산당의 태도는, 지주와 그 가족이 경작하지 않는 토지는 농민 위원회가 혁명적인 방법으로 점유하고 그에 대한 보상은 지급하지 않는다는 두 가지 근본적인 요구로 요약될 수 있었다.

헝가리 공산당은 "사유 재산 제도를 더욱 굳건하게 할" 토지 분배에 관한 선전을 비난하긴 했지만, 그들도 이 선전이 당분간 "여론에 큰 영향을 미치리라"는 사실을 인정하고 있었다. 12월 13일 노동자 위원회 회의에 제출된 토지 개혁안은 도시 프롤레타리아 계급뿐만 아니라 농촌의 노동 계급과 준(準) 노동 계급에 대한 식량 보장을 쟁점 사항으로 규정했다. 개혁안은 이를 시작으로 전국 농업 협동조합 대표자 대회를 개최한 후 가장 열악한 농업 노동 집단이 두 개의 대안, 즉 "집단 생산에 기초한 대규모 농업 생산 방식"이나 "개인 노동을 기반으로 한 소규모 생산 방식" 중 하나를 선택하도록 해야 한다고 주장했다.[189]

국체(國體) 문제와 관련하여 헝가리 공산당은 부르주아 계급의 실지회복주의(失地回復主義) 선동과 팽창주의적 쇼비니즘에 대항하는 태도를 보였다. 공산당은 영토 보전을 부르짖는 구호를 비난했고, 현 상황에서 계속해서 자결권을 언급하는 것도 민족주의적 목표를

---

188 *Vörös Újság*, 1918년 12월 11일. "공산주의자들의 결의문 초안."

189 *Vörös Újság*, 1918년 12월 18일. "노동자 위원회에 제출된 공산주의 농업 방안."

숨기려는 방책에 지나지 않는다고 생각했다.

이런 상황에서 "민족 전쟁"은 시장 및 이윤을 지키려는 자본주의적 이해관계와 약탈적 목표 때문에 서로 충돌하던 부르주아 집단 간의 전쟁을 의미했다. "헝가리 노동자들이 해야 할 첫 번째 역사적 과업은 '민족 전쟁', 즉 부르주아 전쟁을 시민전쟁으로 전환하는 것이다. 이것은 다양한 민족의 노동자들이 부르주아 집단 간의 전쟁을 자신들의 압제자에 대한 집단 전선으로 탈바꿈시키는 것을 의미한다."[190]

실질적으로 부르주아 민족주의에 많은 것을 양보한 사회민주주의적 견해를 놓고 날카로운 의견 대립이 벌어졌다. 〈붉은 신문〉은 "영토 보호 연맹"에 참여하고 공동 의장직을 받아들이기까지 한 사회민주주의 지도자들을 비난하면서, 부르주아 개념과 프롤레타리아 조국 개념을 구별하지 않고 노동 계급은 프롤레타리아 조국을 위해서만 동원되어야 한다는 사실을 받아들이지 않는 사회민주주의자들의 태도를 성토했다.

〈붉은 신문〉은, 헝가리 공산당 정책에 관한 초기 기사에서, 헝가리 프롤레타리아 계급의 기억에서 "지속적으로 지워지고 있는 국제 연대 정서"에 다시 불을 붙이는 것이 당의 가장 중요한 과업이라고 주장했다. 노동자 위원회의 공산주의 계파가 제출한 결의문 초안에는 다음과 같이 명시되어 있다. "헝가리 프롤레타리아의 운명은 국제 혁명과 불가분의 관계이다. 우리의 다음 과제는 현재 러시아와

---

[190] *Vörös Újság*, 1919년 3월 20일. "루마니아 제국주의— 헝가리 제국주의."

독일의 프롤레타리아가 이끌고 있는 혁명 계급투쟁에 동참하는 것이다."[191]

1월 30일 〈붉은 신문〉은 공산주의 인터내셔널 소집 사실을 공표하는 호소문 전문을 게재했다. 8명이 서명한 이 유명한 문서의 발기인 중 하나가 헝가리 공산당이었다.

헝가리 공산당은 외교 정책 분야에서 정부의 친협상국 정책을 날카롭게 비판했다. "협상국 세력은 승리한 제국주의를 대표하고 있다. 이들은 패전국을 부르주아 세력의 회복에 필요한 전리품 정도로 생각하고 있으며, 부르주아의 회복을 위해서라면 가까운 장래에 지금보다 더 끔찍한 전쟁을 치를 의향도 가지고 있다. 오직 한 가지 방법, 즉 볼셰비즘의 승리만이 이러한 협상국 세력의 약탈 계획을 좌절시킬 수 있다. 사회주의 혁명이 승리하고 소비에트 러시아와 동맹을 맺게 되면 전 세계가 우리에게 문을 열 것이다. 붉은 혁명이 국경을 없앨 것이다…"[192]

대중의 계몽과 조직

공산당은 자신들의 목표와 요구 사항을 널리 알리기 위해 광범위하면서도 탁월한 선전 전술을 펼쳤다. 여러 소책자와 안내서가 연이어 발표되었는데, 그중에는 "토지는 누구에게?(Kié a föld?)", "의회 공

---

191 *Vörös Újság*, 1919년 1월 11일. "현 상황에서의 공산주의자."
192 *Vörös Újság*, 1919년 1월 11일. "모스크바와 파리."

화국이란 무엇인가?(Mi a Tanácsköztársaság?)", "누가 전쟁 비용을 내야 하는가?(Ki fizet a háborúért?)", "공산주의자는 무엇을 원하는가?(Mit akarnak a kommunisták?)" 등 쿤 벨러가 소비에트 러시아에서 출간했던 선전 책자도 포함되어 있었다. 이와 함께 러시아 혁명의 지도자인 레닌의 저작물들― "4월 테제", 레닌의 작품에 관한 쿤 벨러의 서문을 싫고 "투쟁의 길"이라는 공동 제목을 단 "제3소비에트 대회 연설문", 루더시 라슬로가 번역한 "국가와 혁명" ― 이 헝가리에 처음으로 출판되었다.

12월 7일 창간호를 발간한 헝가리 공산당 기관지 〈붉은 신문〉은 부르주아 민주 정부가 구축한 장애물들을 성공적으로 극복했다. 처음에는 일주일에 두 번, 나중에는 세 번 발행된 이 신문은 용감한 논조와 훌륭한 편집으로 대중에게 많은 인기를 얻었다. 발행인들은 신문 배포에 아무런 수단도 제공하지 못했지만, 노동자들이 자발적으로 배포 조직을 구축했다. 나중에 공산당은 군대 전용 신문인 〈붉은 군대(Vörös Katona)〉와 농민을 위한 신문 〈가난한 사람(Szegény Ember)〉을 추가로 발행했다. 1919년 2월에는 헤베시 줄러와 콤야트 얼러다르(Komját Aladár, 1891~1937)가 운영하는 문학·과학저널 〈인터내셔널(Internacionálé)〉이 공산당 학술지로 자리매김하며 등장했다.

이 시기는 의심할 여지없이 공산당이 영웅적인 신기원을 이루었던 때였다. 당 지도부는 밤낮없이 일하며 여론을 이끌고 조직을 정비했고, 대중과 함께 호흡하며 노동자들의 사고방식, 욕망, 일상의 문제에 익숙해졌다. 그들은 회의나 집회, 각종 대회에서 노동자들의 직접적인 요구를 옹호할 기회를 포착했고, 혁명적 열정으로 사회주의 혁명의 정당성을 두둔했다. 이렇게 끊임없이 대중과 밀접한 관계를 형성해 나갔던 것이 당 신문과 전단을 생생하고 흥미 있게 만들고 당의 여론 환기 운동에 강력한 힘을 실을 수 있도록 한 추진력이었다.

확실히 공산당은 노동조합을 지원했다. 공산당은 노동자들이 사회민주당뿐만 아니라 공산당에도 소속될 수 있도록 행동을 개시했다. 노동자 감독 문제에 관해 여러 날에 걸친 논쟁이 오간 후 공산주의자 선반공들은, 가장 거대하고 중요한 노동조합인 철·금속 노동자 연맹이 이러한 취지의 제안을 받아들이도록 하는 데 성공했다. 이로써 공산당은 노동조합의 통일성을 해치지 않으면서 노동조합 내부에 자신들의 조직을 확립할 수 있게 되었다. 12월 중에 인쇄공, 재단사, 국영 철도 노동자, 벌목공, 광부 등이 공산당 지부를 형성했다.

어소드(Aszód)와 마차슈푈드(Mátyásföld)에 위치한 비행기 공장, 키시페슈트(현재 19구역)의 리프터크·토이드로프-디트리히(Lipták·Teudloff-Dietrich) 공장, 우이페슈트(현재 4구역)의 유나이티드 일렉트릭 벌브 앤드 램프(the United Electric Bulb and Lamp) 공장, 간츠 다누비우스(Ganz Danubius) 조선소, 간츠-피아트(Ganz-Fiat), 머저르-피아트(Magyar-Fiat), 간츠-왜건(Ganz-Wagon) 공장, MÁV 북부 공작소 등 부다페스트와 페슈트 인근의 대규모 공장에서 주로 좌익 진영의 영향 아래 공산당 조직들이 결성되었다. 이런 대규모 공장의 노조 간부와 노동자들이 공산당의 주축을 이루었다. 공산당 조직은 부다페스트뿐만 아니라 셜고터르얀(Salgótarján), 터터(Tata), 죄르(Győr), 미슈콜츠, 디오슈죄르(Diósgyőr), 세게드, 데브레첸, 샤로럴려우이헤이(Sáro-raljaújhely), 쇼프론, 커포슈바르(Kaposvár), 너지바러드 등 지방 도시에서도 구역에 따라 설립되었다. 군대와 인민 경비대 내에도 공산당 지부가 운영되었다.

공산당은 처음부터 실업자와 제대 사병, 하급 장교 계층에 상당한 영향력을 행사했다.

시골 지역에서는 주로 러시아에서 돌아온 전(前) 전쟁 포로 농민들이 공산주의 이념을 지지했다.

당의 조직 사무관이었던 러비노비츠 요제프(Rabinovits József)의 회고록을 따르면, "거의 읽기 힘든 수백 통의 편지가 〈붉은 신문〉 편집국과 당 사무국에 배달되었는데, 주로 전쟁 포로 혁명 조직원이거나 '붉은 군대'의 일원이었던 러시아 귀환 전쟁 포로들이 치안이나 일자리 또는 직위 등을 요구하는 내용이었다."[193]

부다페스트 검찰청의 추산을 따르면, 1919년 3월 초 공산당원은 부다페스트에 10,000~15,000명, 지방에 20,000~25,000명 정도 존재했다.[194]

11월 30일 사람들로 가득 찬 전(前) 하원 회관에서 결성된 '전국 청년 노동자 연맹(IOSZ)'에 대한 공산당의 영향력은 처음부터 지대했다. 11인 지도부와 20인 위원회의 대다수가 공산당 출신이었던 것이다. 청년 노동자들에게 폭넓은 인기를 구가하던 레커이 야노시(Lékai

---

193 *Új Előre naptár*, 1929, p.88. J Rabinovits: Négy párthelység.
194 *PI Archives*, 653. f. 4/1919/9977.

János, 1895~1925)가 연맹의 첫 번째 서기에 임명되었다. 12월 30일 '전국 청년 노동자 연맹'은 전당 대회를 열고 사회민주당과의 관계 청산 및 독자적 청년 조직의 창설을 선언했다. 그들은 공공연하게 자신들이 공산당원이라고 말하지는 않았지만, '전국 청년 노동자 연맹'과 연맹의 기관지 〈청년 프롤레타리아(Az Ifjú Proletát)〉는 실질적으로 공산당의 지침을 따르고 있었다.

〈붉은 신문〉이 발행되자 사회민주당은 공산주의 운동에 대항하기로 의견을 모았다. 사회민주당 기관지 〈민중의 소리〉에는 공산주의 이념을 견제하고 공산당의 행보를 늦추기 위한 일련의 기사가 게재되었다. 12월 중순 일단의 선동 그룹이 모습을 드러냈고, 선전용 소책자가 거리에 넘쳐흘렀다. 〈민중의 소리〉는 공산당이 "당 통합을 훼손"하고, "민중을 선동"하며, "모험주의"에 빠져있다고 비난했다. 사회민주당의 정책을 옹호하는 이러한 출판물들은, 자신들도 공산주의를 지지하고 있으며 사회민주주의와 공산주의가 궁극적인 목표에서는 차이점이 없지만, 공산당의 "근본 조건"조차 공산주의 요구를 실현하는 데는 부족한 반면, 힘의 균형을 고려한 사회민주당의 현실적인 전략이 옳은 전략이라고 주장했다. "헝가리 프롤레타리아 계층은 독재 권력을 획득하고 그 권력을 행사하기에는 힘이 부족하다. 러시아 혁명도 이러한 사실을 반증하지는 못한다. 지금까지 러시아 혁명은 오직 전쟁 상황 속에서만 이루어져 왔기 때문에 자유의 물결이 회복될 때 이를 극복할 수 있을지 의심하지 않을 수 없다."[195]

---

195 *Népszava*, 1918년 12월 15일. "당 통합은 유지되어야 한다." *Népszava*, 1918년

말로 하든 문자로 하든 이러한 선동은 공산주의 지도자들을 모욕하거나 헐뜯지 못했다.

이러한 비난 전략은 사회민주당 지도자들이 이전에 좌익 반대 세력을 제압하는 데 성공했던 검증된 방법이었지만, 헝가리에서 혁명의 불꽃이 불타오르던 1918년 말에는 먹혀들지 않았던 것이다. 공격에도 불구하고 공산주의의 인기는 급상승했고, 사회민주당 지도자들은 공산당이 이념과 조직 면에서 착실하게 전진해 나가는 것을 무기력하게 바라볼 수밖에 없었다. 공산주의 이념은 사회민주주의자들 사이에도 스며들기 시작했다.

루마니아인, 남부슬라브인, 그 외 비헝가리인 노동자의 공산주의 단체들

변화된 상황에 따라 부다페스트에서 헝가리 노동자의 정당으로 모습을 드러낸 공산당 외에 소수 민족 비헝가리인 노동자 단체들이 출현한 것도 주목할 만한 사건이었다.

이런 단체들은, 한편으로는 헝가리에 거주하거나 소비에트 러시아에서 돌아온 비헝가리 공산주의자들이 주축이 되어 결성되었고, 다른 한편으로는 사회민주당의 소수 민족 위원회에 소속된 좌익 세력이나 사회민주당과 부르주아 당의 연계—부르주아 민족주의에

12월 19일. "이념 투쟁 또는 민중 선동." *Népszava*, 1919년 1월 7일. "헝가리 사회민주당 노동자들에게 보내는 공개편지!"

대한 양보 또는 부르주아 세력에의 굴복을 의미하는ㅡ에 반감을 품었던 사회민주당원들을 중심으로 결성되었다.

12월 26일 루마니아인 공산주의 단체가 부다페스트에서 결성되었다. 이 단체의 의장인 헨리 카간(Henri Kagan)은 소비에트 러시아에서 '붉은 군대'의 루마니아군 대대장으로 참전했던 인물이었다.

이 단체는 12월 31일과 1월 1일 개최된 루마니아 사회주의자 대회를 완전하게 주도했다. 그 무렵 이 단체의 루마니아어 신문 〈붉은 깃발(Steagul Rosu)〉이 이미 가판대에 모습을 드러내고 있었다.

"루마니아 국제 공산주의자파"를 이끌었던 자코브 크레툴레스쿠(Jacob Cretulescu), 게오르게 아브라메스쿠(Gheorge Avramescu), 사버 데므얀 슈트렌거르(Száva Demján Strengar)는 헝가리 사회민주당의 도움을 얻어 부다페스트에서 대회를 개최했다. 반대파에 들어갈 수밖에 없었던 루마니아인들에게 줄러페헤르바르 결의문에 대한 거부 의사를 표명할 기회를 주기 위해서였다. 결의문 두 개가 이 대회에 제출되었는데, 그중 하나는 다음과 같은 주장을 담고 있었다. "플루에라슈와 주만카 그리고 그들의 동료들이 줄러페헤르바르에서 취했던 태도는 반역이며, 국제 공산주의 원칙을 위반한 것이다… 플루에라슈와 주만카 그리고 그들의 동료들은 노동자들의 도움으로 봉기했음에도 민족주의 지배 계층에 그들 자신을 팔아넘기고 말았다." 이 결의문은 루마니아와 국가 공동체를 이루는 것을 거부했다. 특권 귀족이 루마니아를 지배하고 있으며, 루마니아인은 "헝가리 공화국이 보장하는 정치적, 경제적, 문화적, 사회적 복지의 권리를 인정하지 않기 때문"이라는 것이 그 이유였다. 이 결의문은 트란실바니아 일부 지역, 바나트, 헝가리의 루마니아인 거주 지역이 "해당 지역에 거주하는 모든 민족이 참여하는 대회에서 정하는 정부"의 형태로, "독립 공화국"이 되어야 한다고 주장했다.[196]

이 대회에서 첫 번째 결의문 초안은 만장일치로 채택되었다. 그러나 공산당이 제시한 대안에 반하는 과업에 관한 제안은 채택되지 않았다. 연설에 나선 공산주의자들과 그들이 제시한 초안 모두는 루마니아 사회민주당 우익 그룹(플루에라슈와 주만카)의 전술뿐만 아니라 일반적인 사회민주당의 전술, 즉 헝가리 사회민주당의 행위도 함께 비난했다. "플루에라슈와 주만카의 범죄 행위는 그들 자신에게만 개인적 책임이 있는 것이 아니다. 자본가들과 결탁하거나 프롤레타리아의 이익에 반하는 일을 하는 모든 사회민주당이 이 범죄 행위에 책임이 있는 것이다…" "플루에라슈와 주만카는 사회민주주의 원칙에 따라 일했으므로 사회민주당의 행위는 루마니아인이 아니라 사회주의자의 행위로 평가받아야 한다."[197]

다수가 공산주의자들의 제안을 받아들였다(찬성 36표, 반대 27표).

대회 이후로 이 공산주의 단체는 "헝가리, 바나트, 트란실바니아, 루마니아 그리고 오스트리아에 살고 있는 루마니아인 공산주의자 연합"이라는 이름으로 활동을 계속했다. 이 연합은 활동 중심지를 점차 너지바러드, 아라드, 비허르 주(州)로 옮겼다. 11월 4일 모스크

---

196 *Népszava*, 1919년 1월 2일. "루마니아 국제 공산주의자, 사회주의자들은 독자적인 공화국을 원하고 있다."

197 *Vörös Újság*, 1919년 1월 4일. "공산주의자들이 루마니아 노동자 대회를 주도했다."

바에서 설립된 임시 지도부의 일원이었던 아리톤 페스카리우는 이전에 소비에트 러시아에서 출판된 주간지 포아이아 처라눌루이(Foaia țăranului)의 편집에 주력하며 너지바러드에서 활동했다. (4월 말 페스카리우는 루마니아 왕립 군대 정보부에 체포되어 무자비한 고문을 받았고 이후 석방된 지 얼마 지나지 않아 사망했다.)

"루마니아인 공산주의자 연합"이 루마니아 공산당의 실질적 설립자인 좌익 사회주의자들과 명목상으로만 연계를 유지한 것은 아니었다. 11월 말 루마니아 사회당은 트란실바니아, 부코비나, 베사라비아 지역에 대한 "루마니아 과두정"의 군사 동원과 개입을 비난했다. 1918년 11월 27일 자 "투쟁(luptă)"에는 다음과 같은 주장이 실렸다. "루마니아 인민의 구원은 국가와 인민 간의 투쟁이 아니라, 적색 깃발 아래 우리가 꾸준히 지속해 나가야 할 계급 간 투쟁에 달려 있다."

모스크바에서 조직된 임시 지도부의 남슬라브 구성원이었던 이반 마투조비치(Ivan Matuzović)와 프라뇨 드로브니크(Franjo Drobnik)가 12월 초 부다페스트에 도착했다. 드로브니크는 곧 자그레브로 떠났지만, 마투조비치는 부다페스트에 남아 1월 6일 합법적인 남슬라브 공산주의 단체를 설립했다. 러시아 공산당과 나란히 조직되었던 공산주의 단체의 의장 라자르 부키체비치(Lazar Vukicević)와 집행부 임원 니콜라 그룰로비치(Nikola Grulović)는 2월 초에 부다페스트에 도착했다. 그들은 부다페스트에서 회담한 후, (당시의 설명에 따르면 3월 2일에) 세르비아인과 헝가리인 공산주의자들이 참여한, 유고슬라비아의 첫 번째 공산주의 단체 "보이보디나 펠라기치(Pelagić) 연합"을 결성했다. 이 연합은 처음에는 헝가리 공산당의 지원을 받아, 나중에는 헝가리 공산당과 협력하여 활동을 전개했다.

한편, 세르비아 부르주아 계급과 협력의 길로 들어선 남슬라브 민족 계열의 "세르비아-가톨릭-세르비아 선동 위원회"의 활동에 반대하던 남슬라브 사회민주주의자들은, 보이보디나에서의 활동으로 명성을 얻고 있던 스베토자르 모소린스키(Svetozar Mosorinski)를 중심으로 "헝가리의 남슬라브 사회민주당"을 조직했다. 당 임원 선출을 위해 3월 9일에 소집된 회의에서 모소린스키는, 좋은 대가를 바라며 유고슬라비아 부르주아의 술수에 놀아나서 노동자들을 배반하고 오도한 "배신자들"인 "노비사드(Novi Sad)의 동무들"을 고발했다. 그는 헝가리에서의 상황을 다음과 같이 설명했다. "우리는 아직 진정한 자유에 도달하지 못했습니다. 10월 혁명이 아직은 노동자의 혁명이 아니며 부르주아의 혁명이기 때문입니다. 그러나 노동자의 혁명은 반드시 도래할 것이므로 남슬라브 역시 준비를 해야 합니다."[198]

공권력의 압박(2월 말 검찰이 마투조비치를 기소했다)으로 회의에 몇 명만 모습을 드러낸 공산주의자들은 루마니아인들이 개최했던 대회에서처럼 힘을 과시하지는 않았다. 그러나 두 흐름의 차이는 그렇게 크지 않았다. 헝가리 공산당과 사회민주당의 남슬라브 집단은 의회 공화국의 기치 아래 단순히 형식적인 모습이 아니라 실질적인 협력으로 단결했다.

헝가리 공산당은 혁명 세력의 통일을 도모하는 체코슬로바키아

---

[198] *Népszava*, 1919년 3월 16일. "남슬라브 노동자의 조직화."

공산주의자 및 좌익 사회민주당과도 연계를 맺고 있었다. 동요하던 클라드노(Kladno) 지역에서 안토닌 자포토츠키(Antonin Zapotoczky)와 광산 노동자들과 같이 일하고 있던 알로이스 무나(Alois Muna)는 그 중에서도 독보적인 인물이었다. 그는 러시아 혁명에 참여했고, 모스크바의 러시아 공산당 내 체코슬로바키아 분과 의장을 맡기도 했으며, 쿤 벨러가 헝가리로 돌아오던 무렵에 체코슬로바키아로 돌아왔다. 무나는 귀국하기 전 "오스트리아의 잔해에서"라는 논문을 발표했는데, 이 논문은 10월 30일 〈사회 혁명〉에 헝가리어로 게재되었다. 무나는 "독일군과 헝가리군이 체코 프롤레타리아와 싸우지 않을 것이며, 마찬가지로 체코 군인도 독일과 헝가리의 노동자와 싸우지 않을 것"이라는 믿음을 표명했다. 그는 오스트리아의 잔해로부터 부르주아 독립국이 설립되지 않을 것이며, 오히려 프롤레타리아의 사회주의 공화국 연방이 형성될 것이라고 주장했다.

쿤 벨러의 초청을 받은 체코 좌익 지도자들은 안토닌 야노우셰크(Antonin Janoušek)을 파견하여 헝가리에 거주하는 체코인과 슬로바키아인의 혁명 업무를 점검하고 슬로바키아 신문을 발행하도록 했다. (야노우셰크는 20세기 초반에 죄르 지역의 왜건 공장에서 일했고, 후에 신문 편집자가 되었다. 그는 전쟁이 시작할 무렵 클라드노로 이사했다.) 2월에 형세가 불리하게 전환되고, 경찰이 헝가리 공산당에 반하는 조처를 함에 따라 체코슬로바키아 공산주의 단체를 합법적으로 구성하는 것이 불가능해졌다. 결국, 계획했던 〈붉은 신문(Červené Noviny)〉의 첫 호 발간은, 남슬라브 단체의 기관지 〈붉은 기장(Červena Zástava)〉의 경우처럼, 3월 21일 의회 공화국을 선포한 후에야 가능했다.

루스커-크러이너와 독일 공산주의 단체도 결성되었다. 루스커-크러이너 권역의 공산주의 조직들은 문카치, 베레그사스(Beregszász), 솔리버(Szolyva), 페레체니(Perecsény)에서 활동했다. 독일 조직들은 상대적으로 약한 편이었기 때문에 전통적이고 견고한 사회민주당 조직들의 저항을 극복하기 어려웠다.

소수 민족의 공산주의 단체 외에 외국인 공산주의 단체도 출현하고 있었다. 그중에서 러시아인 단체가 가장 중요했다. 전쟁 포로로 이송된 후 헝가리에 살고 있던 러시아 볼셰비키들은 1914년부터 조직화하기 시작하여 상당수가 좋은 작업 환경을 확보하고 있었다. (헝가리 내의 러시아 전쟁 포로는 거의 30만 명에 달했다.)

러시아인 단체는 블라디미르 유스투스, 블라디미르 우라소프 그리고 세르비아인 필리프 필리포비치(Filip Filipović)가 이끌었다. 세 명 모두 1905년의 러시아 혁명에 참여했다. 유스투스는 망명자로 부다페스트에 머물러 있었고, 우라소프는 전쟁 포로로 부다페스트에 이송되었다. 필리포비치는 전쟁 전 세르비아 노동 계급 운동의 지도자였다. 그는 1916년 베오그라드에서 합스부르크 당국에 체포되어 오스트리아에 억류되었다. 1918년 가을 필리포비치는 빈(Wien)에 독일-오스트리아 공산당을 설립하기 위해 노력했다. 그 후 부다페스트로 온 필리포비치는 남슬라브 및 러시아 공산주의 단체를 조직하는 데 참가했다. 러시아 볼셰비키 공산당 위원회로 보낸 12월 18일 자 서신에서 그는 헝가리 공산당원들의 성과에 찬탄을 보냈다. (그는 헝가리 공산당과도 밀접한 관계를 유지하고 있었다.) "헝가리의 동무들이… 매우 짧은 시간에 엄청난 성공을 거두었습니다… 헝가리의 공산주의 운동은 이제 오스트리아를 앞질렀습니다. 빈의 운동과는 비교할 수 없을 정도입니다."[199]

　필리포비치는 유고슬라비아에서 자기 일을 계속했다. 우라소프는 모스크바와 부다페스트를 오가는 밀사 역할을 하며 쿤 벨러의 메시지를 레닌에게 전달했다. 유스투스는 부다페스트에 끝까지 남았다. 그는 프롤레타리아 독재 아래 국제 공산주의 군단을 조직하고 러시아 대대를 이끌며 싸웠고 최후까지 의회 공화국을 수호하는 데 참여했다.

---

[199] *Voprosi Istorii KPSZSZ,* 7/1966, pp.67~69. "Dokumenti i materiali. O russkih komunisticheskih gruppah v Avstrii i vengrii v 1917~1919. gg."

7

붕괴의 특징 – 개관

역사 문헌이나 전문 서적에서 카로이 정부의 민족부 장관이었던 야시 오스카르의 행동, 특히 1918~1919년 그의 움직임은 탁상공론으로 거듭해서 묘사되고 있으며, 연방과 관련한 그의 계획은 순진하고 시대착오적인 것으로, 그의 생각은 유토피아 왕국에 속한 것으로 그려지고 있다. 민족주의자나 반혁명주의자들의 출판물 그리고 당시의 역사 문헌 모두 이러한 점에 의견의 일치를 보이고 있다. 차이점이 있다면, 당시의 역사 문헌이 야시의 생각을 "강박 관념", "위험한 열망", "우스꽝스러운", "헝가리의 적을 도와주는" 등 부정적인 단어로 묘사한 반면, 최근의 문헌은 이러한 유토피아적 개념을 "고결하고 존경할 만한 시도" 같은 단어로 표현했다는 정도일 것이다.

야시는 비록 혁명에 관한 그의 저서에서 그의 정책이 "지금으로써는 매우 빈약한 성과밖에 거두지 못할 것으로 전망"된다는 점을 인정했지만, 자신의 생각에 대한 이러한 평가를 거부하려고 애썼다. "나는 루마니아인 또는 다른 소수 민족의 신사들이 진지하게 받아들

이지 않는, 먼지처럼 무미건조하고 순진한 교수 같은 유형의 사람이
아니다." 그는 이렇게 반박하면서 자신의 정책이 지닌 현실성, 현실
정치의 내용을 설명했다.[200]

연방 개념과 관련한 야시의 현실 정치의 본질은 무엇일까? 1918
년 10월에 발간된 그의 저서 《제국의 미래》에 부르주아 급진파에
관해 언급한 장에서 이에 대한 분명한 답을 확인할 수 있다. 야시는
"제국과 발칸 지역에 사는 사람들의 내적 유대만이 독일과 러시아라
는 무거운 짐 사이에서 자유로운 문화 발전"을 보장할 수 있다고
주장했다. 그의 견해를 따르면, "도나우 국민 연맹"은 독일과 동슬라
브의 이중 압력 속에서 자신의 근거지를 지키려는 사람들의 협동으
로 이루어져야 하는 것이었다.[201]

이러한 개념, 즉 독일의 위협(당시로써는 별로 큰 화젯거리가 아니었던
독일 제국주의)에 대한 공포와 러시아의 위협(당시 시국적으로 중요한 쟁점
이었던 혁명 또는 사회주의 혁명)에 대한 공포가 그 성격의 상이함에도
불구하고 의견 일치를 보였고, 민족주의 부르주아 세력과 합의에 도
달할 수 있는 실질적 기회를 제공했다. 이는 야시가 이후에 궁극적인
논쟁의 대상으로 여러 차례 반복하여 논증했던 사항이었다. 아라드
에서 루마니아 국민 위원회와 회담한 후 야시는 다음과 같이 경고했
다. "우리는 극단으로 치달으려 하지 않는다. 협상국 측이 무자비하
고 이기적인 제국주의적·민족주의적 정책을 지속한다면 세계 평화

---

200 Jászi: *Magyar Kálvária*, p.64.
201 Jászi: *A Monarchia jövője*, pp.76~77.

는 궁극적으로 장군과 외교관들이 아니라 군인·노동자 위원회의 손에 의해 결정될 것이기 때문이다."[202] 야시는 혁명의 위협과 "중부 유럽의 무시무시한 사회적·경제적 상황"이 민족주의 부르주아 세력으로 하여금 첨예한 대립보다 합의에 도달하도록 노력하게 할 것이며, 협상국 세력이 합스부르크 제국을 부활시키거나 (제국의 부활이 불가능할 경우) 연방을 설립하여 혁명의 위협에 대항하도록 협상국 측을 압박할 것으로 생각했다. 많은 역사가들은 연방에 관한 계획이 전쟁의 마지막 국면에 실제로 수립되어 있었고, 이에 대한 반대 개념이 주도권을 잡은 후에도 협상국 세력 내에 이 의견이 뚜렷하게 남아 있었던 점을 지적하고 있다.[203]

---

202 Jászi: *Magyar Kálvária*, p.64. 야시는 아라드 회담에 관해 회고하면서 다음과 같이 적고 있다. "…나는 루마니아 지도자들에게 극단으로 치닫지 말라고 경고했다… 나는 중부 유럽의 무시무시한 사회적·경제적 상황에 관해 이야기했다. 무자비하고 불공정한 정신은, 현재의 국가 체제를 뒤집어엎고 있는 군인·노동자 위원회의 독재에 유럽을 맡겨 버리는 현재의 조류를 더욱 강화하기만 할 뿐이라는 점을 경고했다." 마사리크와의 논쟁에서 야시는 다음과 같이 강조했다. "범게르만 위협에 직면하여… 이 지역에서 민족적 불안, 실지회복주의, 복수의 감정 등을 영구화하는 것은 올바른 방어책이 아니다. 이런 것으로 우리가 얻게 될 것은 제국주의에 착취당하게 될 혼란 상태뿐이다." *Világ*, 1919년 1월 5일., p.8.

203 Zsuzsa L. Nagy: "Összeomlás és kiútkeresés 1918~1919-ben. Jászi Oszkár és a forradalmak." *Kritika*, 5/1978. Zsuzsa L. Nagy는 평화를 준비하는 과정에 포함된 '질문'에 표면화하기 시작한 프랑스 보수주의자와 왕당파의 구상, 영국 외교관들의 태도, 여러 견해 등을 묘사했다.
Domokos Kosáry는 합스부르크 제국에 관한 연구(*Acta Historica*, 1-2/1971, pp.46~47.) "Ungarische politische Bestrebungen und die Probleme der Monarchie im Zeitalter des Dualismus"에서 이러한 협상국 세력의 구상이 야시 계획의 기본 바탕이 되었다고 지적했다. 야시가 그의 책에, 다른 무엇보다도, 프랑스 정책의 반혁명적 열망을 대변하는 프랑스 학자 Joseph Reinach의 연구(*La Revue politique internationale*, Jan-Feb. 1918. "Le problème des Etats-Unis d'Orient")

10월 혁명의 민중적 성격, 전국으로 퍼진 대중 운동, 혁명이 불어넣은 열정의 폭발 등은 민족주의 부르주아 세력과의 합의 및 야시의 구상을 실현하는 데 유리한 기회를 제공했다.

트란실바니아 지역에 대한 헝가리-루마니아 공동 성명이 11월 1일 조인되었다. "소유권 파괴"에 반대하고, "내부 질서" 및 "개인과 재산의 안전"에 대한 보호를 요청한 이 성명은 이러한 시대적 경향을 반영하고 있었다.

야시가 11월 2일의 내각 회의에서 "시 당국이 이러한 자발적인 사회 활동을 지지"하도록 요청해야 한다고 주장하며, 이 성명을 성공적이라 묘사한 데에는 근거가 없지 않았다.[204] 소수 민족에게 추가로 이루어진 양보(특사, 억류자 해방, 재산 몰수 폐지, 경찰권 남용 방지, 다양한 신문의 해금 조치 등)가 이 성명과 연계되어 있었다. 가장 중요한 양보는 국민 경비대가 허용되고 루마니아 국민 경비대가 무기와 자금을 지원받게 된 것이다.[205]

를 언급하는 것은 이러한 이유 때문이었다.

14항(1918년 10월)에 관한 미국의 공식적인 설명과 10항에 관한 주석은 다음과 같이 결론짓고 있다. "미국은 민족 통합과 독립 프로그램을 분명하게 진행하고 있지만, 소수 민족 보호, 아드리아 해(海)와 발틱 해(海)에 대한 자유로운 접근, 그리고 남동부 유럽 연합 프로그램을 지원한다는 점을 명문화해야 할 것이다." House, Ⅳ., p.207.

204 *OL K.* 27. 내각 회의록, 1918년 11월 2일.

205 페녜시 라슬로가 작성한 1919년 1월 14일 자 서신에 따르면, 국민 경비대의 정부 위원인 국방부 장관은 아라드 시(市)와 아라드 주(州)에 주둔한 루마니아 국민 경비대의 봉급으로 450,000크라운을 배정했다. (*OL K. 40. 1919-Ⅱ.* t. p.202. Magyar Nemzetőri Kormánybiztosság. Hadügyminisztérium Arad szab. város és Arad vármegye kormánybiztosának.)

아라드의 정부 위원이었던 버르여시 러요시(Varjassy Lajos)는 루마니아 국민 경비대 남슬라브인과 문서로 이루어진 협정은 없었지만, 보이보디나와 슬라브 민족 거주 지역 모두에서 처음부터 협력이 이루어졌다. 이 지역에서도 여러 민족의 압제자들— 헝가리, 남슬라브, 슬로바키아 기득권층— 은 공동 전선을 이루어 인민, 노동자, 농민 운동(이런 운동은 민족적 성격이 약했고, 민족적 성격을 띠는 경우에도 주로 헝가리 지주나 유대인 소매상인이 타도 대상이 되었다.)에 대항하려 했다.[206]

의 역할에 대해 자신의 회고록에 다음과 같이 적고 있다. "헝가리 사회는, 루마니아 국민 경비대가 법과 질서를 유지하는 역할 외에 비밀리에 합스부르크 제국을 넘겨받기 위한 준비를 할 것이 확실하기 때문에 국민 경비대가 만들어지는 것에 찬성하지 않는다. 루마니아 국민 경비대가 법과 질서 유지를 위해 탁월한 역할을 한 것은 객관적으로 인정받아 마땅하다. 혁명 이후에 아라드 주(州)에서는 약탈이나 강도 행위가 거의 없었다. 이러한 신뢰는 경비대 지도자들의 덕택이다." (*Varjassy*, p.23.)

콜로즈바르 국민 위원회 위원장 어파티 이슈트반의 의견은 트란실바니아에 관한 장(章)에서 이미 서술하였다. (11월 초 헝가리, 루마니아, 작센 국민 위원회의 행동은 "형제애 같은 협력"으로 표현할 수 있다.) 어파티에 따르면, 콜로즈바르 병참 본부는 루마니아 국민 경비대를 위해 11월에 1백 5십만 크라운, 나중에 8십만 크라운을 코투츠(Kotucz) 장군에게 지급했다. (*Új Magyar Szemle*, 1920년 12월, p.157.)

206 1919년 2월 23일 개최된 "공교육 협회" 토론회에서 세게디 레죄(Szegedy Rezső) 교수는 "반(反)헝가리" 정서의 배경에 대해 다음과 같이 말했다. "지역 행정관들은 잔인하기 때문에 어디에서든 미움을 받기 마련이다. 헝가리인들도 법을 강요하는 권력에 반감을 가진다. 소수 민족 거주 지역에서는 헝가리인 거주 지역과 상황이 좀 다르다. 헝가리인들은 지역 행정관의 행동 자체를 미워한다. 반면, 소수 민족 거주 지역에서는 행정관이 헝가리인이라는 이유만으로도 미움을 받는다. 행정관이 소수 민족의 언어로 말하는 것조차 하지 못하기 때문이다." (*Vitaülés*, p.29.)

퍼이노르(Fajnor Márton Wladimir)의 1918년 11월 16일 자 메모를 보면 1918년 11월 초의 상황을 좀 더 자세하고 구체적으로 파악할 수 있다. 슬로바키아 국민 위원회 대표 자격으로 밀란 호자와 회담했던 퍼이노르는 11월 초의 흐름에 대해 커셔 지구 사령부에 제출한 보고서에 다음과 같이 적고 있다(퍼이노르는 헝가리인의 안전과 재산을 위협하는 시류에 반대하는 행보를 취하도록 요청받았다.). "내 생각에 약탈, 소란, 불법 행위는 대개 민족 문제라기보다는 사회적 성격의 문제이다. 왜냐하면, 이러한 행위는 주로 마을 공증인, 장원 관리인, 세리(稅吏), 소매상인 등 적의의 대상을 향하기 때문이다. 즉 사람들은 이런 대상을 자신의 불행의 즉각적인 원인으로 간주하

야시가 11월 말 호자와 가졌던 협상 — 이 협상에는 슬로바키아 국민 위원회 위원장 마투시 둘라를 위시한 슬로바키아 지도부도 합류했다 — 을 전도유망하다고 회고록에 묘사한 데에는 이유가 없지

고 있다. 수많은 남용 문제, 특히 전쟁 구제 자금이나 식량의 처리·분배와 관련한 부패가 만연해 있다는 점은 의심의 여지가 없다. 우리가 사는 지역에서는 앞에 언급한 적의의 대상들이 자기 자신을 헝가리인이라 생각하기 때문에 상황에 익숙하지 않은 사람에게는 이러한 대중 운동이 반(反)헝가리 경향을 띠는 것처럼 보일 것이다." (*OL K. 40. 1918-Ⅱ. t. 370.* "Dr. Fajnor Márton Wladimir ügyvéd népf. élelm. tiszt — Kassai Kerületi Parancsnokságnak."

트렌첸 보고서에 따르면, 무장 병력의 부족 때문에 주(州) 안에서 발생하는 "강도와 약탈"을 멈추게 할 수 없다는 점이 11월 6일 트렌첸에서 개최된 협의회에서 논의되었다. 주지사는 "여러 사태와 관련하여 정부에 무장 병력을 요청했지만, 지원은 전혀 없었다. 그 대신 시민 경비대를 조직하라는 회신을 받았을 뿐이다."라고 말했다. "회의에 참석한 지역 행정관, 공증인, 군 관계자 등은 이 지역에서 시민 경비대 조직은 불가능하다는 결론에 도달했다." 이러한 상황에서 트렌첸 변호사 슈트르 카로이(Stur Károly)는 사람들의 안전과 재산권 보장을 위해 슬로바키아 국민 위원회를 구성하고, 체코 소콜주의자들로부터 질서 유지에 필요한 무장 병력을 충원하겠다고 말했다. "참석한 사람들은 슈트르 카로이의 제안을 열렬히 환영하면서 그에게 즉각 필요한 조치를 취하라고 요청했다." 바로 그날 슬로바키아 국민 위원회가 설립되었다. 무장 지원 요청을 위한 위원회 — 위원장은 항소 법원 판사 불러 언털(Bulla Antal) — 가 구성되어 즉시 (이미 전보를 보내 놓은) 브르노로 출발했다. (보고서에 따르면 600명 규모였던) 체코 군대가 곧 모습을 드러냈고, 10일 오후 3시 트렌첸에 진군했다. 주지사 메드냔스키 라슬로(Mednyánszky László)가 11월 5일 내무부 장관에게 보낸 전보가 민족부(民族部) 문서에 남아 있다. "…법과 질서 유지, 개인의 안전과 사유 재산 보호를 위해 체코와 슬로바키아 국민 위원회가 도움을 주어야 한다는 대중의 요구가 점점 커지고 있다… 우리는 질서를 요구한다." (*OL K 40. 1918-Ⅶ. t. 163.*)

원 자료를 편집하거나 필사한 형태의 자료들은 페치 점령 이후의 초기 상황을 다음과 같이 표현하고 있다. "페치 국민 위원회는 이미 11월 23일 무렵에 세르비아 군 사령부와 불법적인 명령에 대해 항의했다. 상황이 이러했지만, 시장은 12월에도 협력을 요청했다. 지역 지도자들 사이에 전개되는 세르비아인에 대한 공감은, 점령군이 정치경제 운동에 대한 탄압을 지원하고 옹호하고 있다는 사실에 기인하고 있다. 12월 10일 개최된 주(州) 행정 위원회 회의에서는 점령의 결과로 법과 질서가 회복되었다는 점이 만족스럽게 언급되었다…" (B. Kéri Nagy: *Párt és osztályharcok Pécsett (1918~22)*. 박사학위 논문. 부다페스트 1980, pp.22~23. 사본.)

않았다. "…밀란 호자가 마지막 순간에 프라하에서 그런 단호한 압력
을 받지만 않았더라면, 적어도 평화 협상까지는 슬로바키아 지도부
와 합의에 도달할 수 있었을 것이다."[207]

루테니아 자치를 성문화한 인민법은 괄목할만한 성취로 생각되
었다. 운그바르에 위치한 루테니아 국민 위원회는 이 인민법을 열렬
히 환영했다("헝가리에 조직되어 있던 루테니아 국민 위원회는 루테니아 국민
의 이름으로 헝가리 국민과 수상 그리고 헝가리 정부에 감사와 애정을 표했
다…"[208]). 비슷한 성격의 독일 인민법도 하나의 성취였다. 헝가리에
거주하던 대다수 독일인 역시 이를 가슴 깊이 환영했다.

야시가 소수 민족 지도자들과 회담하면서 행정적·문화적·영토
적 자치, 주(州) 체제, (강력한 유보 조항을 포함하고 있긴 하지만) 분리 권
한에 대한 원칙 인정[209] 등 많은 양보를 했음에도 소수 민족의 주도
계층인 민족주의 부르주아 세력과의 협정은 불가능하다는 것이 명
백해졌다. 이러한 거부의 태도는 다음의 요인 때문이었을 것으로 생
각된다.

1. 강압 정치만으로는 법과 질서를 회복하거나 사람들의 불붙은

---

207 Jászi, *Magyar Kálvária*, p.65.

208 *OL K 40. 1918-X*. t. 1084. 위원장 서보 시몬(Szabó Simon) 박사가 카로이 수상에
게 보낸 전보. Ungvár, 1918년 12월 26일.)

209 야시는 분리(독립) 문제와 관련하여 자신의 이전 태도를 훨씬 넘어서서 다음과 같이
기술했다. "헝가리 국민이 광역 지방 자치를 거부하고, 현안으로 거론되는 사람들의
의지가 국제적 토론장에서 인정받는 형태로 이러한 거부가 발생한다면 정부는 그들
의 분리(독립)를 막을 생각이 없다…"(*Politika*, 1918년 12월. "소수 민족 정책의
토대", p.12.)

정열과 불만을 잠재우는 것이 불가능하다는 사실을 민족주의 부르 주아 세력은 분명히 알고 있었다. "무정부 세력을 흐트러뜨리는 데 사용할 수 있는 것이 민족 감정"이기 때문에 감정적 접근도 고려해 야만 했다.[210] 민족 감정을 억누르던 이전의 압제자 헝가리 지도층과 타협한다는 것은 민족주의의 포기, 사상의 전환, 유화 정책 등을 의 미했다. 다른 한편, 민족적 이념으로 민족주의에 우선권을 부여하는 것은 사회적 요구에 구제책을 제공했을 뿐만 아니라 대중적 기반을 넓히고, 농민과 노동자를 자기편으로 끌어들이며, 적개심을 더욱 고 무하도록 만들고, 타민족 노동자 간의 유대를 약화하는 기회를 제공 했다.

2. 부다페스트 정부가 약하고, 행정 조직이 구심점 없이 분산되었 으며, 훈련된 군대와 신뢰할만한 무장 세력이 없었던 것도 명백한 사실이었다. 경찰력과 관련한 가장 중요한 문제점은 혁명적 상황으 로 발생한 문제를 스스로 해결할 수 없었던 점이다. 경찰력이 있는 경우에도 매우 비효율적으로 운영되었기 때문에 상황은 더욱 악화 하였다.

3. 약하고 무력한 중부열강에 비해 세르비아와 루마니아 왕립 군 대(후에 군단이 도착한 후에는 체코 공화국 군대도 포함)는 "법과 질서"를 회복할 수 있을 만큼 강하고 규율이 잡혀 있었다. 혁명에 반대하던 헝가리 지도부와 민족주의 부르주아 세력이 주저하면서도 이 군대

---

210 *OL K 40. 1918-IX*. t. 677. "트란실바니아의 상황에 관한 익명의 보고서", 1918년 12월 6일.

의 출현을 열렬히 환영했던 것은 이러한 강인함과 규율 때문이었다. (그러나 이들은 나중에 여러 이유로 이 군대에 대해 환멸을 느끼게 된다.) 이웃 나라 군대의 출현은 민족주의 부르주아 세력에게 이전의 압제자와 피압제자 모두에 대한 투쟁을 전개할 수 있도록 했다. 이 투쟁은 노동자와 농민의 요구에 반대하고, 착취 구조를 지탱하며, 헝가리 지배 계층의 지위를 격하하고 압박하기 위한 일종의 계급투쟁이었다. 비록 민족주의 부르주아 세력이 이웃 나라의 군대를 불러들이고 환영하긴 했지만, 이 군대가 의심할 여지없이 불청객처럼 보였다는 점은 짚고 넘어가야 할 것이다. 보헤미아에서는 새로운 국가가 체코 단독으로 설립되기보다는 체코슬로바키아 국가 형태로 이루어지는 것이 절대적인 과제였다. 루마니아에서는 심각한 국내 상황, 노동자 운동, 위협적인 신(新)농민 봉기의 망령 등으로 대(大)루마니아의 창설이 필연적인 요구로 대두하였다. 세르비아 군대가 없었다면 세르비아 주도권 하의 남슬라브 통합이 이루어지지 않았을 것이다.

4. 1918년 가을과 그 이후의 경과는 협상국 세력이 취한 태도에 크게 영향을 받았다. 11월 5일 자 랜싱의 전보, 베오그라드 협정, 12월 3일 프랑셰의 각서, 12월 23일 베르틀로의 결정(프랑셰와 베르틀로의 결정은 베오그라드 협정의 범위를 넘어서, 한편으로는 슬로바키아 지역의 점령을 가능하도록 했고, 다른 한편으로는 트란실바니아의 국경선을 넘을 수 있도록 했다.)은 협상국 세력이 지원했던 사람들에게 민족적 염원과 민족주의적 열망의 실현을 명확히 했다. 신흥 국가의 주도 계층인 민족주의 부르주아 세력이 최대한의 지원을 얻을 수 있다는 사실은 명백했다. 세르비아, 보헤미아, 루마니아와 하나가 되는 것은, 장래

에 전쟁의 책임을 지고 배상의 부담을 지게 될 패전국이 아니라, 동맹국으로 인정받아 승전국의 일원이 될 수 있음을 의미했다.

5. 궁극적으로 민족주의 부르주아 세력의 태도는 정치권에 등장한 헝가리 반혁명 세력과 헝가리 민족주의의 점화 현상에 따라 결정되었다. 야시와 카로이 정부는 민주주의의 이름으로 합의에 도달하려 애썼다. 그러나 직위를 유지하고 있던 구(舊) 행정 관료, 장교, 망명자, 한쪽으로 밀려났지만 쫓겨나지는 않은 한 때의 지배 계층 등은 이 모든 것을 들으려조차 하지 않았다. 야시는 당시를 회상하며 "민족주의자들이 맹목적이고 거친 선동으로 카로이 정부를 무리한 상황으로 몰아넣었다."고 언급했다.[211] 야시가 아라드에서 협상하는 동안 우르만치 난도르는 요시커펄버에서 루마니아 농민 수십 명을 사살했고, 버르여시 러요시가 너지세벤에서 이울리우 마니우와 합의에 도달하려 애쓰는 동안 헝가리 군대는 아라드에서 피로 목욕을 하고 있었던 것이다. 헝가리 민족주의의 점화는 소수 민족 지도자들이 헝가리에 대해 다음과 같이 생각하고 있음을 확인시켜 주었다. "이름은 바뀌었지만, 체제는 그대로이다."[212]

12월에 소수 민족에 관한 타협 정책은 교착 상태에 빠졌다. 12월

---

211 *Bécsi Magyar Újság*, 1922년 5월 14일. O. Jászi: "카로이 정부의 외교 정책."

212 *Varjassy*, p.19. 버르여시에 따르면, 11월 아라드에서 열린 협상에 즈음하여 루마니아 지도자들이 이러한 취지의 발언을 했다. 버르여시는 12월 말 아라드에서 벌어진 (베르틀로의 방문과 관계된) 일들에 관해서도 설명했다. (p.37.) 부다페스트 일간 신문들도 베르틀로의 아라드 방문과 뒤이어 발생한 충돌에 관해 보도했다. *Pesti Hírlap*, 1918년 12월 31일. "아라드에서 루마니아인과 헝가리인 충돌. 4명 사망, 15명 부상."

25일 내각 회의에서 야시는 "슬로바키아인 및 루마니아인과 합의에 도달하는 것이 불가능하다."고 공개적으로 발표했다.[213] 새로운 상황은 새로운 정책을 요구했다. 여러 내각 회의에서 야시는 반박할 수 없는 어조로 새로운 방식의 가능성에 대해 언급했다. 그렇지만 야시는 자신이 제안한 새로운 방식을 본인 스스로 대표하거나 실행할 수 있다고 생각하지 않았다. 1월 초 야시는 사표를 제출했고, 민족부(民族部)는 활동을 멈추었다. 1월 15일 베린케이 정부가 구성된 뒤 야시는 더는 내각의 일원이 아니었다.

12월 18일 내각 회의에서 쿤피는 정부 정책이 민족학적 원칙에 기초해야 한다는 견해를 밝히며 다음과 같이 말했다. "정부는 민족적 단일성의 범위 내에 등장하게 될 헝가리를 통치해야 한다… 이는 패전의 결과이다."[214] 그러나 쿤피는 영토 보전 정책을 단념한 자신의 "현실 정치" 태도 때문에 고립될 수밖에 없었다.

대다수가 찬성한 새로운 방식은 무엇이었을까? 아이디어는 다양했다. "적극적 저항"의 가능성도 제기되었지만, 여러 열망에 반하는 무력 저항은 부적당하다고 생각되었다. "새로운 전쟁"을 위한 군대도 존재하지 않았다. 오스트리아-헝가리 군대의 잔해로부터 구성된 군대의 성격이 아직 명확히 구분되지 않았기 때문이었다(혁명을 위한 군대인가? 반혁명을 위한 군대인가?). 반혁명 계획을 지지했던 페슈테티치(Festetics)를 실각시키고 1월 19일 사회민주당의 뵘(Böhm)을 임명

---

213 *OL K. 27.* 내각 회의록, 1918년 12월 28일.
214 *Ibid.,* 1918년 12월 18일.

한 것이 그 문제를 결정한 듯 보였다. 그러나 새로운 "노동조합 군대"의 모병은 매우 더디게 진행되었다.[215]

각 민족 간의 적대감을 활용할 수 있는 기회가 "일부 민족 운동"을 지원하는 형태로 다가왔다. 정부는 비공식적으로 동(東)슬로바키아 지역의 여러 활동— 동슬로바키아 위원회, 비호드노슬로벤스카 라다, 슬로바키아 인민 공화국이 12월 창설되었다. — 을 지원했지만, 대개 서류상의 존재였던 이러한 단체와 새로운 국가 조직이 얼마나 강하고 영향력이 있을지는 매우 의심스러웠다. 실제로도 이러한 단체와 조직은 별 영향력이 없었다. 세케이 족도 대규모 지원을 기대할 수 있었다. (12월 17일 내각은 세케이 족에게 10만 크라운을 배정했다.) 독립을 향한 슬로바키아의 열망을 지원하면서 체코와 슬로바키아 간의 적대감을 활용한 것처럼, 트란실바니아의 독립에 대한 구상을 선전함으로써 레가트와 트란실바니아 지역 루마니아인 사이의 적대감을 활용하기도 했다. 크로아티아인과 세르비아인의 적대감, 세르비아와 보이보디나 지역에 거주하는 세르비아인 사이의 적대감도 가능

---

215 2월 18일 내각 회의에서 뵘은 현존하는 군대의 해산, 모병을 통한 직업 군인 조직의 확립, 노동조합의 추천을 근거로 24세부터 42세 사이의 도시 프롤레타리아 인원 중 우선적 선발 등 군대의 재조직과 관련한 자신의 구상을 제시했다. 카로이는 이 제안을 받아들이며 해방 운동의 가능성에 관해 얘기했다. "만약 법과 정의로 이룰 수 없다면, 우리는 삶의 조건을 회복하기 위해 기꺼이 무력을 사용할 것이다." (카로이는 3월 2일 서트마르의 세케이 족을 방문한 자리에서 "이 나라를 해방하기 위해서 마지막 수단인 무력이라도 사용할 것이다."라고 반복해서 자신의 의견을 표명했다.) 후에 뵘은 이 군대와 관련하여 "모든 노력이 쓸모없었다."고 회상했다. "모병이 시작된 지 5주가 지난 후에 전국에서 겨우 5,000명이 지원했다. 반면에 우리는 70,000명 정도가 필요했다." (*Két forradalom tüzében*, pp.210~211)

성이 있었다.

국제 정세도 이러한 분위기에 일조했다. 거의 3백만 명에 달하는 독일어 사용자가 새로운 국가 체코슬로바키아의 통치를 받게 된 사실이 체코슬로바키아에 저항하는 독일인의 공동 행동에 명분을 주었다. 동(東)슐레지엔의 탄광 지역을 둘러싼 체코슬로바키아와 폴란드의 마찰은 폴란드인을 적의에 찬 긴장 관계에 밀어 넣었다. 1월 말 테셴 지역의 영유권을 놓고 무력 충돌이 발생했다(테셴 7일 전쟁, 1918년 1월 24일~31일).

2월 24일 외무부 정치국장 차키 임레(Csáky Imre, 1882~1961) 백작은 오스트리아 공사에게 공개적으로 체코슬로바키아 공격에 관해 얘기했다. 그는 헝가리와 독일-오스트리아가 서로의 이해관계에 따라 참여하게 될, 모라비아에 대한 집중 공격이 체코인들을 슬로바키아에서 철수하게 할 것이라고 설명했다. (공사에게 보낸 3월 6일 자 암호 전보문에 대해 무력 군사 행동은 고려하고 있지 않다는 답신이 왔다. 오스트리아 외무부는 모험이라 생각되는 이러한 제안을 받아들이고 싶어 하지 않았다. 그러나 빈은 이 문제를 논의할 생각이 있었고, 한편으론 카를 레너(Karl Renner, 1870~1950. 오스트리아 사회민주당 출신 정치인, 수상 역임-옮긴이)와 오토 바우어(Otto Bauer, 1881~1938. 오스트리아 사회민주당 출신 정치인, 외무장관 역임-옮긴이), 다른 한편으론 카로이와 거러미의 비밀 회담을 지지했다.)[216]

---

216 *HHSt. NPA. Fasz. 880.* Liasse Ungarn. 부다페스트 주재 오스트리아 공사 츠노블로흐가 오스트리아 외무부에 보냄. 1919년 2월 24일. 1919년 3월 6일 암호 답신문 초안. 츠노블로흐는 3월 4일과 7일의 급송 공문에 폴란드인을 조직적으로 포함하는 문제에 대해 언급했다. *NPA Fasz.* 900.

루마니아와 서(西)우크라이나의 적대감도 좋은 기회를 제공할 가
능성이 있었다. 12월 말 우크라이나 공사가 카로이에게, 루마니아
군대가 루테니아인이 거주하는 북동부 지역을 점령할 준비를 하고
있으며 이에 대해 우크라이나인이 뭔가를 할 계획이라고 말했다. 야
시는 이와 관련하여 12월 29일 내각 회의에서 "이 지역을 루마니아
대신 우크라이나가 점령하는 것도 나쁘지 않다고 생각한다. 북부 지
역을 체코인과 루마니아인 외에 폴란드인과 우크라이나인이 함께
나누어 가진다면 이는 우리에게 전술적으로 유리하게 작용할 것이
다."라고 말했다.[217] 2월 28일 내각 회의에서 거러미는 우크라이나
대표와 회담했던 내용을 설명하면서, 우크라이나인이 가장 절실히
원하는 것은 무기이며 "루마니아에 대항하여 우리와 공동으로 행동"
하기를 원한다고 말했다.[218]

　새로운 남슬라브 국가와는 바나트 문제를 둘러싸고 대립했고, 케
른텐 지역을 놓고는 오스트리아와 무장 충돌했으며, 이탈리아와는
여러 논쟁거리 때문에 무장 혹은 비무장 충돌이 끊이지 않았다. 카로
이 정부 역시 오스트리아와의 충돌 상황을 활용하려 했고, 이탈리아
와 관계를 개선하기 위해 여러 회담을 진행했다.[219] 이와 동시에 교황
청과의 관계가 회복되었다. 약간의 논쟁을 거친 뒤 내각은 3월 17일

---

217 내각 회의록, 1918년 12월 29일.
218 *Ibid.*, 1919년 2월 28일.
219 O. Charmant: "10월 혁명 이후", *Új Magyar Szemle*, 1/1920, pp.1~8. 카로이 정부
　　의 빈 주재 공사 샤르망(Charmant)은 헝가리-루마니아-이탈리아 동맹을 지지했기
　　때문에 이탈리아와 화해할 것을 주장했다.

빈의 로마 교황청 대사관이 부다페스트로 이동하는 것을 승인했다.

소비에트 세력이 승리하고 붉은 군대가 1919년 초 갈리치아 방면으로 돌진하면서 소비에트 러시아와의 친교 회복 가능성 문제도 제기되었다. 3월 초 쿤피와 케리가 스위스에서 돌아온 후(쿤피는 사회당 대회 참석차, 케리는 외교와 언론 임무 수행을 위해 베른을 방문했다.) 카로이는 이 문제의 가능성을 검토했다. 베른 대회 및 그에 뒤이은 회담에 기초하여, 그는 다음과 같이 각서의 내용을 다듬었다. "한편으로는 독일-오스트리아 국가와 그를 통한 독일 제국과의 관계에, 다른 한편으로는 러시아에 관심을 집중해야 한다. 협상국 세력의 국내 정책이 급격하게 변해서 제국주의와 자본주의 세력의 승리가 독일과 독일-오스트리아 그리고 헝가리를 최후의 멸망으로 몰아넣는 사태가 발생하지 않는다면, 러시아-헝가리-독일 권역이 자동으로 모습을 드러낼 것이기 때문이다…"[220] 부힝거(Buchinger Manó, 1875~1953)는 베른에서 선출된 조사위원회의 일원으로 떠나게 된 소비에트 러시아 여행을 준비하면서, 당시 아직 구금 중이던 쿤 벨러에게 자신의 여행에 대한 추천서를 부탁했다.[221] 케리를 모스크바로 보내자는 의견도 나왔다. 2월 말에 체포된 공산주의 지도자들에 대한 처우 개선 및 몇몇 인사의 석방은 이러한 고려에서 행해진 조치였다.

합의 실패는 분리 지역에 사는 주민에게 영향력을 행사할 가능성

---

220 *Levéltári Közlemények*, 2/1969, p.535. V. Székely: "Zsigmond Kunfi's Memorandum of February 1919 Concering Hungary's Diplomatic Position."

221 *Buchinger*, Vol. Ⅱ., p.67.

도 야기했다. 야시는 나중에 이 주제를 다룬 논문에 "소수 민족 지도
자들이 우리의 우호적인 접근을 거부한 뒤, 우리는 소수 민족 대중에
게 접근하고자 노력했다."고 기술했다.[222] 야시가 "접근"이란 단어를
사용한 것은 소수 민족 대중을 점령군으로부터 돌아서게 하려 노력
했음을 의미한다. 이러한 목표를 달성하기 위해 정부는 상당한 예산
을 할당했다. 12월 28일 내각은 "국무조정실에서 선전 활동에 필요
한 자금을 제공한다."는 결정을 내렸다.[223] 선전 활동은 성공적이었
다. 노동자와 농민은 특히, 사회 복지를 요구하는 표어와 선동―종
종 사회주의적 성격을 가진 것으로 생각되는―에 긍정적으로 반응
했다. 그것은 헝가리가 혁명 덕분에 주변국보다 사회 복지 정책과
민주주의에 한 발 더 앞서 있었기 때문이었다. 세르비아, 루마니아,
체코 군대의 등장과 분리 정책은 혁명적 성취의 상실과 좌절(위원회
해산, 자유 제한, 임금 동결, 파업 분쇄를 위한 무력 사용, 수당 삭감 등)을 의미
했다.[224] 시민의 권리 상실은 신(新)군대로의 강제 징집, 식량 부족,

---

222 O. Jászi: "왜 도나우 연맹 계획은 실패했나?", Látóhatár, 2/1953, p.92.

223 *OL K. 27.* 내각 회의록, 1918년 12월 28일. 소수 민족 운동 지원.

224 너지바러드 지역의 노동 운동 지도자 중 한 사람이었던 라츠 라슬로(커츠 리포트)는,
1919년 초에 너지바러드와 비허르 주(州)의 정부 위원이었던 자신의 동생 커츠 벨러
가 어떻게 대지주들에게 토지를 "잠정적"으로 이양하도록 강요했는지, 그리고 (수백
만 요크의 토지와 숲에 해당하는) 교회 소유 부동산을 헝가리와 루마니아의 가난한
농업 노동자들을 위해 사용할 수 있도록 했는지에 대해 자신의 회고록에 기록했다.
"승리자인 루마니아 왕립 군대가 행군해 와서 맨 처음 한 일은 주교들의 토지와 숲에
서 소작농들을 강제로 몰아낸 것이었다. 결국, 자유인이 된 루마니아의 형제들은 헝
가리 농부만이 아니라 루마니아의 가난한 농부들에게도 미움을 받았다. 루마니아
쇼비니스트 선전 활동에도 불구하고… 몇 년 뒤에도 소작농 대표들은 '돔누 노동자
위원회'를 찾아 너지바러드에 몰려들었고, 우리에게 정의를 실행하여 교회의 토지와

실업 등 경제적인 문제와 결부되며 그 정도가 배가(倍加)되었다. 빈약한 지급과 불충분한 식량 공급은 물자 징발로 연결되었고, 실업에는 실업 수당이 따르지 않았다.

분리 지역과 관계를 지속한 것은 많은 점에서 이득이었다. 지역 단체와 사회민주당 지부, 노동조합과 질병 기금은 계속 작동했다. 분리 이후에도 철도 운행은 거의 변화가 없었고, 행정부도 대부분 지역에서 제자리를 지켰으며, 공무원들은 상당 기간 부다페스트에서 임금이나 수당을 받았다.[225] 국가의 지원을 받던 선전 위원회는 이러한 유대 관계와 임시 조직을 활용하여, 체코와 루마니아 군대가

숲을 회수했는지 물었다."(*Rácz*, p.24.)

슐루커 요제프는 이미 10월 26일에 루트커에서 혁명 위원회가 선출되었다고 회고했다. "위원회가 무장시킨 노동자들이 공공건물과 사무실, 상점 등을 점령했다… 부자들은 몸을 감추었고, 가난한 자들이 벌이는 정당한 복수를 두려워했다. 그러나 무장한 노동자들은 자신들의 성숙함을 입증했다. 노동자들은 피에 굶주린 모습이 자신들의 성격과 맞지 않는다는 것을 보여주었다." 슐루커는 위원회의 초기 활동을 묘사한 뒤, 분리에 따른 사건들에 대해 다음과 같이 적었다. "하루는 사회민주당 중앙 위원회 대표들이 나타나서 크라마르시 정부의 신임장을 제시하면서, 우리에게 일련의 권한을 내놓으라고 요구했다. 변화의 열기로 가득 찬 이때 우리가 그 권한을 두서없이 탈취했다는 것이다… 가장 중요한 일은 '법과 질서와 평온'을 되찾는 것이었다… 우리는 거절했다… 무장 군단이 와서 우리를 바로 감옥에 가두었다. 혁명 노동자 위원회 위원들은 즉시 총살되었고, 많은 사람들이 수감되거나 처형되었다."(*Együtt harcoltunk*, pp.91~93.)

225 2월 18일 내각은 공무원 대부분이 1월에 이미 3개월 치의 급여를 받았다는 사실에 근거하여 "트란실바니아 지역의 공무원과 국영 기업 노동자들에 대한 임금 지급"을 승인했다. 또한, "헝가리 북부 지역의 경찰 공무원과 근로자들이 현재 받는 급여와 헝가리 정부로부터 받을 예정이던 급여의 차이도 보전"하기로 결정했다. 2월 14일 내각 회의에서는 거미가 제출한 제안에 대한 답변으로 "커셔-오데르베르크 철도 노동자들이 체코-슬로바키아 정부에 대한 충성 맹세 거부로 해고된다면, 헝가리 정부가 그들의 급여를 보장할 것"이라는 결정을 내렸다. *OL K. 27.* 내각 회의록, 1919년 2월 14일. 2월 18일, 24일. (42, 46).

점령한 지역에서 계속 활동할 수 있었다.[226]

1919년 초 몇 달간 분리 지역에서 중요한 움직임이 있었다(1월 말은 트란실바니아 지역, 2월 초는 슬로바키아 지역, 2월 말과 3월 초는 남부 지역).

루마니아 수상 조넬 브러티아누(Jonel Brătianu)는 파리의 10인 위원회에 적국(敵國), 즉 헝가리 정부를 볼셰비키식 선전 혐의로 고발했다. 헝가리 정부가 부의 분배와 계급 폐지를 약속했고, 윌슨의 정책을 자본주의 정책에 불과하다고 주장했으며, 관리를 죽이고 지배 계급을 없애라고 사람들을 선동했다는 것이다. 브러티아누는 이러한 선전 운동의 결과로 "십만 명의 노동자가 파업에 참가했고, 트란실바니아로부터 매우 불안한 소식이 전해졌다."고 덧붙였다.[227] 그러나 브러티아누의 고발은, 부다페스트 정부에 관해서 만큼은, 사실무근이었다. 카로이와 베렌케이 정부가 사회 복지에 관한 요구를 받아들였던 것은 "볼셰비키"적인 고려 때문이 아니라 헝가리 민족의 목표를 도모하기 위해서였다.[228] 이것은 근본적으로 사회주의적 목표를

---

226 2월 18일 내각은 국가 선전 위원회에 35만 크라운을 배정하고, 그중 10만 크라운을 브라티슬라바 지역에 사용하라고 명시했다. 뵘은 버시 야노시가 제시한 조건을 받아들이며 다음과 같이 말했다. "그들은 많은 실수를 했지만, 좋은 일도 많이 했다. 트란실바니아와 헝가리 북부 지역의 운동은 그들이 노력한 선전의 결과이다." *OL K. 27.* 내각 회의록, 1919년 2월 18일. (7, 44).

227 *Miller*, Vol. XIV., p.175. 1918년 2월 1일, 10인 위원회 회의록.

228 군대의 조직과 관련한 제안을 승인한 2월 18일의 내각 회의에서 카로이는 해방 운동의 가능성에 관해 다음과 같이 언급했다. "해방을 위해서는 군대뿐만 아니라 사상적 동기를 고취할 필요가 있다. 그러기 위해서는 완전한 평등, 토지 개혁, 정의로운 부의 분배 등이 이루어져야 한다. 만약 산업 노동자 계층이 억압받는 사람들을 자유롭게 할 수 있다면, 이러한 해방 운동을 국내에서 이룰 수 있는 나라와 정부를 갖게 된다는

따르는 대중 운동이, 헝가리에서 그랬던 것처럼, 분리 지역에서도
불붙기 시작한 사실과 잘 부합함을 의미했다. 파업 및 여러 활동이
진행되는 와중에 서로 다른 민족의 노동자들이 하나의 유대 관계를
이룰 수 있었던 것은 이러한 노력의 결과였다. 그래서 민족주의적
경향과 선동에도 불구하고 이런 운동은 루마니아와 보헤미아, 세르
비아 지역에서 사회주의자들의 지지를 받을 수 있었다.

이런 상황에서 헝가리의 부유층과 그들의 대표자들이 점령군 편
을 들며 점령군에게서 도피처를 찾았던 사실을 고려하면, 이런 사태
가 민족주의 부르주아 진영에 대한 대중의 지지를 감소시키고 전선
을 명확하게 구분하도록 만들었음이 분명하다.[229]

1919년 3월 21일 헝가리에서 의회 공화국이 선포된 것은 이런
상황에서였다. 의회 공화국은 부르주아 계층이 평등과 국제주의에
의거해 다루지 못했던 소수 민족 문제를 해결하고자 했다. 3월 21일
이후에 공산당과 사회민주당의 소수 민족 분과가 병합되었다. 인터
내셔널 그룹 연맹도 설립되었다. 사회주의 국가의 개념과 상호 동맹

점을 강조할 수 있을 것이다." *OL K. 27.* 내각 회의록, 1919년 2월 18일. (23).
229 3월 15일 추처(Csucsa)에서 군인들을 대상으로 행한 연설에서 뵘은 당시의 상황을
다음과 같이 묘사했다. "루마니아의 귀족이든 헝가리의 반혁명주의자든 차이가 없다.
같은 힘을 투입하여 싸워야 할 대상일 뿐이다… 루마니아 인민에게 화를 낼 일이
아니다. 루마니아 인민을 미워할 일도 아니다. 그들을 사랑해야 한다. 영국인, 프랑스
인, 체코인도 사랑해야 한다. 각각의 적은 각각의 인민이 아니라 그들 각각의 지배
계층이기 때문이다. 헝가리 혁명을 억압하려 하는 자는 루마니아의 귀족들이며, 헝가
리의 광산을 뺏으려는 자는 체코의 자본가들이다. 인민은 형제들이다. 그들이 자신들
의 지배 계층을 타도한다면, 진정한 루마니아 인민들이 우리에게 올 것이며, 헝가리
인민에게 자신들의 손을 내밀 것이다."

의 형태가 모습을 갖추기 시작했다. 슬로바키아 의회 공화국의 형성 과정에서 볼 수 있듯이 인터내셔널 연맹의 각 분과는 미래 정부의 잠재력을 품고 있었다.

프롤레타리아 독재에 대한 억압, 독일 및 중부 유럽 혁명에 걸었던 기대의 무산, 헝가리가 1919년 여름에 소비에트 러시아로부터 아무런 지원도 받지 못했던 점 등이 반혁명 세력을 승리의 길로 이끌었다. 소수 민족 문제에 관한 프롤레타리아 방식의 해결책은 결과를 이끌어내지 못했다. 자본주의의 회복과 반동의 부활은 다시 민족주의 감정을 촉발해 전에 없던 강력한 힘을 분출시켰다. 의회 공화국 기간 중 굳건하게 유지되었던 헝가리 반혁명주의자와 비헝가리인 반혁명 간섭주의자의 연합 전선은 붕괴하였다. 서로 의존하던 사람들 사이의 동맹과 인민의 평화로운 공존 대신 대중적 차원의 경쟁이 불타올랐다. 유보적인 상황에서 새로운 압제자들은 계속 억압하기를 원했고, 현 상태를 유지하려는 이전의 압제자들은 다시 한번 지배하기를 바랐다. 결국, 미움이 낳은 사건들은 돌이킬 수 없는 새로운 전쟁을 향해 전개되어 나갔다.

참고문헌

헝가리 부르주아 민주주의 혁명의 역사와 이 혁명에 이르도록 했던 사건들에 관해 지금까지 2권의 상세한 연구서가 출간되었다.

하나는 제2차 세계대전 중 Berinkey 정부의 법무장관이었던 Juhász Nagy Sándor가 주로 개인적 체험과 감상에 근거하여 저술한 *A magyar októberi forradalom története, 1918. október 31.-1919. március 21.*(Budapest 1945)이고, 다른 하나는 혁명 50주년을 기념하여 출간된 Hajdu Tibor의 박사학위 논문 *Az 1918-as magyarországi polgári demokratikus forradalom* (Budapest 1968)이다.

Károlyi Mihály의 *Egy egész világ ellen*(München 1923)은 부르주아 민주주의 혁명과 이에 이르도록 했던 사건들뿐만 아니라 의회 공화국의 역사에 관한 설명을 담고 있는 회고록이다. Károlyi의 회고록은 1918년 10월 31일의 사건까지 기술되어 있다. 인민 공화국 시기를 다루고 있는 미완성 2부의 원고는 Károlyi Mihály: *Az új Magyarországért*(Budapest 1968)를 참고하라. Batthyány Tivadar는 카로이당의 우익을 대변했다.

Beszámolóm I - II, Budapest 1927. 급진당의 견해는 Jászi Oszkár의 기억과 연구의 경계선을 가르는 작품 *Magyar kálvária, magyar feltámadás*(Wien 1920)을 참고하라. 사회민주당 지도자들의 회고록에 대한 언급도 빼놓을 수 없다. Garami Ernő: *Forrongó Magyarország*, Wien 1922; Böhm Vilmos: *Két forradalom tüzében*, München 1923 & Budapest 1946; Weltner Jakab: *Forradalom, bolsevizmus, emigráció*, Budapest 1929; Buchinger Manó: *Tanúvallomás. Az októberi forradalom tragédiája*, Budapest 1936; Idem: *Októberi forradalom-emigráció*, Budapest 1947. 혁명과 여러 사건들에 관한

Kun Béla의 저술은 다음의 출판물에서 확인할 수 있다. Kun Béla: *A Magyar Tanácsköztársaságról. Válogatott beszédek és írások*, Budapest 1958. Idem: *Válogatott írások és beszédek* I - II, Budapest 1966. Idem: *Szocialista forradalom Magyarországon*, Budapest 1979. 공산주의 작가들의 회고록 중 다음의 작품들은 특히 중요한 자료들이다. Lengyel József: *Visegrádi utca*, Moskva 1932 & Budapest 1957. 이 작품은 작가가 역사 보고서라고 명명했 다. Hevesi Gyula의 회고록 *Egy mérnök a forradalomban*, Budapest 1959 & 1965. Szántó Béla가 혁명의 역사에 관해 설명한 작품은 개인적 체험으로 가득 차 있지만, 역시 주목할 만한 작품이다. 이 작품은 '당 역사 연구소 기록물' 원고에서 찾아볼 수 있다.

혁명의 역사에 관한 좀 더 자세한 자료와 서지 항목은 다음의 자료를 참고하라. Siklós András: *Az 1918~1919. évi magyarországi forradalmak. Források, feldolgozások*, Budapest 1964.

1. 정치적 위기 : 혁명적 상황

내각의 위기

당시의 일간 신문들은 10월 초 내각의 위기 및 그와 관련된 회견과 계획 에 관해 상세히 보도하고 있다. 이후의 사건들에 Szterényi가 맡았던 역할에 관해서는 다음을 참고하라. Szterényi József: *Régmúlt idők emlékei. Politikai feljegyzések*, Budapest 1925. 현실과 상상이 뒤섞여 있는 Windischgraetz Lajos 공(公)의 회고록도 내각의 위기와 혁명으로 이어진 몇 주간의 역사를 다루고 있다. *Vom roten zum schwarzen Prinzen*, Wien 1920.

카로이 미하이와 '독립과 48년당'

카로이당의 역사에 관한 근본적인 자료는 Lovászy Márton가 편집을 맡 았던 당 기관지 일간 *Magyarország*이다. 당의 강령은 1916년 7월 19일 자 *Magyarország*에 공개되었다. 당의 목표와 진행 과정에 대해서는 이미 언급한 Károlyi Mihály, Batthyány Tivadar, Juhász Nagy Sándor의 작품을 참고하라. Károlyi Mihály의 연설, 논설, 성명서 등은 역시 앞에서 언급한 *Az új Magyarországért*를 참고하라. Károlyi Mihály의 생애에 관해 좀 더 자세히 알고 싶다면 Hajdu Tibor: *Károlyi Mihály*(Budapest 1978)를 참고하라.

부르주아 급진당

부르주아 급진당의 1914년 강령은 1914년 6월 21일 자 *Neues Politisches Volksblatt*에 게재되어 있으며, 당 기관지인 일간 *Világ* 1914년 6월 7일 자에 축약된 형태로 실려 있다. 헝가리어 번역본은 Mérei Gyula의 *Polgári radikalizmus Magyarországon 1900~1919*(Budapest 1947)에서 찾아볼 수 있다. 1918년의 요구 사항에 관해서는 Jászi Oszkár의 팸플릿 *Mi a radikaliz-mus?*(Budapest 1918)와 *A Monarchia jövője. A dualizmus bukása és a Dunai Egyesült Államok*(Budapest 1918)를 참고하라. 이 책은 나중에 *Magyarország jövője és a Dunai Egyesült Államok*라는 제목으로 출간되었다. 독일어본: *Der Zusammenbruch des Dualismus und die Zukunft der Donaustaaten*, Wien 1918. Jászi의 개념에 대한 최근의 평가는 다음을 참고하라. Kosáry Domokos: "Ungarische Politische Bestrebungen und die Probleme der Monarchie im Zeitalter des Dualismus", *Acta Historica*, 1-2/1971. Vargyai Gyula: *Nemzeti kérdés és integráció. Adalékok Jászi Oszkár nemsetiségi koncepciójának értékeléséhez*, Pécs 1970; Galántai József: "A radikálisok és a nemzeti kérdés. Jászi Oszkár föderációs koncepciói az első világháború alatt", *Világosság*, 1/1973. 1918년 10월 대회의 회의록은 현재까지 발견되지 않았다. 자세한 사항은, 검열받은 것이긴 하지만, 1918년 10월 15일 자 *Világ*를 참고하라.

헝가리 사회민주당과 좌익 반대파

제1차 세계대전 기간 사회민주당의 활동과 태도에 대한 설명 및 평가는 Nemes Dezső의 *A magyar munkásmozgalom történetéhez*(Budapest 1974)를 참고하라. 종합적인 견해는 *A magyar forradalmi munkásmozgalom története*

(Budapest 1972)에서 찾아볼 수 있다. 더 중요한 문서들은 A magyar *mun-kásmozgalom történetének válogatott dokumentumai (MMTVD)*, Vols. 4/B & 5(Budapest 1956)를 참고하라. Szabó Ervin의 사망에 관한 설명 및 신문 기사는 Remete László가 편집한 *Szabó Ervin 1877~1918*(Budapest 1968)을 참고하라. 10월 8일 성명문의 전문은 *Népszava*에 수록되어 있으며, 이에 따른 비상 회의의 회의록은 *MMTVD 4/B*의 부록에 게재되어 있다. Milei György의 "A hazai baloldali szocialista irányzatok a proletariátus feladatairól (1917 November ~ 1918 November)"는 좌익의 활동에 대해 설명하고 있다. *Párttörténeti Közlemények*, 4/1968을 참고하라.

러시아의 헝가리 공산주의 세력

러시아의 헝가리 공산주의 세력이 발간하던 주간지 *Szociális Forradalom*은 이들의 활동에 관한 가장 중요한 정보원이다. 아쉽게도 주간지 전체가 보존되어 있지는 않다. 이 세력의 활동에 관해서는 *Párttörténeti Köz-lemények*, 1/1958, 1/1962, 2/1964, 3/1967에 포함된 Milei György의 글을 보라. *A Kommunisták Magyarországi Pártjának megalakításáról*(Budapest 1962, 1972)은 이들의 역사에 대한 종합판이다. *Párttörténeti Közlemények*와 기타 자료에 이미 공개된 문서들은 관련 연구를 집적한 *A magyar interna-cionalisták a Nagy Októberi forradalomban és a polgárháborúban* (Budapest 1967)에서 찾아볼 수 있다. 공산주의자들의 활동에 관한, 또 하나의 가치 있는 문서는 Szamuely Tibor의 *Riadó. Válogatott cikket és beszédek*(Moskva 1932, Budapest 1957)에 "Emlékezés Szamuley Tiborra"라는 제목으로 실린 Kun Béla의 서문이다. 흥미로운 많은 사실을 Németh Lajos의 *Egy internacionalista visszaemlékezése 1917~1919*(Budapest 1972)에서 발견할 수 있다. Szamuely György는 10월 24일의 회의록(이 회의록은 30년대까지는 존재했지만, 이후에 사라졌다.)에서 인용한 내용을 "A Kommunisták Magyarországi Pártjának előkészítése", *Sarló és Kalapács*, 4/1932에 게재했다. 회의에서 추인한 성명서의 내용에 관해서는 Milei György의 "Az OK(b)P magyar csoportja a KMP megalakításáért", *Párttörténeti Közlemények*, 2/1964

를 참고하라.

의회의 마지막 회의

10월 16일 시작된 의회의 회의록은 *Az 1910. évi június hó 21-re hirdetett országgyűlés nyomtatványai. Képviselőházi Napló. XLI.*(Budapest 1918)에 게 재되어 있다. 당시의 신문 보도도 이 회의에 관해 설명하고 있다. Tisza에 대한 암살 기도의 배경과 세부 내용은 앞에 언급한 Lengyel József와 Hevesi Gyula의 회고록을 참고하라.

2. 승리한 혁명 : 헝가리 공화국

최후의 나날
혁명의 승리

검열의 부담에서 벗어난 일간 신문들은 10월 30일부터 31일까지 벌어진 일련의 사건들에 관해 자세하게 보도했다. 앞에 언급한 Károlyi, Batthyány, Garami, Böhm, Weltner의 회고록을 참고하라. 당시의 출판물 중 Hatvany Lajos와 Magyar Lajos가 개인적인 경험을 기반으로 저술한 작품은 특히 중요하다. Hatvany Lajos: "Egy hónap története", *Esztendő*. Magyar Lajos: *A magyar forradalom. Élmények a forradalom főhadiszállásán*, Budapest 1919. 최근의 출판물로는 *Késői tudósítások*(Budapest 1966)을 참고하라. Gellért Oszkár가 편집한 A diadalmas forradalom könyve(Budapest 1918)은 혁명의 지도자와 참가자들이 개인적으로 기술한 내용을 위시하여 풍부한 설명 자료를 담고 있다. Bús Fekete László의 *Katona forradalmárok*(Budapest 1918)은 군인 위원회의 활동을 다루고 있다. 이 책에 수록된 사건들은 군인위원회 위원들의 회고록으로 확인할 수 있다. Lengyel László: "A katonatanács-ról", *Társadalmi Szemle*, 10/1958; Sztanykovszky Tibor: "A katonatanácsról", *Nagy idők tanúi emlékeznek*, Budapest 1958. Lukachich는 혁명 과정에서 자신이 왜 그렇게 행동했는지에 대한 이유와 부다페스트 주둔군의 역할에

대해 그의 방대한 회고록 *Magyarország megcsonkításának okai*(Budapest 1932)에 기술하고 있다. 앞에 언급한 Szántó Béla의 작품은 이 주제를 다른 각도에서 검토하고 있다. 요제프 대공의 역할에 관해서는 (액면 그대로 받아들이기는 곤란한) 그의 간략한 기록 *A világháború, amilyennek én láttam*, Vol. Ⅶ(Budapest 1934)을 참고하라. Tisza의 암살과 관련하여 다소 억지로 꾸민듯한 재판의 회의록과 서류들은 PI 기록 보관소에 보관되어 있다. 지방 소도시와 마을에서 벌어진 사건들은 지역 신문이나 지역 사료 집에서 찾아볼 수 있다. 1961년까지의 지역 사료집은 앞에 언급한 Siklós András의 저작물에 목록화되어 있다. 좀 더 최근의 작업은 Gecsényi Lajos 와 Glatz Ferenz의 공동 연구 "1918~1919 évfordulója a helytörténeti irodalomban", *Párttörténeti Közlemények*, 3/1970을 참고하라.

내각 회의록은 부르주아 혁명의 역사에 관한 중요한 자원이다. 국민 위 원회와 내각 회의에 관한 메모는 단편적인 형태로 남아 있다. 혁명의 지도 자 및 단순 참가자들에 대한 정치 재판 기록에서 혁명의 역사와 관련된 흥미로운 정보들을 찾아볼 수 있다. Tisza 재판 외에 소위 인민 정치 위원 재판과 Károlyi 재판은 특별히 언급할 가치가 있다. 인민 정치 위원 재판의 기록은 PI 기록 보관소에 보관되어 있는 반면, Károlyi 재판에 관한 기록은 시립 공문서 보관소에 보관되어 있다. 중앙 정부와 지방 정부 기관이 보관 하고 있는 기록들에 대해서는 앞에 언급한 Siklós András의 저작물을 참고 하라. Farkas József가 편집한 *"Mindenki újakra készül..." Az 1918 – 19-es forradalmak irodalma*(Budapest 1959, 1962)는 4권 분량의 문집으로, 이 시 기에 대한 회고록과 출판 기록물에 대한 종합적인 저작이다. 제1권과 제2 권은 부르주아 민주주의 혁명 시기에 출판된, 혁명에 대한 문헌과 언론 저작물을 다루고 있다.

혁명 초기
공화국 선포

11월 초의 지방 대중 운동과 그에 대한 보복에 대해 처음으로 언급한 자료는 Kató István의 "Az 1918-as novemberi parasztmozgalmak", *Századok*,

3/1956이다. 이 자료의 데이터를 앞에 언급한 Hajdu Tibor의 자료가 보완하고 있다. Szemere Vera: *Az agrárkérdés 1918 – 1919-ben*(Budapest 1963)과 Schönwald Pál: *A magyarországi 1918 – 1919-es polgári demokratikus forradalom állam és jogtörténeti kérdései*(Budapest 1969)를 참고하라. Schönwald Pál의 자료는 매우 세부적인 정보도 포함하고 있다. Facsád 폭격에 관해서는 Jakabffy Elemér –Páll György: *A bánsági magyarság húsz éve Romániában 1918 –1938*(Budapest 1939), pp.17~18을 참고하라. Látrány의 사건에 관해서는 Mészáros Károly: *Az őszirózsás forradalom és a Tanácsköztársaság parasztpolitikája*(Budapest 1966), p.29를 참고하라. 신문들 역시 Jósikafalva의 사건에 관해 자세한 설명을 전하고 있다(*Pesti Hírlap*, 1918년 11월 8일, 15일 자). 혁명 초기에 수백 건씩 내무부로 쇄도하던 전보문(현재는 PI 기록 보관소에 보관되어 있다)은 혁명의 대중적 성격에 관해 풍부한 증거를 제공해 주고 있다.

국민 위원회 사무국이 운영되고 해체된 며칠 동안에 대해서는 앞에 언급한 Magyar Lajos: *A magyar forradalom*을 참고하라. Hajdu Tibor의 *Tanácsok Magyarországon 1918 – 1919-ben*(Budapest 1958)은 위원회들의 쟁점에 관해 종합적으로 분석한 자료이다. 앞에 언급한 Schönwald Pál의 작품은 혁명 기간의 국가 조직, 법 체계, 입법 절차를 자세하게 다루고 있다.

카를 황제의 퇴위와 헝가리 공화국 선포에 관한 내용은 1918년 11월 12일과 16일 자 *Népszava* 및 다른 일간지들에 게재되었다. 에카르트자우를 방문한 상원 의원과 주요 인사들에 관해서는 Károlyi Mihály와 Batthyány Tivadar의 회고록과 Wlassics Gyula가 대충 얼버무리고 넘어간 "Az eckartsau-i nyilatkozat. A Király-kérdés", *Új Magyar Szemle*, 1-2/1921을 참고하라. 법·정치 인문과학대학이 작성하여 대표자들에게 계속 인계된 비망록 복사본은 시립 공문서 보관소에 보관된 카로이 재판 문서에서 찾아볼 수 있다. 국민 위원회가 11월 16일 개최한 회의의 회의록은 국회 기록의 부록으로 출판되었다. 국민 투표 결정문의 텍스트는 *Codex Hungaricus*(1918년 법령, Budapest 1919)에 수록되어 있다.

3. 국제 정세와 헝가리의 상황 : 카로이 정부의 외교 정책

카로이 정부의 외교 정책에 대한 기록물에 관해서는 Székely Vera: "A polgári demokratikus köztársaság és a Tanácsköztársaság külképviseletének iratanyaga az Országos Levéltárban", *Levéltári Szemle*, 1/1969를 참고하라. 외교부 조직과 관련해서는 Harrer Ferenc의 회고록 *Egy magyar polgár élete I.*(Budapest 1968)을 참고하라. A. I. Mayer의 *Politics and Diplomacy of Peacemaking*(New York 1967)은 승리자들의 외교 정책과 그 내적 기반에 관한, 새롭고도 주목할 만한 연구이다. 발칸 휴전 위원회의 행동에 관한 정보는 빈의 Kriegsarchiv에 보관되어 있는 AOK 비밀 서류에서 얻을 수 있다. 최근까지 헝가리 역사가들이 다루기 꺼려했던 예비 상황에 관한 자료는 다음을 참고하라. B. Krizman: "The Belgrade Armistice of 13 November 1918", in: *The Slavonic and East European Review*, January 1970; Krizman의 연구는 Pašić와 Vešnić의 전언과 그에 따른 세르비아 군대의 군사 훈련에 관해 묘사하고 있다. Franchet의 계획과 힘의 균형에 생긴 변화에 관해서는 Azan의 전기와 Batthyány의 회고록 2권에 수록된 Franchet d'Esperey의 성명을 참고하라. 최근의 출판물은 다음을 참고하라. Roger Cros: *La victoire des armées Alliées en Orient 1918*, Montpellier 1968; J. Bernachot: *Les Armées Françaises en Orient après l'armistice de 1918*, Paris 1970. Köves 의 급송 공문서는 Károlyi 재판 기록과 민족부 문서에서 찾을 수 있다.

베오그라드 회담에 대한 설명은 앞에 언급한 Károlyi, Jászi, Hatvany의 회고록에 수록되어 있다. Károlyi의 영문 회고록 *Memoirs of Michael Károlyi*(London 1956)을 참고하라. 프랑스 측 설명은 Azan의 전기와 "L'armistice avec la Hongrie", *L'Illustration*(1921년 11월 5일)을 참고하라. 세르비아 측 설명은 다음을 참조하라. D. Kalafatović: "Nasa primirja u 1918. godini", *Srpski Knjizevni Glasnik*, X-XⅢ/1923. 베오그라드 군사 협정의 본문은 파리 평화 회담의 공식 출판 문서 *Document concernant l'execution de l'armistice en Hongrie(novembre 1918 — mars 1919.)*에 수록되어 있다. 헝가리어 번역본은 Nyékhegyi의 작품 *A Diaz-féle fegyverszüneti* *szerződés*(Budapest 1922)을 참고하라. 카로이가 낭독한 정치 각서의 프랑스어 초안은 민족부 문서에서 찾을 수 있다. Ormos Mária의 "A belgrádi katonai konvencióról", *Történelmi Szemle*, 4/1979는 프랑스 문서고 자료에 기반을 두어 베오그라드 군사 협정을 설명한 최근의 자료로 주로 프랑스 정치의 관점에서 이 문제에 접근하고 있다. 군사 협정 및 외교 정책에 관한 포괄적인 분석은 L. Nagy Zsuzsa의 *A párizsi békekonferencia és Magyarország*(Budapest 1965)를 참고하라. 이 책 출간 이후에 영국, 프랑스, 오스트리아 및 다른 나라 문서고의 관련 자료를 열람할 수 있게 되었기 때문에 이 책은 여러 면에서 낡은 자료가 되고 말았다.

Vadász Sándor는 프랑스 문서고 자료를 기반으로 빅스 중령의 임무에 관해 여러 연구를 수행했는데, 가장 자세한 연구는 "Vix és Károlyi", *Hadtörténeti közlemények*, 2/1969이다. Peter Pastor 역시 프랑스 자료에 기반하여 연구를 수행했다. "The Vix Mission in Hungary 1918 −1919.: A Re-examination", *Slavic Review*, 3/1970. 프랑스 문서고에 보관되어 있던 몇몇 문서 역시 공개되었다. Litván György: "Documents des relations Franco-Hongroises des années 1917 −1919", *Acta Historicc*, 1 −2/1975. Arday Lajos 의 논문 *Angol −magyar viszony a polgári demokratikus forradalom idején az angol levéltári források tükrében*(Budapest 1976)은 영국 문서고에 기반을 두고 있다. 체코슬로바키아의 외교 활동에 대해서는 Beneš의 회고록 *Nemzetek forradalma...*를 참고하라. 이탈리아 정부의 태도에 관해서는 다음을 참고하라. L. Valiani: "La politica estera dei governi rivoluzionari ungheresi di 1918 −1919", *Rivista Storica Italiana*, 4/1966. 체코스로바키아와 루마니아의 요구를 담고 있는 비망록의 본문은 앞에 언급한 공식 문서 *Documents concernant...*에 수록되어 있다. 루마니아의 외교 활동에 관해서는 S. D. Spector의 *Romania at the Paris Peace Conference. A Study of the Diplomacy of Ioan I. C. Brătianu*(New York 1962)에 심도 있게 논의되어 있다.

앞에 언급한 Károlyi, Batthyány, Nagy Juhász의 작품 외에 Supka Géza가 여러 연구를 통해, 베오그라드 회담과 Károlyi 정부의 외교 정책(Nyékhegyi, Rubint 등)에 대한 반혁명적 책임에 관해 10월당 당원을 대신하여 논의

· 논박하고 있다. 더 자세한 사항은 *A nagy dráma*(Miskolc 1924)와 "Össze-omlás", *Századunk*(7 – 8월 1931)을 참고하라.

4. 국내 정세

경제 상황
정치·경제·사회적 복지 정책

헝가리 부르주아 민주주의 혁명 기간의 경제 상황과 경제 정책에 대해 심도 있는 종합 분석은 아직 이루어지지 않았다. 상무부 문서고에 보관 중이던 이 주제 관련 중요 자료들은 제2차 세계대전의 와중에 파괴되었다. 자료의 부족 때문에 경제 분야 연구자들은 여러 기관에서 발행한 인쇄물이나 사후의 보고서에 의존할 수밖에 없다. 이 주제에 관한 간략한 개괄은 다음을 참고하라. Berend T. Iván – Szuhay Miklós: *A tőkés gazdaság története Magyarországon 1848 – 1944*, Budapest 1973; Hajdu Tibor: *Az 1918-as magyarországi polgári demokratikus forradalom*, Budapest 1968. 이 작품의 끝부분에 첨부된 경제 역사에 관한 장은 상세한 내용을 다루고 있다. 재정 상황에 대한 분석은 Láng Imre의 연구를 참고하라. "A Károlyi- és Berinkey-kormány pénzügyi politikája", *Századok*, 5 – 6/1960. 협동조합에 관한 사항은 다음을 참고하라. Orbán Antal: "Fogyasztási szövetkezetek a polgári demokratikus forradalom idején", *A Magyar Munkásmozgalmi Múzeum Évkönyve 1967/68*, Budapest 1969. Petrák Katalin의 *Az első magyar munkáshatalom szociálpolitikája 1919*는 부르주아 민주주의 혁명으로 도입된 대책들을 항목마다 간략하게 요약하며 다루고 있다. 복지부의 활동에 관해서는 Bognár Iván이 신중하게 편집한 다음의 연구를 참고하라. "A Népjóléti Minisztérium és a Népjóléti Népbiztosság szervezete 1917 – 1919", *Levéltári Közlemények*, 2/1966.

미해결된 토지 문제

토지 문제에 대한 종합적 분석은 이미 언급한 Szemere Vera와 Mészáros Károly의 책을 참고하라. Buza Barna는 토지 정책과 이 정책의 친(親)농민적 성격에 관한 자신의 생각을 *A kommunista összeesküvés*(Budapest 1919)라는 소책자와 *Öt év múltán a Károlyi-korszak előzményei és céljai*(Budapest 1923)에 수록된 논문 "AZ októberi földreform"에 묘사하고 있다. 로마 가톨릭 교회의 태도에 관한 문서는 Esztergom 대주교 문서고에 보관된 Csernoch János의 논문에서 찾을 수 있다. 농무부에서 열린 회의의 회의록은 *Köztelek* 1918년 48−49호에 수록되어 있으며, 발췌본으로도 출판되었다. *Értekezlet a birtokreformról*, Budapest 1918. 조지주의자들의 견해는 Pikler Gyula의 *Magyar földreform*(Budapest 1919)에 자세히 설명되어 있다. 사회민주당의 농업 정책과 이 정책의 정당성에 관해서는 Varga Jenő의 소책자 *Földosztás és földreform Magyarországon*(Budapest 1919)을 참고하라. 농업 노동자들의 상황에 관해서는 1920년 9월 2일 자 *Proletár*에 게재된 Hamburger Jenő의 "A mezőgazdasági munkásság helyzete a Károlyi-forradalom alatt"를 참고하라. Móricz Zsigmond의 글 "Népszavazás a földreformról"은 *Esztendő* 1919년 1월호에 실렸다. 이 글의 개정판이 *Új világot teremtsünk*(Budapest 1953)에 게재되었다.

동원 해제와 군대 재조직을 둘러싼 논쟁

동원 해제와 군대 재조직에 관한 사항은 Breit József의 작품과 Böhm Vilmos의 *Két forradalom tüzében...*을 참고하라. 이에 관한 새로운 관점에 대해서는 다음을 참고하라. Őry Károly: "A katonapolitika és a hadseregszervezés főbb kérdései az októberi polgári demokratikus forradalom időszakában", *Hadtörténeti Közlemények*, 1/1970 & 1/1971. 개괄은 다음을 참고하라. Liptai Ervin: *Vöröskatonák Előre! A Magyar vöröshadsereg harcai 1919*, Budapest 1969.

Linder는 동원 해제에 관한 자신의 생각을 *Kell-e katona? A militarizmus csődje*(Budapest 1919)에 자세하게 기록하고 있다. 군대 재조직에 관련된 법령 제정은 이미 언급한 Schönwald Pál의 작품을 참고하라.

5. 다민족 국가의 붕괴

소수 민족에 관한 민족부의 기록은 Károlyi 정부의 소수 민족 정책과 붕괴의 과정에 관한 핵심적인 자료이다. 분리 지역 거주민의 모국어에 따른 분포는 다음을 참고하라. "A magyar Szent Korona országainak 1910. évi népszámlálása. Hatodik rész. Végeredmények összefoglalása", *Magyar Statisztikai Közlemények, Új Sorozat.* 요약 데이터는 제64호(Budapest 1920)에 수록되어 있다.

크로아티아-슬라보니아 그리고 보이보디나

보이보디나의 분리에 관해서는 Kővágó László의 *A magyarországi délszlávok 1918 –1919*(Budapest 1964)에 자세하게 논의되어 있다. Kővágó의 심도 깊은 이 작품은 11월 25일 노비사드 의회의 결의문을 포함하고 있다. 의회 공화국 50주년 기념 학술 대회에서 Lőrinc Péter와 Milenković Toma 이 행한 강연을 참고하라. Lőrinc Péter: "A Vajdaság és Magyarország forradalmi kapcsolatai, 1919"; Milenković Toma: "Adalékok a szerb-bunyevác Agitációs Bizottságnak a nemzeti kérdésre vonatkozó álláspontjához", *A Magyar Tanácsköztársaság 50. évfordulójára*, Budapest 1970, pp.388~396, 144~166. 몇몇 흥미로운 문서가 *A vajdasági munkásmozgalom szocialista szakasza 1890 –1919*(Novi Sad 1953)에 포함되어 출판되었다. Pécs에서 발생한 파업 운동은 Hajdu Gyula의 *Harcban elnyomók és megszállók ellen*(Pécs 1957)에 자세하게 분석되어 있다. 1918~1919년에 Banat에서 발생한 사건에 관해서 Josef Gabriel의 *Fünfzigjährige Geschichte der Banater Arbeiterbewegung*(Temesvár 1928)을 참고하라.

슬로바키아

슬로바키아의 분리를 표명한 Turócszentmárton 선언 전문은 명문집(名文集) *Kelet-Európa 1900 –1945. 5/1*(Budapest 1970)와 Steier Lajos의 "The Turócszentmárton Declaration", *Magyar Szemle*, 2/1928에 수록되어 있다.

Steier의 수정주의 반체코 성향의 글은 이 선언의 진실성에 관한 논쟁도 다루고 있다. 군사 문제에 관한 자세한 논쟁은 군사 역사 연구소에 보관되어 있는 Fogarassy László의 원고 *Az öthónapos fegyverszünei, adatok a Károlyi-kormány hadtörténetéhez*(Budapest 1968)를 참고하라. Hodža와의 협상에 관해서는 헝가리 신문 보도와 내각 회의록 외에 Hodža 자신의 회고록을 주목해야 한다. *Slovensky rozchod s mad'armi roku 1918*, Bratislava 1929. 1918~1919년 사건과 관련하여 체코에 대한 새로운 설명은 다음을 참고하라. L. Tajták: Usilie mad'arskych vladnucich tried o vdrzanie Slovenska v ramci Mad'arska roku 1918", *Historicky Časopis*, 4/1966. L. Holotik: "Oktobrová revolucia a revolucné hnutie na Slovensku koncom roku 1918", *Ibid.*, 4/1967. Tajták은 독자적인 출판물에서 동슬로바키아 혁명 사건에 대해 분석하고 있다(*Národnodemokratická revolucia na Vychodnom Slovensku v roku 1918*, Bratislava 1972). Tajták는 그의 책에서, 영토 보전을 주장하며 이 지역의 슬로바키아 주민들이 체코슬로바키아에 참여해야 한다는 의견을 표명한 Károlyi 정부의 정책을 강력히 비난했다. Vaclav Karl도 헝가리어로 출판된 저서에서 슬로바키아 점유의 역사에 관해 논하고 있다. *A csehszlovák burzsoázia intervenciós háborúja a Magyar Tanácsköztársaság ellen 1919-ben*, Bratislava 1956.

헝가리 거주 루마니아인과 트란실바니아

1918년 말과 1919년 초에 트란실바니아에서 발생한 사건에 관해서는 다음을 참고하라. Apáthy István의 회고록 "Erdély az összeomlás után", *Új Magyar Szemle*, 1920; Kertész Jenő: "A tíz év előtti Erdély napjai", *Korunk*, 1, 2, 3/1929. 헝가리 정치 지도자들의 행동에 관한 자료는, 학술적이라기보다는 저널리즘 성격이 강한 Mikes Imre의 *Erdély útja Nagymagyarországtól −Nagyrományáig*(Brassov 1931)을 참고하라. 1919년에 Transylvania에서 발생한 사건에 관해, 제2차 세계대전 후에 헝가리에서 두 건의 연구가 출판되었다. Gulya Károly: "Az erdélyi nemzetiségi Kérdés megoldására irányuló törekvések 1918−1919-ben", *Acta Universitatis Szegediensis Acta Historica*

T. IX., Szeged 1961; Szász Zoltán: "Az erdélyi román polgárság szerepéről 1918 őszén", *Századok*, 2/1972. 루마니아에서 헝가리어로 출간된 주목할 만한 연구는 다음과 같다. Bányai László: "A Nagy Októberi Szocialista Forradalom erdélyi hullámai", *Korunk*, 10/1957. Victor Cheresteşiu: "Szocialisták és szociálsoviniszták a román munkásmozgalomban", *Ibid.*, 12/1957. Constantin Daicoviciu, Bányai László, Victor Cheresteşiu, Vasile Liveanu: "A tömegek forradalmi harca−döntő tényező Erdély Romániával való egyesülésénéi", *Ibid.*, 1/1959. 1918년의 사건에 관해서는 Miron Constantinescu가 2권으로 편집한 *Erdély története*(Bucharest 1964)와 V. Liveanu의 *1918, Din istoria luptelor revolutionare din Romania*(Bucharest 1960)을 참고하라. 계급에 우선적 기준을 둔 1950년대 말, 1960년 초의 연구에 비해 최근의 연구들은 우선적으로 민족에 기준을 두고 있다. 이러한 관점에서 최근의 연구들은 동맹을 옹호하는 태도에 긍정적인 평가를 하고 있으며, 사회민주당 좌파와 공산주의자들이 루마니아 왕정주의자들에게 등을 돌리고 다른 해결책을 모색했던 태도를 감추거나 비난하고 있다. 이러한 경향이 50주년 기념 출판물의 주종을 이루고 있다. 다음을 참고하라. *Revue Roumaine d'Histoire*, 6/1968; *Unification of the Romanian National State. The Union of Transylvania with Old Romania*, Bucharest 1971. 두 저작물 중 우선 M. Constantinescu의 관련 연구를 참고하라. 의회 공화국 50주년 기념 학술 대회에서 A. Porteanu가 행한 강연을 참고하라. "Az 1918-as magyarországi polgári demokratikus forradalom és Erdély", *A Magyar Tanácsköztársaság 50. évfordulója*. 1980년 국제 역사 학회를 위해 편찬된 논문도 이러한 견해를 따르고 있다. Gheorghe Iancu: "Der leitende Regierungsrat und die Integration der Verwaltung und der Institutionen Transilvaniens in den rumänischen Einheitstaat (Dezember 1918−April 1920)", *Nouvelles Études d'Histoire 2*, Bucharest 1980, pp.119~131. 50주년 기념 출판물 목록은 동맹에 관한 많은 정보를 제공하고 있다. *Contributii Bibliografice privind unirea Transilvaniei cu Romania*, Bucharest 1969.

루마니아, 헝가리, 작센 국민 위원회가 11월 1일 발표한 선언문과 루마니아 국민 위원회가 11월 9일 보낸 서신의 원본은 민족부의 기록에서 찾을 수 있다. 아라드 회담에 관해서는 Jászi의 설명을 참고하라. *Visszaemlékezés a román nemzeti komitéval folytatott aradi tárgyalásaimra*, Cluj-Kolozsvár 1921. 연방에 관한 호소문은 1918년 11월 3일 자 *Világ*에 게재되었다. 줄러페헤르바르 결의문은 앞에 언급한 명문집 *Kelet-Európa 1900−1945*에 수록되어 있으며, Szász Zsombor의 "A gyulafehérvári rezolúciók", *Magyar Szemle*, 4/1928에서도 찾아볼 수 있다. 줄러페헤르바르 사건에 관해 루마니아에서 이루어진 최근의 분석은 다음을 참고하라. I. Gheorgiu−C. Nuţu: *A gyulafehérvári nemzeti gyűlés December 1, 1918*, Bucharest 1968. 루마니아 군대의 출현과 이에 대한 적대 행위에 관한 전문적 설명은 트란실바니아 주둔 루마니아군 사령관이었던 G. D. Mărdărescu의 *Campania pentru destobirea Ardealului şi occuparea Budapestei. 1918−1920*(Bucharest 1921)에서 찾아볼 수 있다. 이 사건에 대한 헝가리 측의 자세는, Károlyi 정부에 반대하는 태도를 보이고 있는 Kratochvil Károly와 Breit József의 저서에서 찾아볼 수 있다. Kratochvil Károly: *A székely hadosztály 1918−1919. évi bolsevistaellenes és ellenforradalmi harcai*, Budapest 1938; Breit József: *A magyarországi 1918−1919. évi forradalmi mozgalmak és a vörös háború története*. Fogarassy László의 *The Five-Month Armistice* 역시 참고할 만하다. 작센 의회 Medgyes 선언서의 본문은 F. Teusch의 *Geschichte der Sieben-bürger Sachsen. Vol. Ⅳ.*(Hermannstadt 1926)에 게재되어 있다.

카르파티아−우크라이나

1918~19년의 카르파티아-우크라이나 역사에 관해서는 우크라이나 역사 학자들의 작품을 참고하라(일부는 헝가리어로도 출판되어 있다). M. Troján: "Bereg vármegye dolgozóinak harca a tanácshatalomért az 1918−1919-es években", *Századok*, 1-2/1964; B. Spivak, M. Troján: *Felejthetetlen 40 nap*, Uzhorod 1969. 우크라이나의 관련 작품에 대한 개관은 다음을 참고하라. M. Troján: "A Kárpátokon túli ukrán történészek legújabb kutatásai", *Századok*, 2/1963. "Az 1918−1919 évi magyarországi forradalmak története a szovjet történészek munkáiban", *Századok*, 2-3/1969. 미국 측의 평가는 Paul Robert Magocsi의 연구와 저서를 참고하라. "The Ruthenian Decision to Unite with Czechoslovakia", *Slavic Review*, June 1975, pp.360~381; *The Shaping of a National Identity, Subcarpathian Rus' 1848 – 1948*, Cambridge, Massachusetts, London 1978. 이 책의 서지에는 2,000개 이상의 목록이 포함되어 있다. Magocsi는 루테니아와 체코슬로바키아의 통합이 최고의 해결책이었다는 요지의 연구를 수행했다. 헝가리 역사가들에 의한 최근의 연구는 대부분이 통합을 이끌었던 사건들에 집중되어 있다. Gergely Ernő 역시 부르주아 민주주의 혁명 기간을 다루고 있다. "Adalékok a nemzetiségi kérdés problémájához a magyarországi polgári demokratikus forradalom idején", *A Magyar Munkásmozgalmi Múzeum Évkönyve. 1967 – 1968*, Budapest 1969. Idem: "Az ukrán és a német kérdés a Magyar Tanácsköztársaság nemzetiségi politikájában", *Századok*, 2-3/1969. 1918년 법령 10의 본문은 내무부 공식 출간물에 게재되어 있다. *Az 1919. évi törvények gyűjeménye*, Budapest 1919. Schönwald Pál은 앞에 언급한 작품에서 이 법령에 관해 설명하고 분석했다. 자치권에 대한 논쟁은 다음을 참고하라. *Ruszka-Krajno politikai jelentősége. Vitaülés az Országos Néptanulmányi Egyesületben 1919, február 23.* Budapest 1919.

헝가리 거주 독일인과 헝가리 서부(부르겐란트)

부르겐란트 문제에 관한 문헌은 매우 풍부한 편이지만, 출판물 대부분이 혁명기 이후의 발전 시기를 다루고 있다. 부르주아 민주주의 혁명에 관한 분석은 다음을 참고하라. Soós Katalin: *A nyugat-magyarországi kérdés 1918 – 1919*, Budapest 1962. 슈바벤 남부 지역의 역사는 다음을 참고하라. Madaras Éva: "Adalékok a vajdasági németség politikai történetéhez(1918 október – 1919 augusztus)", *Acta Universitatis Debreceniensis... Series Historica V. 1966.* Ludmilla Schlereth의 저서 *Die politische Entwicklung des Ungarländischen Deutschtums während der Revolution 1918/19*(München 1939)는 반동적인 기준과 민족주의적 태도 때문에 이용 가치가 떨어진다. 이 문제

에 관한 자세한 서지 사항은 다음을 참고하라. Fogarassy László: "Bevezetés a burgenlandi kérdés forrásaiba és irodalmába", *Soproni Szemle*, 2/1971. 독일인의 자결권을 규제하고 있는 인민 법령 조항은 앞에 언급한 내무부 공식 출간물에 게재되어 있다.

6. 헝가리 공산당과 비헝가리인 노동자의 공산주의 단체들

소비에트 정부의 호소

소비에트 정부의 호소에 관해서는 다음의 문서 모음집을 참고하라. *Lenin Magyarországról*, Budapest 1965. 소비에트 언론에서 인용한 논설은 1918년 10월 16일 자 Pravda와 1918년 10월 18일, 20일 자 Izvestia에 게재된 것들이다.

헝가리 공산당 창설

공산당 창설 및 부르주아 민주주의 혁명 기간의 공산당 역사에 관한 개관은 앞에 언급한 *A magyar forradalmi munkásmozgalom története*와 Milei György의 *A Kommunisták Magyarországi Pártjának megalakításáról*을 참고하라. 더 중요한 문서들은 MMTVD Vol. 5와 앞에 언급한 Kun Béla의 작품 속에 포함되어 있다. 프롤레타리아 독재 실패 이후 곧바로 쓰인 Szántó Béla의 보고서(필사본 및 저서) *A magyarországi proletariátus osztályharca és diktatúrája*(Wien 1920) 역시 귀중한 사료이다. 회고록 모음집 *Nagy idők tanúi emlékeznek*(Budapest 1958)과 이 회고록의 개정판 *Tanúságtevők Visszaemlékezések a magyarországi 1918 – 1919-es forradalmak résztvevőitől* (Budapest 1978) 역시 이 주제를 잘 다루고 있다. 11월 4일 모스크바 회의의 결의문은 앞에 언급한 *A magyar internacionalisták a Nagy Októberi forradalomban és a polgárháborúban*에 게재되어 있다. 헝가리에서 공산당을 창설한 일에 관해서는 Kun Béla의 회고록에 잘 나와 있다. "Hogyan alakult meg a Kommunisták Magyarországi Pártja", *Új Előre 25 éves jubileumi* *albuma*, New York 1927. 이 논문은 1958년 11월 *Társadalmi Szemle*에 "Összehívjuk az alakuló ülést"라는 제목으로 다시 게재되었다. 다음을 참고 하라. Szántó Béla: "Hogyan alakult meg a KMP?", *Új Március*, 3/1928.

당 강령과 목표
대중의 계몽과 조직

당 강령과 관련된 정보 대부분은 *Vörös Újság*의 기사와 당의 출판물에서 찾을 수 있다. *Vörös Újság*의 역사는 Vágó Béla의 회고록을 참고하라. "A Vörös Újság első számáról", *Új Március*, 3/1928. Hajdu Pál의 개인적 경험에 관한 설명도 참고하라. "A Vörös Újság", *Sarló és Kalapács*, 4/1934. 공산 청년 노동자 협회(KIMSZ)의 구성에 관해서는 F. Boross László의 "A KIMSZ megalakulása és első lépései", *Sarló és Kalapács*, 1/1934를 참고하라. 이 주제 에 관한 집중적 연구는 다음을 참고하라. Svéd László: Utat tör az ifjú sereg, Budapest 1962. Svéd László는 청년 노동자 운동에 관한 가장 귀중한 문서를 다음의 연구에 수록했다. *A vörös lobogó alatt. Válogatott írások a magyar kommunista ifjúsági mozgalom történetéről 1917 – 1919*, Budapest 1955. 사회 민주당의 반(反)공산주의 논쟁에 관해서는 *Népszava* 기사, 특히 1918년 11 월 11일, 15일, 19일의 기사와 1918년 말과 1919년 초에 발행된 다음의 팸 플릿을 참고하라. "Mit kell tudnia minden munkásnak?", "Nyílt levél a magyar szociáldemokrata munkássághoz!"

루마니아인, 남부슬라브인, 그 외 비헝가리인 노동자의 공산주의 단체들

소수 민족 단체의 형성과 행동에 관한 포괄적인 연구는 다음을 참고하 라. Kővágó László: *Internacionalisták a Tanácsköztársaságért*, Budapest 1969. 소수 민족 단체의 형성에 이르도록 했던 사건들에 관해서는 다음을 참고 하라. Kende János: *A magyarországi Szociáldemokrata Párt nemzetiségi Politikája, 1903 – 1919*, Budapest 1973.

역자 김지영

한국외국어대학교 철학과에서 문학사, 대학원 러시아-동유럽학과에서 헝가리 근대 정치사로 정치학 석사학위를 받았다. 1992년 한국인 최초로 헝가리의 외트베시 로란드 대학교(ELTE) 근현대 헝가리 역사학과 박사과정에 입학하여, 1999년 10월에 '2차 세계대전 기간 및 이후 강대국들의 트란실바니아 정책'이라는 논문으로 최우등(Summa Cum Laude)의 성적으로 역사학 박사학위를 취득하였다. 이 논문은 2001년 헝가리 고등교육 및 연구재단에 의해 우수 박사학위 논문으로 선정되어 단행본으로 출판되었다. 1999년 가을 귀국하여 한국외대, 서강대, 고려대 연구교수를 역임하였고, 대한민국역사박물관의 학예사로 근무하였다. 2018년 가을학기부터 숭실대학교 한국기독교문화연구원 인문한국플러스(HK+) 사업단 교수로 연구와 강의를 하고 있다. 2021년 고려대학교 대학원 북한학과에서 북한과 헝가리의 외교관계를 주제로 두 번째 박사학위를 받았다.

'헝가리 전통문화연구', '중유럽 민족문제', '인물로 보는 유럽통합사', '모순의 제국' 등 20여 권의 저서와 번역서를 냈고, 헝가리-오스트리아 제국의 역사, 헝가리 사학사, 헝가리 현대사, 오스트리아-헝가리 제국의 문화사, 지성사에 관하여 40여 편의 논문을 썼다.

숭실대HK+ 메타모포시스 번역총서 04

제국의 탈바꿈

1918년 헝가리 혁명과 오스트리아-헝가리 제국의 붕괴

2022년 6월 22일 초판 1쇄 펴냄

지은이 시클로시 언드라시
옮긴이 김지영
발행인 김흥국
발행처 보고사

책임편집 황효은
표지디자인 김규범

등록 1990년 12월 13일 제6-0429호
주소 경기도 파주시 회동길 337-15 보고사
전화 031-955-9797(대표), 02-922-5120~1(편집), 02-922-2246(영업)
팩스 02-922-6990
메일 kanapub3@naver.com / bogosabooks@naver.com
http://www.bogosabooks.co.kr

ISBN 979-11-6587-292-2 94920
     979-11-6587-145-1 (세트)
ⓒ 김지영, 2022

정가 23,000원